梅香玖传

——梅葆玖先生逝世周年纪念文集

梅兰芳纪念馆
泰州市梅兰芳纪念馆 编

梅玮 整理

学苑出版社

图书在版编目（CIP）数据

梅香玖传：梅葆玖先生逝世周年纪念文集 / 梅兰芳纪念馆，泰州市梅兰芳纪念馆编；梅玮整理． — 北京：学苑出版社，2017.4

ISBN 978-7-5077-5218-2

Ⅰ．①梅… Ⅱ．①梅… ②泰… ③梅… Ⅲ．①梅葆玖（1934-2016）－纪念文集 Ⅳ．① K825.78-53

中国版本图书馆 CIP 数据核字（2017）第 079027 号

出 版 人	孟　白
责任编辑	潘占伟
装帧设计	徐道会
出版发行	学苑出版社
社　　址	北京市丰台区南方庄 2 号院 1 号楼
邮政编码	100079
网　　址	www.book001.com
电子信箱	xueyuanpress@163.com
联系电话	010－67601101（销售部）　67603091（总编室）
经　　销	新华书店
印 刷 厂	北京朝阳印刷厂有限责任公司
开本尺寸	787×1092　1/16
印　　张	20.75
字　　数	283 千字
版　　次	2017 年 5 月第 1 版
印　　次	2017 年 5 月第 1 次印刷
定　　价	198.00 元

梅葆玖先生，男，1934年3月29日出生于上海，是京剧艺术大师梅兰芳先生的幼子，京剧表演艺术家，国家一级演员，梅派艺术传人，北京京剧院梅兰芳京剧团团长，梅兰芳纪念馆名誉馆长，中国戏曲学院荣誉教授，日本东京樱美林大学名誉文学博士。

梅葆玖先生10岁开始学艺，启蒙教师是王瑶卿之侄王幼卿，武功教师是陶玉芝，昆曲教师是朱传茗，后又师从朱琴心学习花旦。13岁正式登台演出，18岁开始与其父同台演出，表演《游园惊梦》、《金山寺》、《断桥》等京昆剧目。他扮相、演唱、做派都近似其父，深受其父在艺术上的教诲和指导，得梅兰芳大师真传。

梅葆玖先生嗓音甜美圆润，唱念字真韵美，唱腔"熔王、梅于一炉"，"用心演唱"。他基础扎实，艺业精湛，表演端庄大方，在青衣、花衫、刀马旦、昆曲闺门旦等诸行当技艺均有较高造诣，常演梅派名剧《霸王别姬》、《贵妃醉酒》、《穆桂英挂帅》、《太真外传》、《洛神》、《西施》等。他反对"躁气"，不为世俗狂躁艺术风气所影响，在平易中蕴藏着深邃的内涵，把人物塑造融化在美的形象之中，始终保持着不温不火、中规中矩的梅派艺术本色，全面体现了端庄、典雅、细腻、自然的梅派艺术，获梅派神韵，具有充满诗意的范本美。

梅葆玖先生传承了其父不断革新、精益求精的艺术精神，致力于梅派艺术的传承和发展，对待学生循循善诱，传道授业，旨在将梅派艺术发扬光大，培养了李胜素、魏海敏、董圆圆、张晶、胡文阁等梅派后学。

多年来，梅葆玖先生多次在国内外进行艺术交流和演出，为继承和弘扬京剧梅派艺术做出了不可替代的贡献。他1989年荣获美国纽约林肯美华艺术中心授予的"亚洲杰出艺人奖"。2009年被世界艺术家协会授予"艺术大师奖"和"终身成就奖"，2012年获联合国友好理事会等国际组织共同主办的世界和平祈祷大会"世界和平大使"奖章。

梅葆玖先生的艺术及其所创造的艺术之美，将永存人们心中！

童年时代与父亲梅兰芳合影（梅兰芳纪念馆藏）

童年时代（梅兰芳纪念馆藏）

梅兰芳全家合影（后排从左至右：梅绍武、梅葆琛，前排从左至右：梅葆玥、福芝芳、梅葆玖、梅兰芳）（梅兰芳纪念馆藏）

幼年首次登台演出《三娘教子》饰薛倚哥，胡䫉饰王春娥（梅兰芳纪念馆藏）

幼年演出《四郎探母》饰铁镜公主，梅葆玥饰杨延辉（梅兰芳纪念馆藏）

20世纪40年代与着戏装的父亲梅兰芳合影（梅兰芳纪念馆藏）

20世纪40年代着戏装与父亲梅兰芳合影（梅兰芳纪念馆藏）

20世纪50年代与父亲梅兰芳合影（梅兰芳纪念馆藏）

20世纪50年代在北京护国寺寓所与父亲梅兰芳、母亲福芝芳合影（梅兰芳纪念馆藏）

20世纪50年代在北京护国寺寓所父亲梅兰芳指导调嗓，王少卿操琴（梅兰芳纪念馆藏）

1962年在北京护国寺寓所与姐姐梅葆玥练功（梅兰芳纪念馆藏）

青年时代演出《西施》饰西施(梅兰芳纪念馆藏)

青年时代演出《牡丹亭·游园》饰春香(梅兰芳纪念馆藏)

青年时代演出《生死恨》饰韩玉娘(梅兰芳纪念馆藏)

青年时代演出《天女散花》饰天女(梅兰芳纪念馆藏)

青年时代演出《四郎探母》饰铁镜公主（梅兰芳纪念馆藏）

青年时代演出《木兰从军》饰花木兰（梅兰芳纪念馆藏）

20世纪50年代父子合演《雷峰塔·断桥》饰小青，梅兰芳饰白娘子，俞振飞饰许仙（梅兰芳纪念馆藏）

20世纪50年代父子合演《牡丹亭·游园》饰春香，梅兰芳饰杜丽娘
（梅兰芳纪念馆藏）

1990年6月21日演出《龙凤呈祥》饰孙尚香,梅葆玥饰刘备(梅兰芳纪念馆藏)

1992年5月29日演出《霸王别姬》饰虞姬,袁世海饰项羽(梅兰芳纪念馆藏)

1996年2月12日演出《洛神》饰洛神(池浚供稿)

1997年4月9日演出《穆桂英挂帅》饰穆桂英（池浚供稿）

2002年7月13日演出《生死恨》饰韩玉娘（池浚供稿）

20世纪后期演出《贵妃醉酒》饰杨玉环（叶金援供稿）

2008年1月2日,在国家大剧院开幕演出《大唐贵妃》中饰杨玉环(叶金援供稿)

2013年10月14日演出交响京剧《西施》饰西施(叶金援供稿)

2008年7月9日在梅兰芳纪念馆为弟子董圆圆、胡文阁说戏(叶金援供稿)

2010年1月5日与弟子李胜素演《凤还巢》(叶金援供稿)

2011年6月14日与弟子张晶在中国戏曲学院为京剧《梅兰霓裳》录制教学纪录片(池浚供稿)

2011年10月15日纪念梅兰芳诞辰107周年梅派演唱会与梅派众弟子合影（叶金援供稿）

2014年9月3日与胡文阁、巴特尔"三代梅派男旦"合影（叶金援供稿）

1987年10月24日在香港演出时与邓丽君合影（叶金援供稿）

1993年京剧艺术团首次赴台湾演出与张学良合影（叶金援供稿）

2008年7月21日与连战合影（叶金援供稿）

2008年7月21日与马英九合影（叶金援供稿）

2008年10月27日获陈香梅颁发的美国世界艺术家协会"杰出艺人奖"（叶金援供稿）

2010年5月25日与希拉里合影（叶金援供稿）

2010年5月27日在华彬歌剧院获万宝龙国际艺术赞助大奖发表获奖感言（叶金援供稿）

2012年3月15日获日本樱美林大学荣誉文学博士学位（叶金援供稿）

2012年4月15日在书房（叶金援供稿）

2012年4月20日在香港获"世界和平大使奖"在颁奖典礼上与弟子姜亦珊演出（叶金援供稿）

2013年8月12日在故乡泰州梅兰芳纪念馆（叶金援供稿）

2013年11月26日在澳大利亚悉尼获世界"华人榜"奖（叶金援供稿）

2014年8月19日"双甲之约"美国站，在联合国大厦前（叶金援供稿）

2014年10月4日"双甲之约"俄罗斯站，在梅兰芳访苏曾经演出的圣彼得堡亚历山大剧院内（叶金援供稿）

2014年10月11日,梅兰芳双甲子纪念活动,在日本东京一桥大学会堂做《梅派京剧艺术的魅力》主题演讲(叶金援供稿)

2014年10月23日"双甲之约"北京站,闭幕演出《梅华香韵》后谢幕(叶金援供稿)

2015年4月3日在全国政协会议上（叶金援供稿）

2015年5月24日在国家大剧院做"兰韵梨芳，玑衡玉成——梅兰芳与穿越80年的老唱片"艺术讲座（池浚供稿）

2015年9月15日访英期间任"中英戏曲协会"名誉会长(叶金援供稿)

2016年3月29日在北京第二外国语学院的"最后的演讲"(叶金援供稿)

目 录

京剧改革和发展要符合时代精神……梅葆玖 /1

在上海戏校"梅派艺术教学传承"研讨会上的讲话……梅葆玖讲话，张斯琦整理 /5

梅葆玖初次登台的前因……屠珍 /11

葆玖先生与京剧的传承发展……刘祯 /17

梅兰馨香，梅韵"玖"长……秦华生 /23

梅葆玖先生最早正式上课传艺是20世纪80年代初……吴迎 /27

在北京戏曲评论学会举办的梅葆玖先生追思会上的发言……梅卫东 /29

怀念玖爷爷——梅葆玖先生……梅玮 /33

阳光——想念我的老师梅葆玖先生……魏海敏 /1

梅林幽处寄哀思……龙乃馨 /9

花落春犹在——怀念我的恩师梅葆玖先生……李胜素 /15

梅派精神永流传……陈旭慧 /23

既是恩师，又是慈父——回忆我的师父梅葆玖先生……张晶 /29

我的师父梅葆玖先生……尚伟 /33

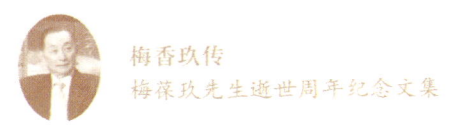

秉承艺术严谨之风，大立梅派纯正之本——永远怀念我的恩师梅葆玖先生……张馨月 /37

怀念恩师……滕洛莹 /43

我与恩师梅葆玖先生……胡文阁 /49

缅怀我的恩师梅葆玖先生……姜玲 /61

三十年寻梦依梅边——回忆恩师梅葆玖先生对我的教诲……韦红玉 /67

怀念恩师……袁英明 / 79

怀念恩师——著名京剧表演艺术家梅葆玖先生……李红艳 / 89

逐梦心情——梅老师的奇妙恩典革新了我的人生……徐渝兰 /93

忆恩师……张瑛 /95

悼念恩师梅葆玖……严庆苹 / 97

忆恩师梅葆玖先生……谭茗心 /101

永念师恩，传承梅艺……肖迪 /113

师父，您去哪了……姜亦珊 /117

忆梅师……田慧 /119

几度春来忆梅师——回忆我的师父梅葆玖……郑潇 /123

恩师梅葆玖先生是我努力和前进的方向……贾鹏飞 /127

忆恩师梅葆玖先生……张红 /131

您是我艺术道路上的一盏明灯……曹馨月 /133

继承梅派艺术，仍任重而道远——缅怀恩师梅葆玖先生……杨雪梅 /137

梅韵悠悠响陇原——我和梅葆玖先生的师生缘……马少敏 /143

怀念师父梅葆玖先生……刘维 /153

缅怀恩师三进北戏……刘亚新 /157

岁寒春暖梅已尽，留驻人间万古香——忆恩师梅葆玖先生……焦丽君 /163

中和之美，梨园永续……胡春华 / 169

追忆恩师梅葆玖先生……胡桐 /173

追忆梅葆玖先生与我的师生情缘……炼雯晴 /177

八年拜师路：纪念恩师梅葆玖先生……刘珈后 /187

一日为师 终身为父……刘译阳（曾用名刘阳）/191

常忆梅师教诲，音容笑貌宛在……王怡 /199

怀念我的师父……王艺臻 / 203

高山安可仰，徒此揖清芬——追忆恩师梅葆玖先生 / 刘畅 207

梅韵永流长——回忆恩师梅葆玖先生……王馨仪 /211

忆师父……王梓依 /215

怀念我的恩师梅葆玖先生……白金 / 219

葆玖老师，我想您……周燕萍 /223

拜师梅门偿夙愿，传承梅派志向前……李珊珊 /229

梅骨兰心，永葆芳华……李健 /233

愧蒙青眼得亲炙，依稀梦中拜天颜——忆与梅师二三事……王艳 239

此生惟愿依梅边……张传秀 /243

附录：梅葆玖先生大事记……池浚整理 /247

编后语……梅兰芳纪念馆 /257

京剧改革和发展要符合时代精神

我们的国家正处在改革和发展的重要当口。这一年来政府和我们大家，都有深刻的切身的体味。

明清以后的中国民间生活里，戏曲演出占据了绝对重要的位置，形成全国城乡遍布戏台、民众生活无日不看戏的局面。人们一年之中的主要文化生活，从祭祀敬神、年节庆贺、红白喜事一直到日常交往和娱乐，都与戏曲结下不解之缘。在当今社会文化多元化的大背景下，以京剧为代表的传统文化的地位显得特别的重要。

我父亲梅兰芳1930年在美国接受博士学位的仪式上说过："兰芳不过是微末的个人，所表演的中国古典戏剧，还很不完备，幸蒙赞许，不胜惭愧，但兰芳知道，此荣誉不是专门奖励个人的艺术，而是对中国文化的赞助，对中国民族的友谊。"

他把他演出的京剧，看成是"中国文化"，中国传统文化永恒的经典。梅兰芳在京剧舞台五十年演出生涯中，每时每刻都是想把每一出戏，不管是继承先人留下来的、或者是自己改革创新和新编的各种类型题材的戏，都想从文化内容基础上，进行改良提升。我今天的提案是对我父亲的一种继承而已。

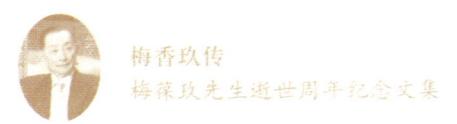

一、对青年演员尤其是挑梁的角儿和专业的编导，要补上"中华传统美德与时代精神"的哲学课，应该承认我们以前这方面的基础学习是很不够的。它们是传播中国传统文化价值的重要载体。学习作为传统文化的基本训练，必不可少。我父亲一再提到弘扬真善美，一提到真善美，我就联想到《三字经》里的"人之初，性本善，性相近，习相远"。向善总是好的，在人的身上一种善，便是一种美的气质，给人以亲近、舒适之感。作为一个中国人的荣辱观，就是所倡导的"八荣八耻"。"八荣八耻"大到国家民族利益，小到个人作风言行，是非美丑，界限清楚，正反对照，态度鲜明。热爱祖国、服务人民、崇尚科学、辛勤劳动、团结互助、诚实守信、遵纪守法、艰苦奋斗，是社会大力倡导的公德，是荣；危害祖国、背离人民、愚昧无知、好逸恶劳、损人利己、见利忘义、违法乱纪、骄奢淫逸，是耻，为社会所不容，必须抵制。以前我们老梅剧团和我父亲终生搭档的小生名家姜妙香先生、姜六爷，号称姜圣人，可称守规矩模范，所以他台上演得好，台下人缘好。一个剧团，君子多了，也就没有那么多事了。演出认真了，到位了，观众会认的。这些道德规范转化为道德实践，成为人们自觉的行为准则。我们的编、演、导、舞美、音响、化装从每个人的身边事、眼前事、平凡事做起，所谓"勿以善小而不为，勿以恶小而为之"。本子好了，戏经得起看了，就会直接影响到票房的，我坚信这一点。

二、当前，不是年轻人不喜欢，而是没有耐心坐下来听一段。剧目太少没有新的剧目。有人喜欢京剧也好多年了，现在别说上剧场，连戏曲频道也基本不看了，总是那几出，能不烦么？

我们每一个院团，无论国有的或私有的，都有一批观众爱看、能接受的剧目，或者是某一位演员确实是下过工夫的剧目，甚至某一片段、某一身段，都要系统整理，进行程序管理。例如我父亲一百年前根据名著《红楼梦》编演了三个剧目，这在当时北方是第一次出现"红楼戏"，给京剧舞台又增添了异彩。他创作表演的三出"红楼戏"，即《黛玉葬花》《千金一笑》（又

名《晴雯撕扇》)、《俊袭人》。这些剧目由于年代久远，有的已经息影舞台，但是这三出"红楼戏"的艺术魅力和历史价值，很值得研究。三十年前我们曾经组织、挖掘整理，请徐元珊先生指导，张晓晨老师剧本整理，吴迎先生提供唱腔资料，事后上海京剧院夏慧华又做了录音带出售。元珊先生把我父亲的"扑萤舞"给找回来了，李玉芙和徐佩玲演出后，大家都认为比七十年前梅兰芳原有的本子人物更细腻了，唱腔完全是老梅派，可以接受，添了一两件新行头，几乎没有花什么钱。每个人要做的事，岗位责任明确。现在想起来这件事的过程，是可以举一反三的，具有可操作性。

我提议，作为提案的落实点之一，我父亲一百年前创作表演的三出"红楼戏"，可以由中国戏曲学院领头，联合国家京剧院、北京京剧院进行有序改革，并做出传授、教学样本，梅门弟子该做的责无旁贷！

三、从文化内容基础上，对京剧进行改良提升。上世纪初，梅兰芳受到"五四运动"变革思潮和中国共产党成立等时代的影响，他说："1913年我从上海回来以后，就有了一点新的理解，觉得我们唱的老戏，都是取材于古代的史实。虽然有些戏的内容是有教育意义的，观众看了，也能多少起一点作用。可是，如果直接采取现代的时事，编成新剧，看的人岂不更亲切有味？收获或许比老戏更大。"1914年7月，梅兰芳首次尝试编演时装现代新戏《孽海波澜》，在北京地区产生很大影响。继《孽海波澜》以后，他又陆续编演了《宦海潮》《一缕麻》《邓霞姑》等时装现代新戏，积极寻找贴切的新手段来适应新时代的要求。这和当前社会的改革、开放、发展一样是一种社会的进步。梅兰芳编演时装现代新戏这个主题坚持了大约七年之久后，痛感表现现代生活与使用京剧艺术手段无法很好结合，便放弃了这个路子，这是历史的事实。今天社会制度不同了，京剧作为国粹，国家要管的。我相信梅兰芳七年的遗憾，今天的政府会有办法的，而且已经在慢慢地实践，不着急！

我提案的内容是：关于表现现代生活与京剧艺术手段，也就是唱、念、

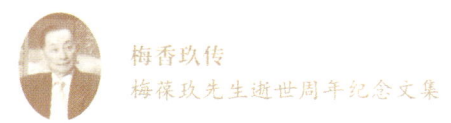

做、打的程式,如何创造?如何现代化又姓京?如何很好结合是个大课题,可能成形也要几十年的工夫,因为"现代"二字是"动态"的。京剧和中国戏曲的发展步入了一个新的阶段。新的艺术形式的出现、新传媒手段的出现对人们的生活习惯、艺术欣赏习惯,产生了很大影响,对京剧乃至整个戏曲的演出都形成很大的冲击,给戏曲文化的发展提出了许多新的课题。

我父亲那四出现代戏的内容都是击中时弊的,现今仅手段、方法与当年不一样而已,中国戏曲学院梅兰芳艺术研究中心应该组织博士生、硕士生动点真格,研究出成果,重现舞台,以慰梅兰芳在天之灵。

京剧是传播中国传统文化价值的重要载体。它善恶分明、惩恶扬善、褒忠贬奸,传达民众的理想和愿望,所体现的爱国情怀、优秀品格、善良人性、传统美德,是中华民族的宝贵精神财富。

梅葆玖

2016 年 3 月 5 日

在上海戏校"梅派艺术教学传承"研讨会上的讲话

各位老师、各位专家：

今天的研讨会，大家都是出于对京剧的热衷与爱好，许多都是从事研究的专业人员，涉及的方面非常广。我听着听着，有一种感觉油然而生。我是生在上海的，在上海念书，在上海学戏，在上海兰心大戏院实习演出。在抗战胜利后，我父亲在中国大戏院、天蟾舞台演出，我都跟着。我整个青少年时期都是在上海度过的。父亲是怎么培养我的，我可以把他的理念具体地跟大家介绍一下。

记得10岁的时候，我还在上小学。父亲让我演《三娘教子》的薛倚哥，他一看我的嗓子、扮相都可以，就决定让我继承梅派。那时还是日本占领时期，抗战还没有胜利，我常听父亲的唱片，高亭公司、百代公司的。我觉得好听，特别爱听他的《太真外传》《天女散花》，我就会唱这些。后来我父亲说："你先别听我的唱片。"他把唱片都收起来，给我从北京请来开蒙老师王幼卿（绝对是顶尖的好老师）打基础。教昆曲的是朱传茗朱老师，教花旦是朱琴心朱老师。甚至那时候小生茹富兰老师在上海教戏，我父亲让我跟茹先生学《雅观楼》、学《群英会》。我当时还很不理解，让我学《群英会》干吗？父亲说："得好好学《雅观楼》，拉身段。"那几年除了上学念书，就在家里

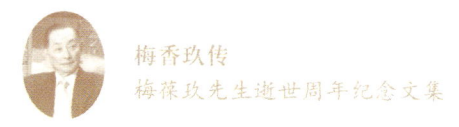

学戏。父亲非常强调尊师，跟我说："王幼卿王老师要给你教开蒙戏，有一条你要记住，你可别听我的片子，这出戏王老师怎么教你怎么唱，你别说我爸爸那个腔是那么唱的，你这个不对。要是让我知道了可不饶你。"

我当时开蒙的戏不是《霸王别姬》《宇宙锋》这些戏，都是《芦花河》《祭江》《祭塔》《桑园会》《六月雪》《南天门》这些所谓骨子老戏，《武家坡》之类的就更不在话下了，还有很多那时已不在舞台上演唱的戏，像《孝感天》《孝义节》，连《贺后骂殿》都教给我。我那时也不敢说怎么不教我《霸王别姬》《贵妃醉酒》。后来我大胆跟父亲说，父亲说："你先把这些戏学好了、唱准了。"我回忆那些年打下的基础，非常感谢父亲，他没有让我学应时当令的那些戏，他说："你先别学，你就学这些开蒙戏。"我学了不下二三十出，包括朱传茗老师的昆曲，我也学了七八出。陶玉芝老师不单单给我教《金山寺》《断桥》《虹霓关》，连好多开蒙的武戏都让我学，学《扈家庄》的扈三娘，还练打出手。现在我回忆起那个时候有那么多的好老师教，非常非常幸福，大体都能学到一些真谛。那时我在兰心大戏院跟夏声戏校合作，寒暑假正是我唱戏的时候，因为平常还要念书。演戏的时候，也是老师们在后台看，看完以后继续给我说。我觉得我的学戏经历，虽然没在科班，但是当时父亲能想到的、为我请的这些老师，真是让我觉得像在艺术的天堂一样。

抗战胜利以后，我要登台了。我父亲演《游园惊梦》，让我演春香；演《金山寺·断桥》，让我演青蛇。因为李世芳，我的师哥，当年在上海陪我父亲演《金山寺·断桥》的青蛇。我父亲非常喜欢他，觉得他演得非常合适。1947年世芳飞机失事以后，我父亲非常伤心，还为他唱过好几场义务戏。他再也不动这出《金山寺》了，因为一到台上就想起世芳。我母亲说："你得培养葆玖唱这些戏，别想着世芳再把葆玖都给耽误了。"父亲这才给我排《游园惊梦》《金山寺·断桥》，让我跟他同台演出。

抗美援朝期间，父亲去朝鲜慰问演出，同行的有程砚秋先生、马连良先生、周信芳周院长，李玉茹姐姐也去了。我和罗蕙兰给程先生的《三击掌》

演两个丫鬟,"有请三姑娘",我在后台看程先生的裙子到他的小腿那里,等到一出台,程先生蹲着腿,一下就矮了下去。这一出《三击掌》,看不到程先生的脚,他蜷着身子走了一出。后来我问程先生:"您累不累啊?"程先生说"你练好了就不累了"。我父亲跟我说:"你好好跟程先生学脚步。"程先生就给我说步法。我父亲还让我跟尚小云尚先生学《汉明妃》,那戏多少身段啊!我听说尚先生教学生,走不上来要打人的,很害怕。尚先生说:"我不会打小九的,我好好教他。"只可惜没有教成,我后来跟尚先生的得意门生杨荣环杨老师学了几段《汉明妃》,身段非常复杂。包括跟朱琴心学《红鸾禧》《得意缘》。我觉得演员确定一个本职以外,其他的都得学一点,不知道哪出戏就会用上。尤其是武的,我父亲让我学《群英会》,包括姜妙香姜老师给我说的《辕门射戟》。等我把这些戏都学完,再看我父亲的演出,我就不是学他的某一个身段了,而是从宏观上来看他的感觉。他能做到来什么是什么,这跟他的基本功绝对是分不开的。

父亲培养后继,不单单是我,包括世芳,还有言慧珠、李玉茹、童芷苓,包括在座的李蔷华老师与她妹妹李薇华,那时都经常到家里来。父亲首先从技巧上说戏。但他不单单从技巧出发,更重要的是说文化层面的东西。我印象最深的就是言姐姐,她说:"我演洛神,老演不出您的仙气,您能不能给我说说仙气在哪?"父亲就乐了:"我也不知道仙气在哪。你是不是应该读读《洛神赋》啊?把曹子建、甄后、宓妃他们之间的历史渊源读一读,也许对你演洛神有好处。"言姐姐非常执着,父亲演戏走几步,蝇帚抬到哪,眼神到哪,她记的绝对是百分之百的标准。父亲说:"你的准确我很肯定,但你不是在演洛神,你是演我梅兰芳啊,这么学是学不出仙气的。如果你要演《太真外传》,你先念念《长恨歌》,'杨家有女初长成,养在深闺人未识','在天愿作比翼鸟,在地愿为连理枝',知道唐明皇、杨贵妃的爱情,才能把杨贵妃的喜怒悲哀演出来。"父亲喜欢画画。抗战的时候他留胡子,不唱戏,画观音、画天女、画达摩各种手势,这种文化都在他的大脑里深存。他给我说《天女散花》，说"天女的手势不能胡比画，凡是一个手势，都代表一个佛教故事，你必须要看看五百罗汉的造型"。他从文化角度上来启示我，我年轻的时候并不懂，叫我看我就看，教我学我就学。现在我的年岁大了，才体会到这是一种文化。

京剧，特别是我父亲的梅派，他演的是人物。有回言姐姐问我父亲："《别姬》的剑花，您上回的走法和这次就不一样。"父亲说："你也甭问我这个，反正我演的时候顺着就过来了。"演《奇双会·写状》，他上来就是哭丧脸，非常难受，见到小生勉强乐一乐。我有的学生演，上来见到小生就乐。李桂枝一脑袋官司，父亲就要被杀了，上来就乐，乐完了再哭，怎么解释呢？技巧要在身上，但技巧要为剧中人服务。他演《霸王别姬》，上来打引子"明灭蟾光，金风里，鼓角凄凉"，从没有乐，念定场诗，就是在考虑战争什么时候能够结束，我觉得父亲演什么戏深入什么角色，所以他会让言姐姐读《洛神赋》《长恨歌》。

现在我常回忆父亲的艺术，他完全是活学活用，演《断桥》，一指许仙，"冤家呀"，一下戳得俞老差点真的摔倒，我父亲跟着就把俞老抱起来，再一推，台底下鼓掌。下来他跟俞老说："咱明儿就这身段了。"他并没有特意设计，但这个动作能把白娘子对许仙又爱又恨的感情表达出来，所以说他活学活用，看到好的就用，没有说我梅兰芳一直不变的这种心态。父亲教言姐姐与世芳师哥，在马思南路家里的三楼，让他们先走出来，父亲在一边看。看完以后父亲会说："你的这个身段比画得非常好，我演的时候也可以用上。"父亲并没有"我是师傅你是徒弟，我怎么说你就得怎么办"这种想法。

我最忘不了的一件事，就是上海为抗美援朝捐献飞机大炮，在中国大戏院唱《龙凤呈祥》，把盖叫天盖老请来演赵云。盖老是梆派，过去演过梆子，他的"跑车"跟我们京剧的习惯演法不一样，我父亲跟他排戏，怎么排也排不上来，现场大家都觉得有点尴尬，盖老说："我就住在天蟾舞台附近的饭店，你明天来我给你说。"大家都愣了，我父亲当时就把他的电话和地址都记下来，第二天父亲真的去了，盖老开门一愣，说："你真来了！"父亲说："我不会怎么办呢！"结果盖老就把梆派的演法真的给我父亲说了一遍。父亲说："晚上演出咱们就按这个路子演了！"回家后，我跟父亲说："咱们这个是京剧，您干吗放着京剧不走，跟着梆子的路子走？"父亲说："你糊涂啊，咱们京剧的路子不是都会了吗？咱们不会这个梆派的路子，你学完了不又多会一道蔓吗？有什么不好呢？"这段话让我深受感染，到现在还记得。

今天我们谈起京剧的教学，虽然有很多老的老师都不在了，但还是有很多好老师。尤其咱们剧团演出的，退休的演员别让他真退，还得给他请回来，五十多岁、六十多岁，正是好的时候、成熟的时候。我当初就跟王玉珍提过意见，京剧院有多少好老师，好多都是中国戏校、北京戏校出来的，退休了都回家了，只剩下一帮年轻人，倒都是年轻的，可是跟谁学去呢？所以我建议把艺委会成立起来，把老师们都请回来，听老师随便说说都是在上课啊！我小时侯听老先生们聊天，聊台上，聊着聊着就聊出很多东西来，艺术家在一起，他们不会谈股票，就会谈戏谈艺术。所以听和看都是很重要的。再者老师跟学生的关系要很密切，上大课当然可以，但是真要成角，还得一对一地细说。像当年王幼卿老师教我，一出《玉堂春》，我都学会半年了，他还让我唱。我说这出戏我都滚瓜烂熟了，王老师说："那不行，你还得给我唱几十遍。"

我今天谈一点我的想法，还是希望学校能按着我父亲当年培养学生的理念，请好老师，不厌其烦地给学生说。我觉得学生需要好老师拔高，但拔高之后还得见观众，不见观众，就没有台上台下互动的感觉。让学生多演出，多见观众。而且老师要等学生下来就给他说有什么不足，别等过了三天再给他说，早就忘了。下来哪点不对当时就说，学生当时就记住了。这个很有关系。

梅葆玖讲话，张斯琦整理

梅葆玖初次登台的前因

梅兰芳与福芝芳夫妇共生育了九个儿女，其中有五个孩子因病夭折，只有三男一女长大成人，梅葆玖是最小的一个，出生于1934年3月25日。

梅夫人福芝芳出生于一个贫寒的单亲家庭，母亲是满族旗人，靠做一点小手工维持生活。福母长得人高马大，性格豪爽侠义，平日里常常帮助邻里中生活困难的妇孺挑水，做些粗重的活儿，深受邻里爱戴，都叫她"福大姑"。福芝芳在母亲的管束下，少年时性格文静，少言寡语，很少出门，只在家中和几个同龄女孩玩耍做伴，其中有后来的程砚秋夫人果素瑛、姜妙香夫人冯金芙等。

到她14岁时，已出落得亭亭玉立，五官端正，惹人喜爱。邻居中有一位琴师吴菱仙能操琴教戏，梅兰芳幼年时也曾向他学过戏。他看到福家母女人品好，生活困苦，想帮助他们一下：就主动提出来教福芝芳唱戏，如果学成了，就可以以此养家摆脱困苦的生活。福芝芳聪明好学，又知用心，很快就学会了几段戏。

民国初年，已经允许妇女进入娱乐圈，但男女同台演出尚不普遍。当年北京城有个城南游艺园，内有各种娱乐班子，说相声的，变戏法的，说书的，唱戏的……在戏班子中有一个坤伶京戏班子叫"崇雅社"最著名，该班

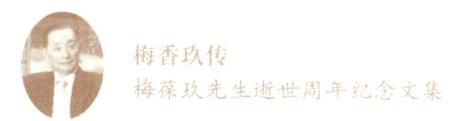

所有剧目中的生、旦、净、丑等都由坤角扮演，该班当家的女老生李桂芬长福芝芳五岁，在当时已颇有名气。经吴菱仙介绍，李桂芬接纳了年轻的福芝芳，安排她每次在自己演压轴戏前垫演一小段。就这样，福芝芳开始边学戏边演唱，能挣一点小钱了。由于福芝芳年龄还小，怕她受不三不四的人欺凌，福母就每天身着男士长衫和女儿扮成父女去戏馆子，贴身保护她，游艺园内部称她为"福二爷"。福芝芳曾遇到一些纨绔子弟的骚扰和调戏，很令福母烦恼，想如有好人家，快把女儿嫁了就省心了。

梅兰芳幼年丧父，与寡母相依为命，寄居在伯父梅雨田的家中。伯父梅雨田以操琴伴名角为生。平时他就在家中，也教梅兰芳唱戏。梅兰芳从小听话，好学，勤奋，才十来岁就随伯父到戏馆唱戏，挣点小钱，由伯父领取拿回家交伯母当家度日。梨园行家规很严，梅兰芳每天去戏馆之前要到祖母和大伯母前请安，说一声"我上馆子去了"，然后大伯母从桌上事先准备好的钱中拿起三枚扔到地上，回一声"去吧！"梅兰芳才从地上捡起三枚钱放进口袋出门。这三枚钱就是他在演出间隙去后台小食摊买食物的伙食费，也叫"点心钱"。这个习惯一直延续到梅兰芳娶妻生子，正式挣钱养家。

梅兰芳15岁时母亲病逝，又逢他嗓音倒仓，不能唱戏，一人在家中十分寂寞，孤独悲伤。祖母和大伯母看在眼里疼在心上，忧心忡忡，商量着给他物色一门亲事，找个年长一点的媳妇可以照顾他。经过一再挑选，最后选定唱武生的杨隆寿的女儿王明华。王明华年长梅兰芳两岁，长得清秀可人，聪明机灵懂事，祖母和大伯母都很喜欢，不久便择日过门成亲了。

王明华成为梅兰芳的妻子后，尽心照顾梅兰芳的起居生活。当她看到梅兰芳每天临走去给祖母和大伯母请安后再从地上捡起三大枚点心钱，很是心疼，略有不满。她想到公公梅竹芬（梅兰芳之父）当年就是因为人厚道，谦让（他戏唱得好，受观众欢迎，戏馆老板为了多挣钱，就不断给他增加演出场次和戏码，有时一天演下来都吃不上一顿正经饭），导致他劳累过度，吐血身亡，年仅24岁。为了避免梅兰芳走他父亲的老路，她决心亲自掌管

丈夫挣回的钱，操持他的饮食，保证他每天吃好三顿饭，保证他的营养，不让梅兰芳的身体超支过劳。从此，梅兰芳告别了捡拾伯母丢在地上三大枚点心钱的日子。

在王明华的精心照料下，梅兰芳身体健康，精力也日渐旺盛，全心扑在提高京剧艺术上，收入也逐渐增加。俩人琴瑟和谐，又有了一双儿女，十分幸福美满。梅兰芳的事业红火起来后，朋友也多了，让王明华开始不放心了。因为她看到不少名伶在红了之后，交友不善，沾染上吃喝嫖赌的恶习，毁了自己的前程。王明华决意要亲自陪在丈夫身边，保护好他，不让不三不四的人接近他。为了能随时随地陪在丈夫身边，她打破了不准妇女进入后台的规矩，帮助梅兰芳画眉，梳理古装发式，并帮助设计改革古装戏装服饰。戏班子里的人主要靠梅兰芳的戏卖座供养，大家理解王明华的良苦用心，就默认了她的行为。她陪伴梅兰芳去过天津、上海和日本等地，参加各种社交活动，笑称自己也给梅兰芳"赶苍蝇"了。

为了常伴丈夫身边，方便出行和出席社交活动，她为此毅然做了绝育手术。可万万没有想到，一场小儿麻疹和猩红热夺走了他们一双儿女，这如晴天霹雳，令她痛苦万分，因为她不能再生育了！而梅家——梅雨田和梅竹芬两兄弟膝下只有梅兰芳一个独子，两个孩子的夭折无疑是断了梅家的香火。

王明华想弥补，她想抱养娘家四岁的侄子王少楼给梅兰芳做儿子，可当她把侄子抱到家中，让他给梅兰芳磕头叫"爹"时，梅兰芳一反常态，大发雷霆，喊道："我不要别人的孩子，我才二十多岁，我要自己生！"王明华立刻明白了，为了梅家的香火，梅兰芳必须再娶一房妻室。这也是梅兰芳祖母和大伯母的想法，并成了梅家当时的心事。恰在这个时候，吴菱仙师傅带着福芝芳来到梅家。原来吴菱仙看到李桂芬和福芝芳二人的个头、调门比较合适、般配，建议她们排几出对儿戏，以丰富剧目。李桂芬也同意了，决定先排《武家坡》。可她们没有戏本，于是吴菱仙便带着福芝芳到梅家向梅兰芳索要《武家坡》的本子。福芝芳的到来惊动了梅家三位当家的女眷。王明华看中福芝芳的年轻：才十五六岁，小她十三岁，家中人口简单，只有一个寡母，如把她接到家里，以后容易掌控。祖母和大伯母看中福芝芳相貌端庄，身体健康。于是三人一致决定请吴菱仙和罗瘿公二位老师到福家提亲。

福母为人正派，虽没受过教育，但遵守旗人家的规矩，做事甚有章法。她对这门亲事考虑再三后提出三个条件：一是自己虽贫寒，但不卖女儿。不要彩礼不要钱，但一定要名分，不做妾，不接受"二奶奶"的称呼。二是由于梅家两房名下只一子，梅兰芳很优秀，因为原配妻子不能再生育，为续梅家香火而再娶，因此同意由一位妻子分别挑一房，二人都是大奶奶。但有先来后到之礼，二人可以姐妹相称。三是福母只有福芝芳这么一个亲人，如果同意迎娶，福母必将随同过来一起生活，梅兰芳必须应允为她养老送终。

梅家对这三个条件全部应允接受，很快择日迎娶了福芝芳。福芝芳至此息艺，再没出头露面登台唱戏。嫁到梅家后甚至再也没有哼唱过一声二黄曲调。福芝芳没读过书，婚后梅兰芳专门为她请了一位中年女老师，住在家里教她读书识字，前后有五年多。福芝芳十分用功努力，从背诵《三字经》开始，一直到可以阅读白话文的书刊杂志。孩子出生后都是由福母照管，雇奶妈喂养。丈夫在家中对她十分呵护，生活简单而美满。

王明华虽然仍掌管梅家事务，但看到梅兰芳和福芝芳恩爱有加，生儿育女，心中为自己当初任性地做了绝育十分后悔，渐渐抑郁忧伤成疾，患了肺结核病。那时肺结核病被认为是致命的传染病，为了不传染给梅兰芳，家里主张她必须和丈夫分居，由一名护士陪她到天津马大夫（当时最著名的德籍医生）的医院治疗。遗憾的是久治不愈，年纪轻轻就离世了。

1931年"九一八事变"，日本侵华，北京不少人都迁往南方躲避。梅兰芳也举家迁到了上海，租住在马思南路一条弄堂尽头的一幢花园洋房里。此时坤伶京戏班子崇雅社的老生演员李桂芳丧夫后带着女儿卢燕香（后改名卢燕）也到了上海。当福芝芳得知她们孤儿寡母生活潦倒艰难时，想到自己和

母亲在困难时曾得到李桂芬的接纳和提携，立即征求梅兰芳同意将她们母女二人接到家中，安排和梅葆玥同居一室。梅府上下均称李桂芬为"卢太太"，卢燕属虎，当年已经十七八岁了，正在读高中，大家就叫她"卢姐"，母女二人生活有了保障。李桂芬每周教票友唱戏一两次，挣些零花钱。卢燕高中毕业后又升入大学读书，毕业后也打过工。直到卢燕经人介绍嫁到檀香山后，她们母女才离开梅家，前后住了有9年之久。

自打卢太太住进梅家，福芝芳想让她经济上宽裕一点，让她们母女生活得好一些，于是组织弟子和朋友演一场"搭桌戏"（义务戏）。卢太太也要亲自参加演出，戏码定为《三娘教子》。卢太太饰演薛保，孙养农妻子、梅派票友胡䜣女士饰演王春娥（孙养农是上海著名的富二代，他的祖父孙家鼐曾是光绪皇帝的老师，家在苏州开钱庄和当铺，他自己是余派票友，新中国成立后他到香港，与孟小冬是好友，共同研究余派艺术，还出了专著。）但是剧中的童角薛倚哥却找不到合适的人选。最后卢太太决定让没有唱过戏登过台的梅葆玖试试，她负责教会他。

梅葆玖时年9岁（虚岁10岁，属狗），正在上海盘石小学读三年级。他自小聪明伶俐，特别爱听音乐唱片，听后就能学着唱。那时家里来了客人都喜欢逗他玩，把他高高地举抱在五屉柜上让他坐着唱，唱完才把他抱下来。几次下来，他就厌烦了，但他生性乖巧，家教严格，不会顶撞任何人。有一次郭小青先生又把他举到了柜子上坐着，让他学唱马连良的《苏武牧羊》，他张嘴唱道："苏武老头儿卖豆腐，卖的不够本，回家打媳妇"，逗得屋子里的人哄堂大笑。梅兰芳笑过后说，以后别逗他乱唱，别落下毛病。

梅葆玖在卢太太的指教下很快就学会了《三娘教子》中薛倚哥的唱段。由于是梅兰芳夫妇张罗的这场"搭桌戏"，不少熟人朋友慷慨解囊认购，戏票很快就全部卖光，收益颇丰，大家都很满意。演出当天晚上，扮演王春娥的胡䜣女士一出场，观众就报以碰头好。继而是扮演老薛保的卢太太李桂芬出场，她是主角，当然更是喝彩声一片。接着是梅葆玖扮演的薛倚哥，出

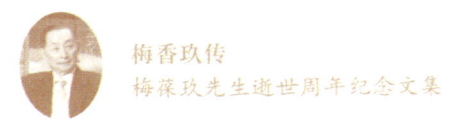

场前先在内幕喊了一声"走啊!"嗓音又亮又脆,观众都知道是梅兰芳的小儿子扮演的,更是大大捧场喝彩!拍手和叫好的时间超过了刚上场的两位主角。只见他仰首挺胸,阔步走到台前,不慌不忙,落落大方,转身向三娘施礼,其后的顶撞、赔礼……一系列表演,举手投足、道白都把握得十分准确到位,观众叫好声不断,直到演出结束。这场演出让台上演员和台下观众都很兴奋,演员和票友尽情展示自己的艺术才华,过足了戏瘾。

梅葆玖的初次登台获得的成功引起了梅兰芳夫妇的深思,认为葆玖有天赋,有嗓子,有条件学习京戏,应该给他请个老师正式教他学戏了。商定后决定从北京邀请挚友王凤卿的次子王幼卿来上海,住在梅家给梅葆玖正式开蒙教戏,将葆玖确定为"梅派"传人。老师从发音、咬字、唱腔规范开始,昆曲、武打,样样都教。梅兰芳给儿子请的昆曲老师是上海的朱传茗,武功老师则是陶玉芝。后来,梅葆玖又专门向朱琴心学习花旦。这些人都是名师。待到基本功学完以后,梅葆玖才开始向父亲学习梅派剧目,并随梅兰芳一起同台演出,逐步把《贵妃醉酒》《霸王别姬》《宇宙锋》一个个戏都学到了手。

梅葆玖从《三娘教子》的薛倚哥开始,踏上了学习梅派京剧艺术、继承父业的戏剧道路。这路梅葆玖一走就是63年,他成功地成为真正的梅派艺术大师,直到2016年4月25日他辞世,终年82岁。

梅兰芳纪念馆名誉馆长　屠珍

葆玖先生与京剧的传承发展

参加完台湾大学中国文学系主办的国际学术研讨会，4月25日中午来到桃园机场，办理手续回京。在微信朋友圈惊闻梅葆玖先生去世消息，虽在意料之中，内心却也还是感到震惊。他昏迷那么久，终无回天之力。然而，他毕竟不是一位普通的老者，而是梅兰芳的儿子，京剧界响当当的梅葆玖先生，他的辞世会有怎样的影响啊！

甫下飞机，就接到记者约稿电话，亦深感媒体的敏感和对葆玖先生的关注。但我还需要让自己心情平静，在平静中会思考得更多，也更理性和客观。几天来，各种媒体对梅葆玖先生去世的报道，颇有铺天盖地之势，微信消息多为同仁传递，倒也未觉意外，意外的是昨天走在街上，坐公交车上，依然听到各类新闻平台热议葆玖。中国人对于梅氏父子有着怎样的印象和记忆？想到这些，几天来的平静轰然崩塌，感情之潮亦汹涌而来，葆玖之别，是我们与梅兰芳最深的割断，55年前我们失去了梅兰芳，今天葆玖先生亦骤然而去。

近日来通过媒体上的大量回忆文章，可以使我们更为了解葆玖先生的京剧造诣及在京剧传承特别是梅派艺术传承和发展中所发挥的独特作用。我与葆玖先生近距离地接触大约是在2005年。葆玖先生作为全国政协委员，

17

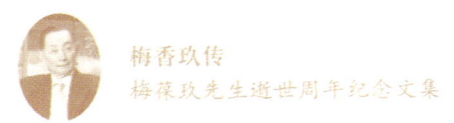

参加全国政协组织的"京剧院团发展现状"考察团，该团成员都是戏曲表演艺术家和学者，他们亦曾来中国艺术研究院座谈，其时本人作为戏曲研究所所长汇报戏曲研究与理论发展状况。针对当前京剧院团人才缺乏、观众群日益萎缩的困难和问题，考察团赴上海、南京、天津、北京、武汉等地考察，包括葆玖先生在内的这些全国政协委员们指出，保护和振兴京剧是发展中华文化的重要内容，要承担起振兴京剧"国粹"的历史使命。他们建议，国家应制定带有长期性的政策措施，将振兴京剧艺术摆在文化建设的重要位置；要加大人才培养力度，培养更多的京剧名角；加强对京剧艺术的舆论宣传，加紧培育市场和培养新一代的观众。就我所知，这次考察活动收到很好的效果。同年11月，文化部组成专家组，对27个省、自治区、直辖市申报的37个京剧院团进行全面评估，并最终确定11个国家重点京剧院团。

这些年来，对京剧的传承葆玖先生不遗余力，不仅拜他学梅派的弟子及学生有50余位，他还带着弟子们往返于各地，不辞劳苦，展示梅派艺术的风采和魅力，宣传和普及京剧艺术。2014年是梅兰芳诞辰120周年，"双甲之约"他带着梅兰芳剧团赴各地演出，并沿着父亲梅兰芳足迹远赴日本、美国、俄罗斯、英国等国演出演讲，虽然已是80岁高龄，扮相表演风采依然，舞台上一丝不苟，讲台上精神矍铄，不事浮华，尤其谈到梅派，总是语重心长，耐心细致，他认为自己是受教梅兰芳最多获益最大的，因此每当谈及"父亲"二字他的声调总会发生变化，包含感恩之情。对于父亲的教诲他铭记于心，加之多年的表演体悟、几十年的积累琢磨，葆玖先生已成为梅派艺术真髓的继承者，也是不遗余力的倡导者、推动者、宣传者和实践者。梅兰芳对葆玖寄予的期望，从1950年10月24日他们父子同台在天津中国大戏院合演《金山寺》《断桥》可见一斑。据说那晚观众的情绪热烈极了，梅剧团的人相当紧张，尤其是梅兰芳，对那晚的演出特别关心。对此，《舞台生活四十年》是这样记载的："所以唱完了戏回到饭店，他（梅兰芳）一进门就对我（许姬传）说：'《金山寺》是一出开打的戏，不是普通的文戏可比。

葆玖的武工没有很深的底子，又是第一次上演，我真替他担心。唱得好坏不管，我怕他出错。今天能把这出戏对付下来，也算难为了他！'梅先生一面说着，顺手把大衣脱下挂好，倒了一杯茶喝着。'现在葆玖演戏的条件，要比我幼年的时候便利得太多了。有那么许多位前辈，随时可以指教他，纠正他。再说新建筑的戏院，对于拢音这一点是有很好的设计的。灯光的配合也调和。这都对演出有很大的帮助。'梅先生说得高兴，就把当年搭班时的戏馆、骡车、跑马、赛车……这些情形一直谈了三个钟点。等我们谈完了话，东方已经发白了。"（团结出版社2006年1月版，第41页。）

葆玖先生重视京剧艺术的传承与保护，在全国政协会上提交的提案是《急需对京剧保护和传承》。他从小浸润于梅派艺术，也一直在传承、弘扬梅派艺术，并逐渐地蜕壳，走向艺术和思想的成熟。他对梅派艺术中和之美的认识很深刻，在他看来，"梅派最大的特点就是没有特点，讲究的是规范，是范本。他无论是一招一式，一字一腔，发声运气，都非常强调规范，就是不要突出某一方面，那当然没有特点了，因为欲要突出某一方面，往往是要掩饰另一方面的不足或缺陷，这并不是演员的不够，相反是体现了演员的能耐，只是梅派不提倡那么做而已。而且没有特点，不是没有风格，如果把风格都演'化'了，那是'水'了，也不是梅派了。诚然他是用心来唱，用心来演，用他真诚的心，跟他的感情，跟他的爱来表演。观众被他征服了，自然地形成了他的表演风格——— 梅派艺术。"（《从〈梅兰霓裳〉谈梅派的"中和之美"》《戏曲艺术》2013年第5期）多年的实践和积累也使他真正把握了梅派艺术本质，这也体现在他对梅兰芳艺术实践成功与失误的认识上。

记得2015年上半年的一天，葆玖先生的挚友吴迎先生给我打电话，相约谈事，我们约在梅兰芳纪念馆。中午吴迎先生风尘仆仆赶来，原来他受葆玖先生之托，谈梅派艺术的传承和发展，特别是人才培养。人才培养有多方面因素考量，其中重要一条，就是演员的文化素养和理论修为，虽然学校设备越来越先进，条件越来越好，可以上本科，读研究生。但葆玖先生认为还

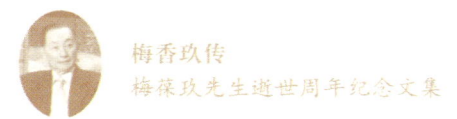

不够，还应该继续深造，读博士，从而进一步提升和完善演员的文化、理论水平，也希望我能够支持。我听后非常感动，这不仅是因为对我的认同，更主要的是能够感受到葆玖先生对京剧对梅派认识之清醒、考虑问题之深、眼界之开阔，不以己为是，不因循守旧，故步自封，而确实做到与时俱进。几年前他就说过："从京剧传承的角度出发，还有一个重要的方面，就是培养高精尖的演员。京剧艺术主要还是看你的表演，听你的唱腔，就像我们听西方歌剧《茶花女》一样，这些经典作品不可能再改了，主要还是看什么人去唱，什么人去演。观众来看主要是来看角，没有角是不行的。所以我们就要培养高精尖的名角，他一上台，大家就争先恐后地来买票。培养演员，也得培养有文化底蕴的，这样演出来的人物才能真实。不知道历史，不了解文化，不知道京剧、昆曲是怎么形成的，光模仿外在，只能是一个外壳。"（《〈梅兰芳〉给我们的启示》，《人民日报》海外版 2008 年 12 月 23 日）京剧界有许多好的传统，也有一些根深蒂固的旧观念和旧习俗。以葆玖先生在京剧界之尊，却头脑如此清醒和洞达，对文化与理论有如此之认识，在令人钦佩之余，还会想很多，亦不知葆玖先生之外，持这样开放和先进理念者还有几多。

他观念之新、思想之新，无论是对陈凯歌执导电影《梅兰芳》、上海话剧院话剧《梅兰芳》的支持，还是从他参与新媒体京剧《梅兰霓裳》都可证明。为此他还专门撰写了《从〈梅兰霓裳〉谈梅派的"中和之美"》，他认为"舞台三维虚拟景象设计，运用是否恰当，是否'中和'，其衡量的尺度是'综合'与'平衡'，这是梅派'中和之美'的原则。舞台三维虚拟景象设计构思必须与舞台布景结合起来，有里有外、有虚有实、天衣无缝。将三维动画制作的影像与舞台虚拟的实景结合，营造浑然一体的舞台三维虚拟景观，这才显得'中和'。如何用三维动画技术和虚拟景象设计表达梅兰芳艺术的'写意传神'，做到'移步而不换形'可能是今后一代人、两代人长期攻关的科研题目。如果让一些'大场面、大制作'被人诟病太过写实反而使戏曲虚拟表演显得虚假，真的改变了梅派的'形'了，那就直接破坏了我父亲一再强调的'综合'与'平衡'了。"(《戏曲艺术》2013年第5期)他的这种热衷和支持新媒体，与乃父当年热衷唱机、电影也是一脉相承，都始终能够走在时代前面。

人们对梅兰芳及其京剧艺术时代的向往和记忆，使"梅兰芳"三个字成为笼罩在葆玖头上的一顶光环，寄托了人们对那个已经渐行渐远时代的想象和情感咀嚼。梅兰芳京剧艺术不仅属于他生活的时代，也属于未来，无疑葆玖先生成为人们对梅兰芳艺术、梅派艺术追慕的依托，而葆玖也担当起来了，他作为梅派艺术最重要的传承人，有血缘身份因素，有形象酷似因素，有梅兰芳嫡传亲授因素，更主要的，他以自己亲身行为、舞台上的粉墨登场，对梅派剧目的传承和顺应时代变化的发展，证明了自身的价值和对梅派剧目的理解。他的思想和理念与乃父亦颇相类，重传承传统，亦重创新发展，不是非此即彼，靠走极端夺人眼球的。他的标准就是美的标准，他的满意是以观众的审美判断为前提和追求的，简单地以"保守"或"创新"来贴签，不是客观的，也不是全面的认识。

仿佛自然界也会有感应。北京的春夏之交难得有雨。5月3日是我们最后与葆玖先生告别的日子。天地有情，多日的晴朗，到了2日气温骤降，细雨绵绵，似乎也在诉说着对葆玖先生离去的悲痛和不舍，点点滴滴，淅淅沥沥，让人黯然销魂，情何以堪！

梅兰芳纪念馆　刘祯

梅兰馨香，梅韵"玖"长

梅葆玖先生从20世纪90年代初即为全国政协委员，参加全国政协会议二十几年。他是经常演戏的名家，养成了晚睡晚起的习惯，但为了每年参加十天左右的全国政协会议，强迫自己更改习惯，早起与广大政协委员共商国是，并积极参与提案，献计献策，为新时期文化发展，尤其是京剧艺术的传承弘扬，倾注了自己的一腔热情。例如，2005年，他和几位全国政协委员风尘仆仆奔赴上海、南京、天津、北京、武汉等地，深入各级京剧院团、戏曲院校考察。经过调查研究之后，提出了《急需对京剧保护传承》的提案。他们在这份"提案"里指出：保护和振兴京剧是发展中华文化的重要内容，要承担起振兴京剧"国粹"的历史使命。他们建议，国家应制定带有长期性的政策措施，将振兴京剧艺术摆在文化建设的重要位置；要加大人才培养力度，培养更多的京剧名角；加强对京剧艺术的舆论宣传，加紧培育市场和培养新一代的观众。由此，推动了文化部组成专家组，对27个省、自治区、直辖市申报的37个京剧院团进行全面评估，并最终确定11个国家重点京剧院团和17个省级重点京剧院团。又如，他曾提出"京剧进课堂"，发起"京剧从娃娃抓起"的系列活动，既向少年儿童灌输京剧艺术，又参与改编少年儿童喜闻乐见的京剧折子戏，加入一些新的艺术元素进入课堂。这种活动是很有战略眼光的，从而使具有"国剧"之称的京剧"不废江河万古流"。

作为京剧大师梅兰芳的幼子，他从小就在父亲的熏陶及安排下，10岁

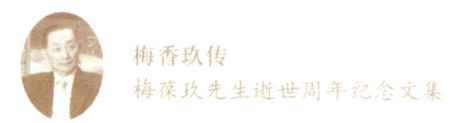

学戏，13岁正式登台，18岁与父亲同台演出《牡丹亭》里的《游园惊梦》，梅兰芳扮演杜丽娘，梅葆玖扮演春香。后来，又与父亲同台演出《雷峰塔》中的《金山寺》和《断桥》，父亲扮演白娘子，儿子扮演青儿，成为当时梨园佳话。在父亲耳濡目染之下，梅葆玖茁壮成长，演艺日进。

"文革"前与"文革"中，由于特殊原因，梅葆玖16年未登台演出，又疏于练功。"文革"之后，他已步入中年，加紧恢复练功，刻苦之极，终于重现舞台之际，创造了更有艺术风采的奇迹。这种奇迹，是源于父亲的精心培养。他曾回忆，父亲出国演出，总要带回一大叠外国歌剧唱片，要求他听，跟着哼唱，故而梅葆玖后来传承的梅派戏唱腔之中，融入了西洋歌剧美声的发声与演唱方法，更加悦耳动听。特别是他对京剧表演的深入理解："从京剧艺术主要还是看你的表演，听你的唱腔，就像我们听西方歌剧《茶花女》一样，这些经典作品不可能再改了，主要还是看什么人去唱，什么人去演。观众来看主要是来看角儿，没有角儿是不行的。所以我们就要培养高精尖的名角儿，他一上台，大家就争先恐后地来买票。培养演员，也得培养有文化底蕴的，这样演出来的人物才能真实。不知道历史，不了解文化，不知道京剧、昆曲是怎么形成的，光模仿外在，只能是一个外壳。"（《〈梅兰芳〉给我们的启示》，《人民日报》海外版，2008年12月23日）。这里，他清醒地认识到，以京剧为代表的戏曲艺术，是"角儿"的艺术，观众主要是来看主要演员的唱念做舞，是来听戏看戏的。因此，加紧培养艺术修养好、表现能力强的优秀演员，是梅派艺术传承的当务之急。

我们若把梅派艺术看作是京剧长河里的一条重要支流，梅兰芳是拓荒开掘者，他历尽艰辛，创作梅派古装新戏，化用中外艺术形式，如中国古典舞蹈、西方话剧、歌剧与电影的艺术元素，采用"移步不换形"，引领了一代观众的艺术趣味，成为那个年代的审美时尚，开创了当时具有现代与古典交融的梅派艺术，以独特的韵味，赢得了中外艺术大家的青睐与首肯，那么，梅葆玖则是这条河流的护堤疏浚者，他传承梅派戏，"老戏新演"（梅葆

玖语），根据新一代观众的审美变化，有所加工修改。例如，1994年，他整理演出了《太真外传》这一梅派代表剧目，去掉了一些过场戏，精简了人物，修改了对白唱词。又如2001年，他又把梅派另一代表剧目《洛神》加工整理，改名为《洛神赋》演出。特别是2003年，他在继承的基础上大胆革新，保留《太真外传》主要的唱段，"重新打造"不离京剧本体，又好看好听的大型交响京剧《大唐贵妃》。此剧在北京、上海、济南等地连演了三十几场，轰动一时。其中主题歌《梨花颂》，在剧旦三次唱响，成为新的保留唱段。正如翁思在先生所总结的：此剧所贯彻的宗旨是"旧中出新，新而有根"，因此获得了重大成功。2013年，他担任艺术指导，主持把《太真外传》又改编为多媒本的《梅兰霓裳》，采用三维景象、立体音效与虚拟表演相结合，创造了令观众耳目一新的舞台效果。他在总结这次创新实践时写道："舞台三维虚拟景象设计，运用是否恰当，是否'中和'，其衡量的尺度是'综合'与'平衡'，这是梅派'中和之美'的原则。舞台三维虚拟景象设计构思必须与舞台布景结合起来，有里有外，有虚有实，天衣无缝。将三维动画制作的影像与舞台虚拟的实景结合，营造浑然一体的舞台三维虚拟景观，这才显得'中和'。如何用三维动画技术和虚拟景象设计表达梅兰芳艺术的'写意传神'，做到'移步不换形'可能是今后一代人、两代人长期攻关的科研题目。如果让一些'大场面、大制作'被人诟病太过写实反而使戏曲虚拟表演显得虚假，真的改变了梅派的'形'了，那就直接破坏了我父亲一再强调的'综合'与'平衡'了。"（《从〈梅兰霓裳〉谈梅派的"中和美"》，《戏曲艺术》2013年第5期）此剧由他的高足李胜素扮演杨贵妃，著名老生于魁智扮演唐明皇，演出产生了轰动效应。续写了梅派艺术与时代同步的舞台新模式，吸引了年轻观众的眼球。

　　从表面上看，梅葆玖在父亲巨大光环之下，只凸显出传承梅派之功，实际上这在东西方艺术交流频繁、急剧变化的新世纪更为不易，更加难能可贵，因为在新时代观众面前，传承优秀的传统京剧艺术，面临许多难题，而

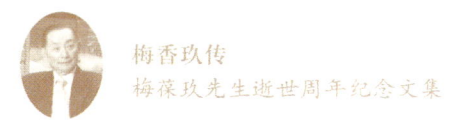

梅葆玖在自己艺术实践中，在父亲勇于革新精神的指导下，逐步破解这些难题，提出"老戏新演"、"跟上时代"的艺术主张，并且进行了系列舞台实践，同样具有重要的实践意义和理论价值，值得进一步总结彰扬。

近三十年，梅葆玖自觉扛起了梅派大旗，尽力弘扬雍容华贵、具有"中和之美"的梅派艺术。台湾国光剧团京剧旦角演员魏海敏，1982年在香港观看了葆玖演出，深为钦佩，数度春秋，几经辗转，1991年才得拜葆玖为师。学戏之后，师徒同台演出了《太真外传》，轰动一时。此后，景仰梅派艺术的旦角演员纷纷拜入葆玖门下，如女旦李胜素、董圆圆、胡春华及男旦胡文阁等。迄今为止他已有50余位弟子及学生。2015年，葆玖又担任了国家艺术基金资助的"梅派艺术传承班"的班主任，不辞辛劳地组织授课，亲临现场示范教戏。学员演出验收时，他又现场观摩指导，倾注了大量的心血，精神可嘉，令人感铭。

2012年3月15日，日本已有90多年历史的樱美林大学因梅葆玖京昆表演的突出成就，授予他文学博士。梅葆玖成为与父亲一般从事京昆表演的"梅博士"。这所私立大学的首位校长清水安兰曾经是梅兰芳的好友。而现任校长佐藤东洋士，很痴迷京剧，2000年安排开设了京剧课程，并常常举行京剧演出。该校也成为日本唯一开设京剧课程的大学。2006年，开始由梅葆玖入室弟子袁英明担纲主讲这门课程。此后，葆玖博士更加奋发努力，更加紧了在国内外弘扬梅派艺术的步伐。2014年，在梅兰芳诞辰120周年"双甲之约"活动中，他不仅率领弟子到国内的京、津、沪等地巡演，而且重走父亲出国演出之路，去日本、美国、俄罗斯演出、演讲，还去了英国及台湾地区。在新的世纪里，梅葆玖把梅派艺术带到更为广阔的空间，让更多的海内外观众观赏梅派戏，了解中国京剧，传播京剧文化，成为新时代的文化大使，在优秀传统文化——京剧艺术的弘扬传播方面，贡献卓越，永载史册。

梅兰芳纪念馆　秦华生

梅葆玖先生最早正式上课传艺是20世纪80年代初

1983年10月5日至12月25日，中国剧协上海分会举办了为期3个月的梅派艺术训练班。学员共16位，以华东各省京剧团主要演员为主，年龄从19岁到32岁。学员集体住宿，教学和生活都在今上海时装公司的顶层。每天上课9小时，秩序井然。

教师以梅葆玖为主，还有梅派弟子魏莲芳、童芷苓、沈小梅、王熙春、任颖华、顾景梅、舒昌玉、杨维君、许美玲，以及专门指导练唱的卢文勤和吴迎。卢文勤和吴迎被指定为正副班主任。

学员名单如下：江苏省京剧院陈旭慧，南京市京剧院章嘉禾，南通市京剧团韦红玉，江西省景德镇京剧团周莉莉，安徽省滁州地区京剧团郭玲玲，安徽省蚌埠市京剧团陈铁妮，安徽省铜陵市京剧团王新莲，安徽省京剧团田然、万慧民，云南省京剧一团王玲，武汉市京剧团李秀英，广州市京剧团王悦，山东省青岛市京剧团张瑛，威海市京剧团张传秀，江西省萍乡市京剧团朱艳玲，江西省市上饶京剧团刘小玲。这16名学员中，后来陈旭慧、张瑛、韦红玉正式拜在梅葆玖门下，万慧民考入中国戏曲学院明星班学习五年，后为安徽省京剧主要演员。

学员学了四出整戏：《生死恨》、《霸王别姬》、《穆桂英挂帅》和《凤还

1983年梅派艺术训练班合影

巢》。16名学员4人1组上课、排练。老师和学员意气奋发，经过"十年浩劫"后十一届三中全会的召开，上海思南路87号20世纪三四十年代的梅门弟子还能聚在一起共同培养下一代，真是感到特别的不容易。梅葆玖先生起到了很好的带头作用。报酬很微薄，当时感觉尽义务也是应该的。

在训练刚结束时，梅葆玖先生提出每一位学员一定要考试：每人演四个片段——《生死恨》的"夜诉"、《挂帅》的"捧印"、《别姬》的"剑舞"和《凤还巢》的"三看"，要公演。学员的所有演出资料，剧协还保存着。梅葆玖先生在生前特别提出：这些珍贵的资料，希望能够捐赠给梅兰芳纪念馆进行永久的保存。

中国梅兰芳文化艺术研究会副会长　吴迎

在北京戏曲评论学会举办的梅葆玖先生追思会上的发言

首先我要代表梅氏家族全体,向各位表示诚挚的感谢。在我的九叔梅葆玖先生病逝后,从中央领导到社会各界,从北京到全国各地以及国外,都通过不同的形式纷纷表示哀悼,大家的盛情令我们全家非常感动。坦诚地讲,我也从我九叔的身后哀荣中做出认真的思考,从而更清楚地认识到了九叔一生所从事的工作的真正价值和深远意义,更清楚地认识到了我的祖父梅兰芳和我的父辈们百年来所从事的工作的真正价值和深远意义。所以我们这一代也要尽自己所能,继承祖父和父辈们留下的这份宝贵的精神财产,使之成为梅氏家风,代代传留下去。下面我想从以下三点谈谈梅派艺术对京剧艺术和中华优秀传统文化的贡献,以及梅派艺术为什么会得到广泛的传播和持久的传承。

一、梅兰芳与梅葆玖的京剧艺术,因其汇入到中华优秀传统文化的历史长河之中,因而得以广泛传播和持久传承。

习近平总书记《在文艺工作座谈会上的讲话》里谈到人类文明是由世界各国各民族共同创造的,他在谈到中国的情况时所列举出的代表人物,"从老子、孔子、庄子、孟子、屈原、王羲之、李白、杜甫、苏轼、辛弃疾、关汉卿、曹雪芹,到鲁、郭、茅、巴、老、曹,到聂耳、冼星海、梅兰芳、齐

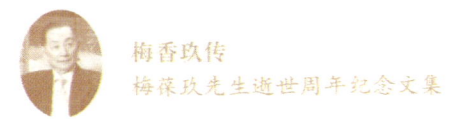

白石、徐悲鸿"。我的祖父梅兰芳是习总书记所提到的唯一戏曲艺术家。这足以说明,梅兰芳的京剧艺术已汇入到中华优秀传统文化的历史长河之中,成为中国文明的一页华彩篇章。习总书记说出了我的祖父梅兰芳与叔父梅葆玖用百年时间,耗费毕生精力所追求的最高艺术目标。同时,这不仅仅是属于我祖父的荣誉,而是以我祖父梅兰芳为代表的,包括我的叔父梅葆玖在内的,前后数代、数以千计的京剧艺术家共同的伟大成就。

回顾一百年前,大清帝国覆灭,中华民国兴起,中国历史发生了重大转折。伴随着国运巨变,梅兰芳率先开始京剧创新、文化创新,以适应新的历史时代为目的,用"移步不换形"完成了从思想到内容到表演技术、音乐舞蹈、服装化妆等一系列的京剧改良;梅兰芳的创新京剧,形成京剧新传统,但仍然以京剧的形式,归入到中国传统戏剧的宝库中,并且赢得国内外的热情赞誉,京剧前所未有地成为中国的文化符号。梅葆玖是梅兰芳的忠实继承者,他亲身实践了梅兰芳的艺术理论与艺术创作,用长达半个世纪的时间,终于将梅兰芳的京剧新传统与新文化,与当代京剧艺术相连接,使之继续成为京剧艺术的主流。梅兰芳与梅葆玖父子两代人的艺术经历充分说明,艺术家与其艺术,不管是以表现共性为主题,还是以表现个性为主题;不管是出于保守,还是出于创新;最终还是要汇入到自己国家的优秀传统文化长河之中,才能百川到海,得以广泛传播并持久延续下去。

二、梅兰芳与梅葆玖的京剧艺术,因其能够使中国戏剧最基本的文化基因,与现当代社会文化相适应,因而得以广泛传播和持久传承。

梅兰芳虽然勇于创新,但他始终如一地坚守京剧的基本。他打破京剧行当的限制,熔青衣与花旦、刀马旦几个行当于一炉,创造了新行当"花衫",实际上就是"新青衣",然而他却并没有将京剧行当彻底废弃。梅派艺术经典系列剧目塑造了一系列鲜活灵动、臻于化境的艺术形象,他将虞姬、杨贵妃、赵艳容、穆桂英等一个又一个的人物形象,赋予了新的时代意义,受到广大观众的深切厚爱和热烈欢迎。梅兰芳所赋予人物的新的时代意义,也依然保持着中国审美、中国精神，只是将其具有当代价值的文化精神突显出来。梅兰芳的京剧艺术，是努力将中国戏剧最基本的文化基因，与现代社会文化相结合、相适应。正所谓万变不离其宗，"宗"就是最基本的文化基因，"变"则是发生变化的社会文化环境。因为社会文化环境的变化，"变"是不可避免的；而无论再怎样变化，最基本的文化基因却是不可改变的。梅葆玖萧规曹随，恪守父亲的文化信念与艺术理论，而且沿着父亲所开拓的道路，继续努力探寻京剧传统与当代社会文化相适应的方式。他在晚年所创作的《大唐贵妃》，其中主要唱段《梨花颂》，深受当代年轻人喜爱，被年轻人广为传唱，再次实现了京剧唱段风靡社会的盛况。而这段《梨花颂》，几乎是句句有出处，最终没有离开京剧的西皮二黄。我们不能摈弃文化根本，也不能无视社会变化，要不断探索将文化根本植入新的社会文化土壤，梅兰芳梅葆玖父子通过京剧艺术这一形式，实践了中国价值理念与中国文化理念。中国的优秀传统文化，也正因为是坚持着这样的理念，才能够历时数千年而生生不息、绵延不绝。

三、梅兰芳与梅葆玖的京剧艺术，因其融通古今中外不同资源又能坚持古为今用、洋为中用，因而得以广泛传播和持久传承。

梅兰芳与梅葆玖父子的京剧艺术，又是开放式的。他们父子吸收参考京剧以前的中国传统戏剧艺术，如昆曲；京剧以外的戏剧艺术，如地方戏剧；他们还吸收参考大量的外国文化艺术，易卜生、萧伯纳、斯坦尼斯拉夫斯基、布莱希特，以及日本的能乐、歌舞伎，西洋的交响乐、流行音乐，各种不同的资源，都成为他们的艺术养分。习近平总书记《在哲学社会科学工作座谈会上的讲话》谈道："强调民族性并不是要排斥其他国家的学术研究成果，而是要在比较、对照、批判、吸收、升华的基础上，使民族性更加符合当代中国和当今世界的发展要求，越是民族的越是世界的。"用习总书记这段精彩论述来阐释梅兰芳与梅葆玖的中国京剧艺术，所以能够在百年间始终屹立于世界戏剧艺术之林，真是再也恰当不过了。梅兰芳与梅葆玖父子，通过克

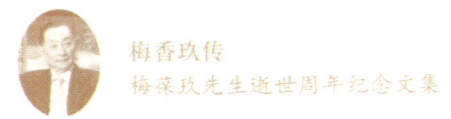

服种种困难学习外国艺术与西方近代文明,同时立足中国京剧艺术,结合中国现当代社会发展要求,坚持古为今用、洋为中用,这应是他们的艺术既为国内观众所欢迎,又为国外观众所赞赏的根本原因。

"泰山不让土壤,故能成其大;河海不择细流,故能就其深。"在兼收并蓄中博采众长,善于吸收一切人类文明成果是中华文明的鲜明品格。习近平总书记《在哲学社会科学工作座谈会上的讲话》中所说的"我们要坚持不忘本来,吸收外来,面向未来",可谓是至理名言。借用总书记的这句话来概括梅兰芳与梅葆玖父子的京剧艺术实践,真是再全面不过了。与此同时,梅兰芳与梅葆玖父子的艺术实践,也验证了总书记的这一论断,这可以说是中华优秀传统文化的一个基本定理。

今天距我九叔梅葆玖先生病逝整整一个月了,在这段时间里许多媒体来要求我写点回忆和评论九叔的文章,心情一直不能平静,也一直在思考,今天终于有机会与大家分享我的这些思考,也希望今后与大家交流。再次感谢北京戏曲评论学会和在座的所有朋友。

梅卫东

怀念玖爷爷——梅葆玖先生

当我昨天（5月3日）手里捧着玖爷爷的骨灰盒从八宝山革命公墓走出来的时候，总觉得有一种不真实的感觉。就在一个多月之前，我还在玖爷爷干面胡同的家中与您促膝长谈，相聊甚欢。可如今却阴阳两隔……下午3时许，在家人和好友的陪伴下，玖爷爷的骨灰盒回到了自己的家中，看着熟悉的房间摆设，大家不禁睹物思人，悲从中来。

玖爷爷的家位于北京干面胡同，是一坐二层小楼。玖爷爷自己的房间位于这座小楼二层的西北一隅，是一间不足15平方米的小房间。屋里的摆设也很简单，除了一张写字桌、一张单人床、一个单人沙发和一台边角被猫咪抓坏的电视之外，基本上就被各式各样的录像机、录音机以及大量的信件、资料占据了。墙上贴满了玖爷爷演出及交往的照片，写字台上两侧也堆满了信件。玖爷爷喜欢写信与外界交流，他虽然有两部手机，都是弟子和朋友送给他的，但是他很少使用。我曾经问过他为什么不用手机，他对我说，一个原因是因为他认为写信这种方式能够体现出一个人的诚意，还有一个原因是因为他总是在外面工作，或演出，或讲学，总是无法及时应接电话，会让别人感到困扰，所以一般外面的人找他都会把电话先拨给他的贴身秘书叶金援老师那里。玖爷爷家有一台座机，但是号码也只有他的家人、亲友和弟子们知道。我有时候找玖爷爷也会把电话先拨给叶老师，因为怕打扰他老人家休息。

提起玖爷爷的作息，和我们普通的上班族是完全不一样的。玖爷爷的作息时间一般都是夜里两三点钟睡觉，到第二天中午十一二点起床，这样的作息不是因为他懒，而是因为长期演出而养成的习惯。玖爷爷10岁第一次登台演出《三娘教子》（饰演倚哥），自此开始了他的演艺生涯。他16岁首次和父亲合演全本《虹霓关》，轰动了整个上海。之后一年，他正式加入了父亲领班的梅兰芳剧团，接着，他跟随父亲梅兰芳先生在国内外进行演出，去工厂、去部队、去农村，就这样毫无保留地将梅派京剧艺术无私地奉献给广大的人民群众。1953年去朝鲜慰问抗美援朝的战士。1956年去日本演出父亲亲授的《天女散花》。1961年父亲梅兰芳去世后，他毅然扛起梅派艺术的大旗，每年都要演出两百多场戏。京剧演出一般都是在晚上，当每次演出结束后，都已经是十一二点钟了，接着还要收拾行头，开总结会，吃一点夜宵，到家就已经一两点了，所以，长此以往，玖爷爷也就养成了晚睡晚起的习惯。我曾经在和玖爷爷聊天时，和他提起过他岁数大了，要注意休息，晚上早一点就寝，保证睡眠。玖爷爷总是笑着说："没事，已经习惯了，几十年都是这样，让我早点睡我还真睡不着呢。"

听玖爷爷说，在他小时候不是很喜欢唱戏。他1934年出生在上海，是家里最小的孩子。在他记事的时候，哥哥梅葆琛（我的爷爷）和梅绍武都已经在上中学了。玖爷爷也曾经对我提到，当时他很羡慕自己的两位哥哥，也很想和他们一样读大学学文化，以后当一名工程师。父亲梅兰芳也了解他的想法，所以没有让玖爷爷进科班戏校，而是去上海潘石小学读书，后来玖爷爷考上了上海震旦大学附中继续学习文化。在学习的同时，梅兰芳先生也给玖爷爷请了当时最好的京剧老师，让他在课余时间学习京剧表演。玖爷爷曾经提到，小时候他比较贪玩，喜欢捣鼓机械半导体，所以有时候经常"逃戏课"。有一次青衣老师王幼卿教他学戏，玖爷爷趁王老师出去上厕所之际就

"逃跑"了,和几个小朋友一起出去玩模型飞机去了,等到晚上回到家,看到王老师和父亲严肃地坐在屋里,知道这顿训斥是免不了了。就这样,玖爷爷少年时期在学习文化的同时跟随王幼卿学青衣,随陶玉芝学武旦,随朱传茗学昆曲,随朱琴心学花旦,不仅如此,徐元珊每天都会来教授武功。记得玖爷爷也和我提起过,小时候他很奇怪,梅派是唱青衣的,为什么还要学武功呢?他跟我说,当时父亲梅兰芳先生让他学习武功,就是为今后打基础,京剧是综合性的艺术,不是说光会唱就行了,身上的功夫也很重要,所以,父亲梅兰芳先生当时给他定了几出武戏的戏码——《木兰从军》《穆柯寨》《枪挑穆天王》等等。玖爷爷后来也和我说道:"当时父亲让我学武戏真是让我受益匪浅,现在我都80岁了,身上腿脚一点毛病都没有。"说着说着,还给我摆起了功架。我当时看着玖爷爷的身段,真真不像一位80岁的老人。去年(2015年),我和几个朋友约玖爷爷在家旁边的丽晶饭店见面,当时我们在大堂的咖啡馆等他,不一会儿玖爷爷神清气爽迈着大步走来。因为我们坐的位置离咖啡馆的入口有点远,玖爷爷懒得绕远,就从台阶上蹦了下来,要知道,那个台阶离地面最起码也要有40厘米,当时着实把我们都惊出一身冷汗,这要是摔倒了可怎么办,没想到玖爷爷步伐轻盈,我当时赶快过去"接驾",只见玖爷爷笑着对我说:"没事,我身上有功夫。"大家都笑了起来。我曾经和玖爷爷开玩笑说道:"您的身体比我还棒呢!"玖爷爷笑着回答:"所以你也赶快练练功减减肥吧。"……玖爷爷在入院后,靠着呼吸机坚持了27天,在这27天里,医生每次通报情况时都对我们说:"老先生的身体没有任何问题,心肺、肝肾、肠胃都非常健康,实在看不出是一位八十多岁的老人。可是就是因为缺氧时间太长,脑细胞死亡了,因为脑细胞是无法再生的,所以再也无法醒来了……"

虽然玖爷爷小时候不喜唱戏,但是他还是义无反顾地扛起了梅派艺术的大旗。1994年,在梅兰芳诞辰100周年之际,他和曾与父亲同台的前辈以及青年才俊们一起,恢复重建了梅兰芳京剧团。在常人看来,玖爷爷只要

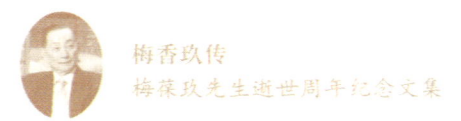

守住父亲留下来的基业,将父亲的戏演好就已经足够了。但是玖爷爷并不满足。他曾经对我说道:"父亲留下来的每一出戏都是经典,我们当然要保护和传承下去。但是现在时代变化了,观众的审美趣味也会发生变化,我们当然也要与时俱进。父亲早在上个世纪初,就排演了反映当时社会问题的时装戏,同时,在不违背京剧本身的特征的基础上,排演了众多的古装新戏。当时就已经用上了追光、转台等等先进的舞美设施。在今人看来,这已经是很普遍的事情了,所以,我要在父亲发展的基础上继续前进!"在回忆起父亲梅兰芳时,玖爷爷总是面带微笑,说:"他就是一个非常与时俱进的人,从来不故步自封,而且眼界非常开阔。我记得小时候每次父亲出国归来,都会带着我听很多的西方唱片,从歌剧到爵士乐,并且总是让我听他们的发声,他们的配器、音调,这也让我眼界大开,受益匪浅,直到现在,我还很爱听交响乐、歌剧、爵士乐。"玖爷爷的确很喜欢欣赏各类音乐,在北京新壁街梅家的老宅中,玖爷爷专门设立了一个视听室,里面放着高级的音响,在没有事情的时候,玖爷爷最愿意叫上好友和家人到那里欣赏音乐。记得2015年我到迪拜参加全球华人过新年的活动,回来特地带了几张阿拉伯传统音乐的CD,放给玖爷爷听,玖爷爷听得很认真,还笑着说:"阿拉伯音乐音调都是半音,和中国音乐以及西方音乐有很大的不同,而且重音节拍都是在反拍上,真是别有一番风味。"不仅如此,玖爷爷还特别喜欢歌星迈克尔·杰克逊,记得在迈克尔·杰克逊去世那一年,我去找玖爷爷聊天,玖爷爷和我聊了一下午,他和我说"迈克尔·杰克逊是一位非常优秀的演员,我曾经在台湾看过他的演出,当时台下年轻的观众都非常疯狂,手舞足蹈,我就在那里静静地欣赏。他的歌曲并不都是很激烈的,也有很柔和的曲调,而且他的动作、舞蹈、歌唱都特别完美,看得出是下了很大的工夫,他是一位非常优秀的演员。虽然中西文化艺术不可避免地会有很大地区别,但是艺术的本质的都是一样的,都是让观众喜欢,这也是有这么多人怀念他的原因。"玖爷爷也曾经和我提到,他也会听现在的流行音乐,非常喜欢邓丽君。"中国

的流行音乐要多汲取和吸收中国文化艺术的特色，而不要一味地模仿西方。"这是玖爷爷对我提到中国流行音乐时的感受。由此看来，玖爷爷并不是一个保守的人，这也促成了他在继承父亲梅派京剧艺术的基础上，不断改革创新剧目。早在20世纪90年代，他就运用交响乐伴奏，结合先进的声光电等现代技术，策划并领衔主演了梅派经典《梅华香韵》，整出剧目由《霸王别姬》《洛神》《抗金兵》《黛玉葬花》《天女散花》《贵妃醉酒》连缀，一气呵成，用时尚的元素将梅派经典包装升华，给人以至美的感受。接着，他又接连排演了《洛神赋》《大唐贵妃》以及《梅兰芳》《梅兰霓裳》等经典创新剧目，每一部作品都给观众极大的震撼。就在今年年初，玖爷爷还和我提起，今年他的主要任务，就是将《大唐贵妃》重新复排，将经典再次呈现给观众。从年初开始，玖爷爷就经常到北京京剧院开会研究复排的相关事宜，并且对参加演出的弟子亲传技艺。"我最后的工作就是将《大唐贵妃》重新排好，其他的事情都要推一推了，"玖爷爷在年初的时候对我说道，"这出戏在复排完成后要作为常演剧目，让更多的观众体验京剧的美。在排演成功之后，我就可以好好休息休息了……"可是谁也没有想到的是，就在排演进入正轨的时候，玖爷爷不辞而别……相信当这出戏在今年年底重新上演时，玖爷爷一定会看到，也一定会很欣慰的。

玖爷爷在传承和发展梅派京剧艺术的工作上孜孜不倦，将自己的一生都奉献给了京剧事业，为梅派京剧艺术乃至中国传统文化在国内外的传播做出了巨大的贡献。人们都评价他是继梅兰芳先生之后中国京剧界的又一位艺术大师。但是，玖爷爷却称自己"不是什么大师，我父亲梅兰芳先生是大师，我就是一个干活的"。玖爷爷给人的印象就是一位低调内敛、和蔼可亲的老人。亲戚朋友都称他为"老头儿"、"老爷子"。去年沃尔沃公司让玖爷爷作为代言人赠送给他一辆最新的XC90SUV轿车。玖爷爷只开过一次。我和玖爷爷聊天时还问过他，这么好的车，怎么不开出去遛遛，多么拉风啊。玖爷爷笑着说："做事情要高调，但是做人要低调。让外人看到梅葆玖开着这

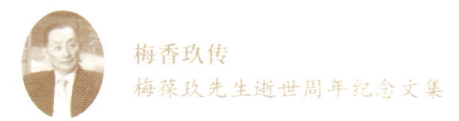

么好的车招摇过市，影响不好，而且现在媒体这么发达，明天网络上就出来消息了。"所以，玖爷爷从来不以大师自居，也从不追求奢华的生活。前面我提到了玖爷爷的居所，我曾经问过玖爷爷："您怎么不换个大房子住？"玖爷爷说道："在这里住了几十年，习惯了，而且街坊邻里、亲朋好友都知道我住这儿，真换了地方，我自己也不适应了。"玖爷爷就是这样一个低调的人，但他对自己的要求非常高，尤其是对自己的仪表仪容，每次出外参加活动，玖爷爷都是一身西服，干净利索，头发也梳得整整齐齐，在每次上台讲话前，玖爷爷都要先去洗手间在整理一下仪容。夏天参加一些非正式的活动，玖爷爷最爱穿他那件从夏威夷托朋友带回来的花衬衫，他自己常说："这衬衫穿着凉快，还显得洋气，穿在身上感觉自己还年轻了。"在家人面前，玖爷爷有时候也会放松下来。记得一年夏天，我去玖爷爷家聊天，老先生穿个大白挎篮背心就和我聊起来了。我还打趣地跟他说："今儿个您没'扮上'啊。"玖爷爷笑笑："怎么着，要不你等我二十分钟，我扮上咱再聊？"我们爷儿俩都笑了。

　　玖爷爷从来不摆架子，无论对谁都非常和蔼，也非常尊重。上至达官显贵，下至贩夫走卒，他见到后的第一件事都是上前握手。玖爷爷还是一位特别幽默的人，无论谁和他在一起，他都能带来欢笑。我有一次还和玖爷爷说道："哪天我把您讲的段子整理一下，放到网上，绝对能把大家逗得前仰后合。"玖爷爷笑着说："你这是要让我当'段子手'啊。"虽然玖爷爷非常幽默和蔼，但是在正事上从来都是一丝不苟，非常注意细节的。每次和我聊起京剧的发展时，玖爷爷都会非常严肃认真地和我讨论："京剧需要创新，但是京剧不能忘本，不能丢'魂'，父亲曾经提出京剧要'移步不换形'，最重要的就是京剧的形不能变，你把京剧的程式、虚拟的表演的东西丢掉，那就不是京剧了。现在总说京剧要创新，其实许多前人留下来的东西都是经过千锤百炼的经典，已经很完备了，一根马鞭，通过演员的表演，就能让人感觉到是在骑马，你把一匹真马牵到舞台上，那就不是京剧了……"

　　虽然玖爷爷平时看起来总是笑呵呵的、非常慈祥开朗，但是玖爷爷的内心也有着急的一面。最让他老人家着急的事情，就是京剧以及中国传统文化对于下一代的普及和传承。在参加的几届政协会议上，他每次都会把中国京剧和传统文化对青少年的普及和宣传作为议案的首要内容递交上去。"现在最让我担心的就是下一代对于中国传统文化以及京剧的认识与传承问题。其实包括京剧在内的中国优秀传统文化中，体现的都是中国人几千年来传承下来的最优秀的美德，仁、义、礼、智、信，中正平和的处世态度。这些年来，西方文化对于青少年的影响太大了，导致很多青少年对于中国传统美德不了解，出现了很大的缺失，现在中国的青少年们都很浮躁，失去了信仰，如果再不补救，未来将出现不可预料的情况。我之所以要提出京剧进校园，传统文化进校园，就是想让孩子们能够从小就了解中国传统的为人处事之道。学校开设京剧课、书法课并不是让孩子们以后都成为京剧演员、书法家，而是让他们能够通过学习，了解到中国传统文化中蕴含的更深层次的道德内涵与做人的规矩。说得狭隘一点，我真的不希望在你到我这个岁数的时候，你的孩子已经不知道京剧是什么了，也不会写繁体字了……"每次我去找玖爷爷聊天，他都会对我说这一番话。就在玖爷爷病倒的前一天，他还到北京第二外国语学院去为莘莘学子做讲座，并受到了学生们的热烈欢迎。今年年初，在朋友的帮助下，我联合齐白石家族共同成立"梅兰艺苑"传统文化艺术教育品牌。玖爷爷知道这个消息后，特别高兴，并且欣然答应参加品牌发布的仪式。当时玖爷爷刚从山东回来，得了感冒，我便没有让玖爷爷前去，但是玖爷爷为了表达他的祝福，特地让我用录音笔录下了他的发言，在发布会上播放，同时亲笔题写了"梅兰艺苑"四个大字。记得当时玖爷爷还对我说："做这个事情不容易，也不容易发财，但是这真是一件很有意义的事情。希望你能够把这件事情坚持做下去，做大做强，不仅能够让孩子们了解中国传统文化的博大精深，而且能够挖掘到一些好苗子，到时候我亲自给他们作指导。"在玖爷爷入院之后，4月2号和3号，我们还在什刹海举办了中国传

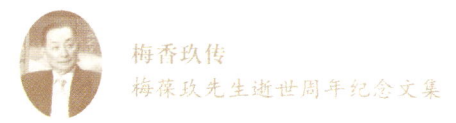

统文化免费体验周活动，有近200个家庭参加了此次活动。当时，我还在想，玖爷爷您快点醒过来吧，您看有这么多的孩子都喜欢传统文化，到时候还要请您和他们互动呢。可是，玖爷爷却再也没有醒来……

其实跟玖爷爷的回忆还有很多很多，真的要写下去就成一本书了。跟玖爷爷在一起的时光总是充满了欢乐，从来没有见过玖爷爷生气。在我的心目中，玖爷爷既是我的长辈、亲人，又是我崇拜的偶像和老师。虽然我没有天天陪在他老人家身边，但是他的音容笑貌却永远留在我的心间。他的艺术，他的为人，他的性格，他的德行，都是我学习的榜样。如今，玖爷爷永远离开我们了，在追悼会过后的第二天，我再一次来到玖爷爷家中，坐在每次我去时都会坐的沙发上，脑子里映出他坐在写字台前和我聊天的情景，眼泪止不住流下来……玖爷爷永远地休息了，再也不用为京剧事业和中国传统文化事业日夜操劳了，但是他的遗志，必定将由我们后代来继承。我觉得最让玖爷爷感到欣慰的是，他所收的50余位弟子及学生，无论是李胜素、董圆圆、张晶、胡文阁等中坚力量，还是像刘维、田慧、郑潇、谭茗心等青年才俊，都在不遗余力地为了梅派京剧事业的发展奉献着自己的光与热。而我本人，虽然没有从事京剧表演，但也会继续在继承与发展、普及与弘扬梅派京剧艺术乃至中国传统文化艺术事业上不懈努力，尽全力完成玖爷爷未完成的事业，让梅派京剧艺术乃至中国传统文化在未来更加灿烂和辉煌！

梅玮

阳光
——想念我的老师梅葆玖先生

2016年5月3日,是告别老师的日子。清早,旭日初升,蓝天如洗,一扫前一天的风雨如晦。走进和煦的阳光,我不禁想:这样的天气,多么像老师的风格,始终予人春风拂面之感,永远予人温暖,予人方便。

身为生于台湾长于台湾的京剧演员,有生之年能够拜入梅门,并在不知不觉中成了老师的"开门弟子",重新接续起两岸的传统文化血脉,其间充满着因缘际会,每每想来,总觉不可思议。而老师在我生命当中的出现,绝不仅仅是给了我一个"梅门弟子"的身份,当年,他像一缕和煦的阳光,照亮了我的前行之路。

1982年春天,我正在香港准备迎接第二个孩子的降生。对于我的早婚,大多数人都感到不可理解,因我自进入人们视线起,便是各方看好的台湾京剧未来之星。可是,虽然10岁就离家与它为伴,京剧却从未感动过我。剧校毕业后,集体生活结束了,除了那些似懂非懂学来的戏,我一无所傍,心里空空落落的,于是早早给自己找了个伴儿。但前途为何?一片迷茫。

就在这彷徨的当下,"轰隆"一声,京剧艺术在我面前洞开了它宏伟的殿堂。春暖花开的时节,梅葆玖、童芷苓两位老师率领北京京剧院和上海京剧院联袂到香港演出,这是"文革"后大陆京剧团的第一次出访,在新光戏

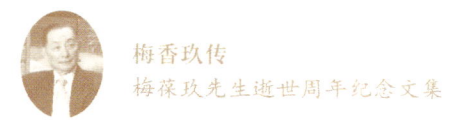

院连演了半个月。我一步不落地追了每一场戏,看呆看傻了!印象最深刻的是《穆桂英挂帅》,当梅老师演到【九锤半】那段的时候,我浑身上下起了一层鸡皮疙瘩!从来没见过这样的表演,也从没想到打小就练的唱念做打、四功五法,竟然可以传达出如此深刻的内涵,幻化出如此神奇的能量,而一切却又那么自然。原来,这才是京剧啊!

我终于找到了从事京剧表演的动力,从此认定志业,再无改变。一个愿望也就此发芽——我要重新学习梅派。

当然,这个愿望在当时只能是一个奢望。回到台湾,我四处寻觅资料自学,并跟随港台两地的票友长辈悉心学唱,在包幼蝶等几位老师的倾囊相授下,渐渐改掉了"奶黄味",慢慢熏陶"梅味"。对我来说,"梅味"意味着正统规范,代表着京剧表演的高度,我梦想着有朝一日能有一点梅大师的味道。

1988年,我终于在香港见到了梅葆玖老师。初见面,梅老师惊奇地问我:"台湾也说普通话?台湾也有京剧吗?"我唱了几段给他听,鼓足勇气提出了拜师的愿望。没想到,老师竟然答应了!!没有任何特别的仪式,我给老师鞠了一个躬,敬上一份小小的拜师礼,从此有了"梅派弟子"的身份。

1991年,两岸破冰,我第一时间飞到北京,在前门饭店补办了盛大的拜师典礼。6月20日那天,京剧界的前辈大师们齐齐前来祝贺,那一个个如雷贯耳的名字竟然都变成了眼前亲切致意的长辈,他们每一位都是我的偶像啊!那天,老师特意播放了梅兰芳先生谈艺的录音,这是我第一次听到梅大师讲话的声音。行拜师礼的时候,我喜极而泣。

有一次,大陆京剧学者翁思再先生告诉我:"海敏啊,当年你到北京拜师,我以为你只是来'镀镀金'。没想到,你是来真的!"他不知道,拜师不但是我多年的夙愿,更是深思熟虑后的决心,其中包含了多少不足为外人道的艰辛。

如果把京剧想象为一棵大树,台湾京剧应该是这棵大树最远程的枝丫,

魏海敏拜师典礼（1991年于北京）

魏海敏与梅葆玖先生同台演出《大登殿》（2000年9月）

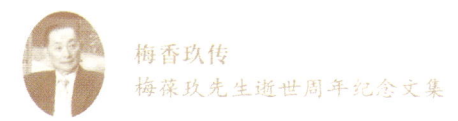

而我就是长在最远程的花。小的时候，我没有得到过正统的京剧教育，幼功不够扎实。十几年来，学戏基本依靠"录老师"，很多录像带从大陆制式转成台版以后，画面如同蒙上了一层雪花，只能隐约看到舞台走位。可就在如此贫瘠的环境中，我却是"台湾最忙的全才旦角"。20世纪80年代的台湾，经济起飞，新旧文化蓬勃共荣，我同时身兼海光京剧队、盛兰剧团、当代传奇剧场、台视和华视《电视京剧》的领衔主演，邀约不断，常常一天三班分别在不同剧团的不同剧组，并且是在完全不同的艺术风格之间跳来跳去。超负荷的工作很快透支了我本就单薄的根底，尤其在《欲望城国》等一系列原创角色之后，我愈发强烈地感受到自己的匮乏，越到后来越觉得自己只有体力可供消耗了。我十分焦躁，我见到过京剧表演的高度，我心里有对角色的构想和目标，但是，我做不到。

"学梅"的机会恰恰是在我最需要的时候终于到来了。

从1993到1995年，我每年去北京办一次专场演出。别人办专场是为了展现个人风采，我办专场是为了集中时间在老师身边学戏。专场演的戏码都是和老师商议选定的，不同戏码蕴含不同的目标。我先自学，再请老师在排练中指导。还记得那时候，北京京剧院的同仁们听说玖爷要来排练厅给徒弟上课，纷纷前来围观，感觉上是件特别大的事。老师不善言辞，教戏的方法就是做给我看，一遍一遍，不厌其烦。也许我是第一个弟子，他也在琢磨怎么教学。老师还会把我的演出录下来，演完以后对着带子逐一地给我讲。就在今年春天，我意外地收到了两卷22年前录制的录像带，封盒上写着"梅葆玥、魏海敏演出《武家坡》，梅葆玖录制"。

都说"梅派"易学难精，在我看来，难就难在"梅派"的戏剧词意是唯美。梅大师太美了，知名的"梅派"戏无一不紧紧围绕着建设、展现他的美，后学者再难有梅大师那样美，自然而然有一部分"梅派"的美就再难达到了。而唯美的基础是规范，"梅派"演员可以没有那么美，但绝不可以有毛病。

我"学梅"就是从改毛病开始的——事实上，我是带着一条不明原因经常嘶哑的嗓子去的。到了北京，才发现唱了二十几年戏，我的发声位置根本是错的！还有这样那样……最基本的毛病我统统都有。"学梅"，意味着捐弃之前养成的所有习惯，从找发声，练习用腰开始重新规范一切，这对一个剧校生不是太难的事，于我却需要花数倍的心思，巨细靡遗地在每一处细节上小心翼翼。有时要注意的地方多了就会顾此失彼，有的地方这次修正了，下次稍不留神又会走样。每次演出无不是战战兢兢，因为下一次演出不知是何时何地。所以，我必须尽可能地去观察，去反复记忆，反复领悟，只有领悟了，才能牢靠地记住。

直到1998年，我频繁穿梭在两岸之间。台北的工作比过去更繁忙，不知何时又兴起了一股排斥传统的风气，新戏不断，新奇花样层出不穷，我每时每刻都裹挟在"变化、变化"之中。而在北京的每一分钟，慢慢流淌的只有"重复、重复"，我很需要也很享受这几乎停顿的时光，只有在北京，才有可能静下心来检视、沉淀。那段双城生活是极其美妙的，京剧表演的精髓都蕴藏在老戏当中，于我而言，学老戏就是存银行，在北京存，回到台北拿出来花。存和花之间，也交织着相互对照，渐渐地，养分就长在了身上，成了我自己的十八般武艺。

1994年，梅兰芳大师诞辰一百周年，老师恢复组建了梅兰芳京剧团。我向老师建议复排梅派经典《太真外传》，竟被采纳，并且让我与老师分演剧中的场次。我好兴奋！居然，我可以和老师同台表演了！《太真外传》的排练以及各地的"纪念梅兰芳"的演出活动，让我有机会跟随老师贴身学习了较长一段时间。排练的时候，没有行头，没有上妆，老师的每一个动作、每一个眼神，都格外清晰。演出的时候，我藏在台幕的角落里，聚精会神地体会他每一句唱腔白口的气息。和老师在一起的每一刻都是最难得最宝贵的，那些时刻，看到就印在脑子里了，没看到，就转瞬即逝了。灯影璀璨之间，老师的样貌在我脑海里扎下了根。

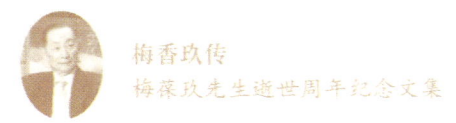

　　1995年底，我在北京民族文化宫举办"闪亮的台湾文化成果展——魏海敏的京剧艺术专场"，特意挑了两出看上去最有名、却最难演的梅派经典《贵妃醉酒》《宇宙锋》。老师的发小、也是研究梅派的专家吴迎先生说："你的《宇宙锋》与老梅先生很近。"

　　当时我并不太懂他这句话的意思，只为自己终于"像梅大师"了感到雀跃。多年以后，有一位外国演艺经纪人偶然看到我排练《霸王别姬》，说我"有乾旦的味道"。这是一句内行话。

　　在世界戏剧的范畴当中，京剧乾旦艺术也是独一无二的。我们这些坤伶所学的老戏绝大多数是由乾旦创造的，京剧的美学传统也是由他们缔造的。乾旦表演艺术的核心是什么？我所体悟到的是"遮盖、模仿、选择"。男人扮演女人，首先是遮盖自己的生理差异，比如京剧旦角如此复杂的化妆、包头，只是出于一个改换面貌的目的。而乾旦演员捕捉、模仿女性的特质，往往比女性自身更敏锐极致。10个女人站在一起，彼此显不出太大的差异；10个男人模仿女人，却一定是个性鲜明。京剧旦角的每一个流派都高度凝练地代表着女性的某一种美，乾旦艺术大师们各自选择了最适合自己的表现手段去塑造各自所要表达的女性美。其中，梅派美在纯。

　　我觉得自己是很幸运的，身为坤伶，我的老师是乾旦，而且出自梅家血脉。血脉是一样很玄妙的东西，我从梅老师身上究竟学到了什么？自己也说不好。男人扮演女人，和女人演女人，是完全不同的两件事。坤伶继承乾旦创造的女性角色，有时会显出某种特别的刚强，更多时候则失于扭捏作态。在梅老师身上，我看到乾旦所扮演的女人，娇媚却不扭捏，有男性才有的力度，因而显出更大的气派，更显出大家闺秀的"静"。这其中当然是有技巧有方法的，很幸运，在梅老师活跃在舞台上最后十年，我得以近身的体会学习。

　　现在，当我演梅派戏的时候，脑子里不由自主会出现梅老师的样貌；当年，他在表演的时候，脑子里则是他爸爸的样貌。透过梅老师，我仿佛看

魏海敏与梅葆玖先生合影（《穆桂英挂帅》，1993年）

魏海敏在梅兰芳纪念馆与梅葆玖先生合影（1991年）

到了他心目中的梅大师。那种感觉是旁人无法知道的，那是我在舞台上必须要用到的一种语言，它美极了。

2016年春节前去看望老师，我对他说："老师，我们的师生缘已经结了整整25年喽。"他瘦削的脸庞红扑扑的，笑呵呵回我说："25年喽，我也带上髯口了。"我的老师就是这样，永远暖意洋洋。而今，老师走了，选在一个晴朗明媚的春日。我想，这是老师的能量呀，他是希望我们，希望京剧有一个阳光的明天。

台湾魏海敏京剧艺术基金会　魏海敏

梅林幽处寄哀思

25年前,1991年,乃馨随父母和其他六位台湾京剧伶、票两界的长辈初到内地,感受着陌生的北京。当时我们一家三口的想法是,除了旅游,父亲和我要是还能在京城演出一场就好了。想来容易,在京全无人脉,实现起来何其困难!而喜出望外的是,经由台北梅派名票徐济平老先生的长途电话牵线,当时身在天津的梅葆玖老师竟然慨然允诺一定尽力帮助我们达成心愿,并且立刻打电话请梅葆玥老师和李玉芙老师驾临我们下榻的前门饭店了解具体情况。两位老师亲切热情地向我们这素昧平生的票友父女档伸出援手,玉芙老师当下决定由当时北京京剧院三团支援一切需求,葆玥老师亲自指导家父的《文昭关》,很快,排戏日程等细节便全都落实。临时租不到剧场,演出场地也靠石维坚老师帮忙安排得以解决。

幸运就这么开始降临。第一次响排是龚化龙老师操京胡,到了第二次响排,梅老师和姜凤山老师已经从天津回到北京,我们先到梅老师清唱演出的剧场拜见,和想象中不同的是,两位老师是那么亲切和气,没有半点架子。随即要到三团进行响排,梅老师说:"你们就不用打车了,和姜先生一起上我的车吧!"至今我还记得当时家父母脸上那种觉得难以置信的惊喜表情,我自己更是战战兢兢,而梅老师始终轻声细语面带微笑——后来多年体

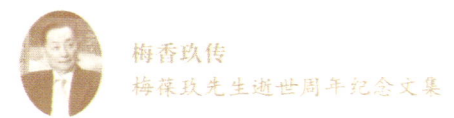

会,这是梅老师待人自然流露的一贯风格。对我来说,几天前还和父母坐困宾馆苦于心愿难成,几天后竟然能在梅老师面前,由姜老师虞老师操琴响排《宇宙锋·修本、金殿》,不但得到了梅老师的赐正,梅老师还特地请来贾时珍老先生到场辅导,怎不觉如梦似幻?接下来,我们父女的戏顺利在青艺剧场演出了,玉芙老师亲任主持,我"修本"穿的是梅老师的帔,"金殿"穿的是梅兰芳大师的红蟒。如今遥想当年,之所以能享如此大的幸福,皆因早先台北徐老伯到京求访,梅老师问起梅派在台湾的情况,徐老伯答道:"我只向您推荐两个人,专业的是海光国剧队魏海敏,票友里是文化大学戏剧系毕业的龙乃馨。"就凭这句话的印象,加上徐老伯一通电话,梅老师基于对海峡对岸一个 26 岁业余演员一心学梅的鼓励,给予了这么大的支持和照顾,这是在两岸刚开始交流的年代,一个小小的故事。

1991 年之后持续书信往返,1992 年梅老师率团到台北演出自然又有机会相见。1993 年,我们父女再到北京,在前门饭店梨园剧场举行的首届"北京国际京剧票友电视大赛"中双双获得金龙奖(我以彩演《宇宙锋》反二黄参赛),更重要的是,得奖翌日,就在前门饭店,举行了乃馨的正式拜师礼,仪式由叶少兰老师主持,袁小海老师司仪,姜凤山老师以鲜花替代香火见证传承,乃馨行礼成为梅老师的第二名入室弟子,葆琛师伯、绍武师伯、葆玥老师和京剧界诸多名家如张君秋先生、李慧芳先生、杜近芳先生等在座,可谓十分盛大隆重。拜师第二天,在中和戏院,我们父女再度举行了折子戏演出,我这次演的是《捧印》。关于《捧印》,之前在台湾演出的录像曾邮寄请梅老师赐正,梅老师在纸上记下了很多不足处,当我到京后,在参赛的紧张日程中找空当,梅老师不辞辛苦,拿着那张记录的纸条,亲临前门饭店带着我逐一匡正,最后还整个又走了一遍让我母亲拍摄下来。梅老师的亲自指导,保障了乃馨在金龙奖颁奖晚会直播的《捧印》片段和中和戏院彩演顺利进行。回顾我几十年走来的京剧道路,1993 年的这几日无疑谱下了最最灿烂的篇章。

乃馨身处票界,演出机会原本就少。自行操办专场工程浩大,条件有限、

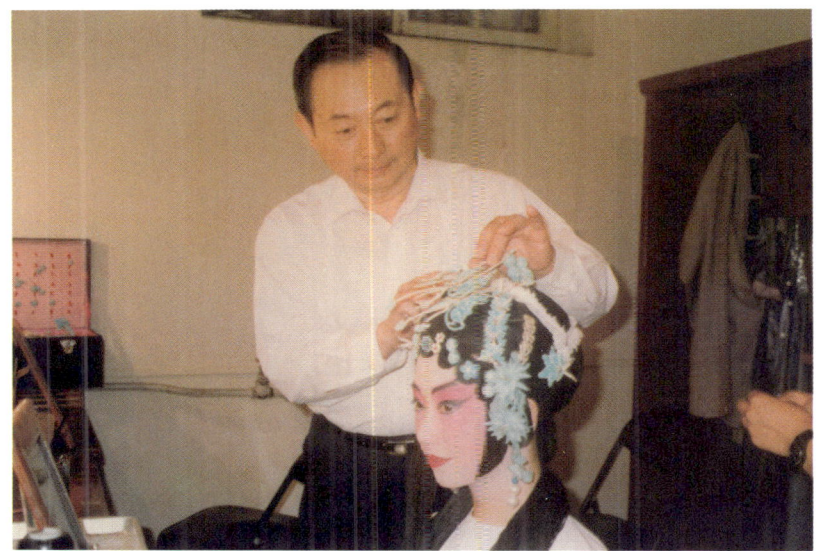

龙乃馨与梅葆玖先生合影（《宇宙锋》，1991，北京）

个人身体问题、父母年岁日高等都是不利因素,自1993年再往下数来,能跨海来到北京、在梅老师亲临监督下完成的演出更是不多了,其中比较重要的分别为:一、2001年,父母为乃馨在北京长安大戏院举办个人专场,剧目为《女起解》和《汾河湾》,请黄德华老师、张学津老师带领演出。当时梅老师与张老师刚完成《汾河湾》音配像不久,为演出此剧,梅老师特请王琴生老先生莅临指导排练。当时央视尚无戏曲频道,相对比较需要戏曲节目,所以这个非纯专业的演出还有幸被央视录播并回放多次。二、2002年,梅剧团初次在新建的东苑戏楼演出,经舒健老师费心安排,乃馨有幸参与是日大轴《坐宫》,从与东苑戏楼负责人见面到演出,梅老师都亲自关照、把场。三、2006年,乃馨在北京工人俱乐部自办专场,和中国戏曲学院合作,双出为《汾河湾》和《宇宙锋·修本、金殿》,这时我已经只身在北京近似定居有几年光景,这场几乎完全靠自己操办的演出耗费精力之大,终生难忘。演出当日梅老师、姜老师在谢幕时上台向观众讲话,梅老师非常高兴,还向台下抛掷花束,气氛之热烈欢愉,于今思之也是再不能复制的了。其他像是2004年纪念梅兰芳先生诞辰110周年、2009年纪念梅兰芳先生诞辰115周年,乃馨在长安大戏院业余场次中演出,前者是拜北京名票钱江叔叔之赐,在他与梅老师的大轴戏《奇双会·写状》之前唱《宇宙锋·修本》;后者为梅剧团安排演出了《女起解》,当然要感谢梅老师给予机会,这也是乃馨迄今最后一次在长安大戏院彩唱了。

就在纪念梅兰芳先生诞辰115周年演出后半个月,在一个海峡两岸的大型活动中,李玉芙老师又给了我一个在梅兰芳剧院演出《二进宫》片段的机会,那次在北京京剧院排练的过程中,得到了梅老师的指导,我也趁机向老师报告,为了丰富能上台的剧目,正在按照老师早年录音学习一些戏,计划逐步在舞台上搬演,事实上我也真正按照这个想法在2009年、2010年、2011年于北京或天津上台实践了《二进宫》《大保国》和《祭塔》,除了《祭塔》的反二黄头四句按照梅兰芳先生唱腔外,其他全部都是按照梅老师的录

音来学习的。就在整理系列录音的过程中,有一段梅老师表示已经毁损遗失的珍贵资料,竟然从早年台湾一位老先生赠我的磁带中发现了,我把该录音制成光盘送呈梅老师的时候,老师非常开心。

乃馨虽然不在专业的领域中,三十多年来不曾放弃自己的坚持,在专业院团的邀请下和更多的业余活动中,出演过的梅派剧目包括《三娘教子》《四郎探母》《武家坡》《大登殿》《女起解》《三堂会审》《霸王别姬》《汾河湾》《宇宙锋》《龙凤呈祥》《白蛇传》(游湖、酒变)、《断桥》(昆曲)、《祭塔》《大保国》《二进宫》《二堂舍子》《审头刺汤》《西施》选场、全本《生死恨》、全本《凤还巢》、全本《洛神》、全本《穆桂英挂帅》,其他剧目如《法门寺》《桑园会》《浣纱记》也都以对梅派的理解为基础来处理唱腔,总计演出百余场。前述按照梅老师早年录音上演的计划,近三年由于身体原因被迫中断,今年身体稍好,正打算从下半年起继续努力整理出《花园赠金》《彩楼配》等,不想梅老师却溘然长逝,再也没有机会向老师汇报,怎不令人唏嘘感叹!

写到这里,回想当我把演出《祭塔》的光盘送呈梅老师的那天,梅老师外出还没到家,先和梅师母报告了个人的生活情况,包括一些不大如意的事情。待梅老师回家后,抱着心爱的小狗坐在那张惯坐的椅子上,静静听完师母的转述,用一贯平和的语调告诫我一个道理:做人,不管遇到任何事情,不要生气,生气是跟自己过不去,没有必要。梅老师以自身为例,一生中遇到过多少事儿啊,从来不生气,别人要说什么都由他去。从容、平静、微笑、淡定,是梅老师让所有人留下的一致印象。西装革履是梅老师,一袭印花衬衫也是梅老师;开名车是梅老师,骑自行车也是梅老师;舞台上光鲜亮丽是梅老师,私下在胡同老屋内抚弄小猫小狗的更是梅老师。其实,身为梅大师之子,处在梨园行那么高的地位,替梅老师想想,这一生该有着多么大的压力?肯定远远超过常人所能负荷,不是有着这样的性格和修持,长年超量的辛苦奔波,将82年的人间岁月活得如此精彩,怎么能做到?太不容易了!

总的看,在纪念梅兰芳先生诞辰120周年大规模的系列活动圆满完成后,梅

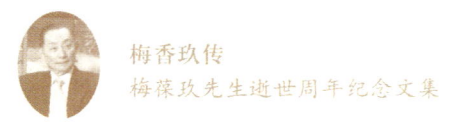

老师匆匆离去，唉，只能说，毕竟完成了一个历史性的壮举，但愿梅老师本人并没有太多的遗憾吧。

转而再想想，岁月匆匆而过，像我这么一个太过渺小的人，又能为梅派艺术做些什么呢？近十年来，除了断断续续的舞台演出，我在网络的一角，每周拿出一个晚上的时间，借由聊天室的平台，从事梅派唱腔的无偿教学。网络梅派班的进度很慢，一字一音按照梅大师的原唱和各地学员一起研究，至今教过的唱段，包括《凤还巢》《太真外传》《霸王别姬》《贵妃醉酒》《生死恨》《宇宙锋》《穆桂英挂帅》《女起解》《西施》《天女散花》，并在个人网站中设置专属网页，保留所有课程的音视频，供广大梅派爱好者随时点击浏览。这项工作只要还做得动，我会坚持下去，如此在梅林幽处默默耕耘，也算是没有辜负梅老师收我为徒时的勉励吧。

3月30日，我从淮安的家到了泰州参与小规模的票界活动，31日刚参观过梅史馆，接收了梅老师重病的不幸消息。匆匆赶回北京，其实做不了什么，也只能是每隔几日，安静地站在医院的一个角落，默默陪伴一张张忧心忡忡的面容。那天在泰州梅史馆，我用手机拍下了一张黑白照片，显示的是梅氏家族，导览的女士指着梅大师的四位子女逐一向大家介绍，指到梅葆玖老师的时候，还讲"这位是梅大师子女中如今唯一在世的……"当时哪里能想到，说这句话的同时，梅老师实则已经陷入深深的昏迷一整天了……看着这张照片不禁思潮起伏，两位师伯的丧礼我都去了八宝山；葆玥老师离世时我在台湾，没能参加追悼会，很是遗憾，因为心中一直感念葆玥老师曾对家父关照的恩情，直至2012年底送别姜凤山老师的当天，于暂厝骨灰处，在范梅强老师的指引下，才得以向葆玥老师传递了哀思。此番恭送梅老师，深深感叹一个时代就此结束，惟愿梅林广远，仍有余香。愿梅老师安息。

台湾　龙乃馨
2016年5月12日

花落春犹在
——怀念我的恩师梅葆玖先生

在中国的传统文化语境中,"梅"意味着在寒冬之日绽放的清香,虽看似柔弱,却有着内敛的风骨与精神,玖老师在我的印象中,也像他的姓氏一样,用优雅温和的外表,包裹着铮铮的傲骨与尊严。

这个四月,梅花零落,但那一缕香气,却永远不会湮灭。

言念君子温其如玉

1979年,我初入河北戏校,学梅派青衣。

那时候,作为一个只有十几岁的小姑娘,我根本不知道什么是青衣,而梅派又意味着什么,学梅派,据戏校老师说是因为梅派中正又规矩,拿来打基础最好不过。

每个周末,学校都会播放一些戏曲录像电影,那是我第一次在活动的影像中见到梅兰芳先生,我依然说不出他究竟好在哪里,但就是黑白老电影里那个优雅极了的身影,让我暗暗下定决心,将来,我也要演绎那样的角色。

戏校毕业之后,我被分配在河北邯郸京剧团,拿了一出梅派的《廉锦枫》,到北京参加1987年的首届CCTV全国青年京剧演员电视大奖赛。那

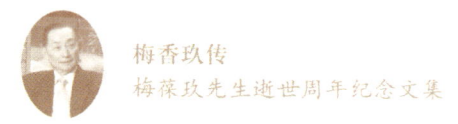

次的大奖赛我获得了人生中的第一个重要奖项，但比得奖更重要的是，因为这次比赛，梅绍武先生与梅葆玥老师发现并认识了我。

而在1988年举行的"海内外梅兰芳艺术大会演"中，我被正式引荐给了梅葆玖老师。老师留给我的第一印象非常鲜明生动，因为他一点也不像是一个从事传统艺术的老先生，这让我觉得有点儿吃惊。他穿着一身笔挺的西装，头发一丝不乱，抿着发蜡，一举一动，都斯文优雅极了，还带着一点儿洋派绅士的味道。

那次会演中，我自己的演出还在其次，最让我兴奋的是，我拥有了大量的机会可以观摩各路名家的风采，我看了童芷苓、杜近芳、杨荣环、华文漪、梁谷音……他们都是那么神采飞扬，但其中，最让我触动的，是梅葆玖老师的《洛神》。

我站在侧幕边上，看着舞台上那个翩若惊鸿又宛若游龙的身影，如此高贵，如此优雅，但又带着一种难以言说的忧伤。那时候，我还不知道泰戈尔为梅兰芳所写的那著名的诗句，但看着舞台上的一切，我开始在朦胧中意识到，那仿佛也是一种当时的我并不能够深刻读懂的语言，像烟笼寒水，像疏影横斜，那么美，又那么让人心碎。

有时候，我也在想，是不是有些人的生命，从一开始，就在冥冥之中注定着要肩负起传达文化与承载艺术的使命。看着舞台上的老师，他开始慢慢地与我小时候在黑白电影上看到的那个身影相重叠，他们拥有着同样的血脉与酷似的颜容，老师用一生的光阴与力量继承并发扬了梅兰芳先生的艺术，又倾囊相授给我们这些没有丝毫血缘关系的弟子们，文化的传承就是这么巧合又充满了玄妙。

在参加过"海内外梅兰芳艺术大会演"之后，梅葆玖老师开始经常带着我参加各种演出，是观摩、教学，同时也是提携。

有一次，我和老师合演《大登殿》，老师的王宝钏，我的代战公主，上了台，我有点紧张，把一句唱词"可怜你受苦一十八年"给多加了三个字儿，

李胜素跟梅葆玖先生学戏

梅葆玖先生向李胜素示范（《霸王别姬》）

变成了"可怜你在寒窑，受苦一十八年"。下了台老师就乐了，跟我说，我刚可是给你捏了一把汗，幸亏你后来还找回来了，但随后他又严肃地说，下次一定要多加注意，台上最要紧的是认真。

后来我在书里看到、也听别人讲起了一个梅兰芳先生与老师之间的故事。

梅先生演出《游园惊梦》，梅葆玖老师配演春香。可是因为学戏的时候，他学的是杜丽娘，上台一紧张，就把春香的身段动作做成了杜丽娘的，梅先生注意到，随即自己不动声色地即兴也换了一套身段，波澜不惊中，就给"圆"了过去。后来老师面对父亲，很愧疚，但梅先生只淡淡说了一句，没关系，这也难免。

看到那段文字的瞬间，我突然觉得一阵感动，这就是两代梅先生所共同拥有的做人修为——与其说是对学生的宽容与鼓励，不如说是在最大程度地给予别人人格的尊严。

有生之日责当尽

1995年6月27日，是我正式拜在老师门下的日子。

那时候，我已经跟在老师身边学习了七年，也积累了一定的舞台实践经验。老师收徒的标准非常严格，在那七年时间里，他不仅教我艺术，带我演出，同时在我上台演戏的时候，他也会坐在观众席中，认真地观看，并聆听周围观众的反馈，然后在心里做出考量。

与老师严格的教学规矩不同，梅门的拜师仪式相对简洁得多，并没有梨园行里那些繁文缛节。

仪式当天，我恭恭敬敬地给老师鞠了三个躬，献给老师一束花，老师回赠给我一套梅兰芳先生的专辑，就这么简单地完成了我从学生到弟子的身份转变。

老师那天非常开心，他邀请了很多德高望重的老艺术家们，有张君秋先生、姜凤山先生等，在我那天的记忆里，他们都还是那么神采奕奕。

随后，山西省京剧院成立了梅兰芳青年京剧团，我担任团长，老师担任名誉团长。在剧团成立庆典上，老师还特意带了自己的团队，亲自来到太原助阵。在随后的那几年时光里，我经常山西、北京两边跑，跟随老师学习或者同台演出。

到了1998年，我来到北京，参加第二届中国戏曲学院京剧演员研究生班的学习，距离老师更近，学习也更加方便。在读研的过程中，我在一次汇报演出上贴出梅派经典剧目《生死恨》。

按照一般的规律，演出正式开始是在晚上7点半，演员一般5点左右来到剧场化妆,但当我来到剧场时才发现,原来老师早已经等候在那里,他自己带来了摄像与录影器材,要为我亲自录下我人生中的第一场《生死恨》。

那时候,电子器材远不像今天这么方便,老师需要一边摄像,一边再用录像机转成录影带,不过,这些繁琐的技术活儿都是他从小就喜欢研究的兴趣爱好,在我演出的两个多小时时间内,他都一直坐在观众席中,一分一秒地时刻关注并记录着。演出结束后,他就把刚刚录好的带子交到我手中,并且告诉我刚刚有哪些不足与需要注意的地方,回头自己看录像再琢磨改进。

老师没有儿女,很多时候,我们这些学生就像是他的儿女。

每年春节,大年初一,我都会去老师家拜年。

一走进那座坐落在东单干面胡同里的旧式小洋楼里,我就会感觉到仿佛空气中都弥漫着淡淡的温馨。

一进家门,迎接我的是两个小阿姨,他们原来都是为侍奉师母父亲而聘请来的,但在师母父亲去世后,老师也把他们统统留下,像一家人一样融洽相处。因为是过年,两个小阿姨都穿着红袄红裤,辫梢上也扎着红发绳,看起来喜气洋洋得可爱极了。

我进屋的时候,师母正在里屋梳妆,肩头上垫着一块雪白毛巾,那是一种老派的大户人家的规矩,怕碎发直接掉落在衣服上。

师母一边轻轻点染着桃红色的胭脂,一边吩咐阿姨,给我们每人两个元宝吃。我像孩子一样边看师母梳妆,边津津有味地吃起了元宝。其实元宝。就是煮鸡蛋的吉祥称呼,而此时,梅老师正笑吟吟地坐在旁边,看着我们一点不剩地干掉元宝,那目光,就像父亲一样。

那天,老师还送了我两份新年礼物,一份是他与梅兰芳先生的合影,老师还在上面为我签名留念,另外一份是梅兰芳大剧院成立时候发行的纪念邮票。如今,这珍贵的礼物依然簇新,但那过年时候的温馨却再也不会重来了。

在近30年跟随老师学习的岁月中，我几乎从来没有见过老师发脾气，他永远是那么温文尔雅，让人如沐春风，而在教学方式与艺术理念上，他也绝不保守死板，在他的启发与教授下，我开始慢慢学会如何琢磨人物，如何丰富自己的内心去体验情绪，而不是僵化地仅仅是进行模仿表演。老师经常告诉我："不是说我教完你，你就一点也不能改。艺术不是僵化的，而是流动的。"他对我说，梅爷当年也会根据自己演唱当日的嗓音对唱腔进行调整，你不能单纯凭借一段录音就框死标准，艺术没有对与错，适合自己的才是最好的。

在梅派戏中，很少有过于铿锵与激昂的戏码，《穆桂英挂帅》算是一个例子，但那个有着让敌人闻风丧胆盛名的元帅，其实也拥有着一颗纤细敏感的心，她的"挂帅"不是出于野心或者名利，而是"有生之日"必须要尽到的"责任"。在老师生命中的最后两年，他也像舞台上的穆桂英一样，不顾高龄，再度出征，带领着几代梅派演员，重新走访梅兰芳先生曾经巡演的不同国家与地区，几乎是"未曾得一日空闲"。

猛抬头，见碧落，月色清明

在老师入院之前，我最后一次与老师朝夕相处，是在今年的两会期间。

那短短的十几天，如今想来，是我人生中多么弥足珍贵的回忆。

为了省去每天奔波的时间，老师和我都住在宾馆中。每天早晨，我陪老师一起进早餐，他不挑食，吃什么都觉得有滋有味，然后一起参加上午的会议，中午我送老师回房间小憩一会，下午再继续分组讨论。

以往参会，老师由于年事已高，会偶有因身体不适而请假的情况，但在他生命中最后一次参会过程中，他从来没有一次迟到或者早退，而他的提案，依然是关于京剧，关于传统文化。

作为文化艺术界的名人，老师在参会期间不免经常遇到委员代表或者

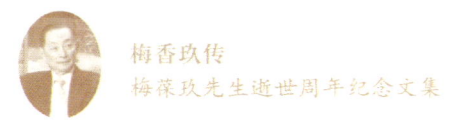

工作人员上前请求合影的要求，他从来都没有拒绝过，哪怕是酒店中那些年轻的服务员，他们也许并不知道京剧为何物，但老师却依然笑呵呵地，抿一抿头发，不厌其烦地在每一个人的身边，露出微笑。

有时候，不管是在公开场合还是私下交往，我在旁边静静看着老师，我会想，他是一个多么完美的人啊，他的性格是那么圆融，脾气是那么和煦，他好像不知道拒绝是何物，不管是工作邀约，还是学生求艺，抑或是在各种场合普及京剧文化，他都高高兴兴地应允，不计回报，甚至不求感激。

但是不是也没人知道，在这完美的背后，他需要付出什么样的代价。

他一出生就头顶盛名，一生兢兢业业，如履薄冰，几乎从幼年时候起，他就没有机会去由着性子发泄自己的脾气，他背负着巨大的压力，有的来自家族，有的来自时代，而在他最好的时光，因为遇到"文革"，他甚至没有办法开口唱戏，而是在沉默中管理了十四年的音响音效。

他的弟子遍布各地，但他却也有着自己一生没有一出属于自己的新编戏的遗憾，在他去世前夕，他还在心心念念地计划着要将自己的心血之作《大唐贵妃》重新打磨上演。

"诸世界好一似青烟过眼"，老师也像他在戏里唱的那样，在祥云冉冉中回归天国，他经历过的那些繁华与困境，快乐与哀伤，终究都会化成一缕云烟，消散在时光深处，但那些与老师相处的点点滴滴，那些最平凡最熨帖的关怀与牵挂，却会永远在我的记忆中闪烁着光亮。

他终于可以卸下那些担了一辈子的重荷，重新做一个一派天真、无牵无挂的赤子，与父母重新在天上相聚，再也没有俗世纷扰。而那些老师未竟的使命与责任，让我们接过来，心无旁骛地，继续走下去。

中国国家京剧院　李胜素

梅派精神永流传

　　1956年京剧大师梅兰芳先生回祖籍泰州祭祖，时任泰县（姜堰市）县长的父亲为之振奋，他是个戏迷，尤其喜欢梅派艺术（当时正指派专人去上海聘著名梅派弟子陈正薇、麒派老生邱玉成加盟泰县京剧团）。戏迷们欢欣鼓舞，奔走相告，并请县长出面邀请梅大师来泰县演出。父亲带着全县人民的期盼，带上警卫员骑上快马赶到梅大师住所，见到大师，父亲把在泰县下坝，调查对私改造时老乡们说梅家祖坟就在下坝附近的事介绍一遍。梅大师很高兴，对父亲说道："这次回泰州时间很紧，次日回京还有重要任务，送你五百张票，请泰县的同志来泰州看戏。"父亲回去后召开了办公会议，提出看戏要讲文明、礼貌，500个人乘卡车开赴泰州。父亲每次提到此事，无不高度赞扬梅大师精湛的艺术和高尚的品质，因此在我幼小的心灵，梅大师的形象已深深地扎在我心底。1970年，一个偶然的机会我考取了南京艺术学院京剧专业，8年中经过系统学习，毕业分配在江苏省京剧院工作。1983年院领导安排我去上海参加全国首届梅派训练班，5个月学习了5出梅派经典剧目，并聘请梅葆玖老师、童芷苓老师、魏莲芳老师、俞振飞老师、张洵澎老师授课。梅老师主教《穆桂英挂帅》，他教学很严谨，一招一式、一字一板都教得非常仔细，循循善诱，倾囊相授，使我受益良多。寒冬腊月，他穿着衬衫，汗流浃背。记得学习快结束时，他又从北京赶到上海把我叫到南京路国际饭店8楼，告诉我说："旭慧，你是个品学兼优的学生，这次汇报由你来演《穆桂英挂帅》，你要争气，要真正把梅派精髓传承下来。"听了老师一席话，我既感动又觉得压力很大。为了这次汇报，老师特意从北京请来了姜凤山、虞化龙老师操琴，裴世常老师司鼓。那场演出在众多前辈艺术家呵护下很成功，看到梅老师的微笑，和葆玥老师、屠珍老师的亲切问候，心里踏实许多，总算没辜负他们的期望。

1984年，文化部中国戏剧家协会在京举行了纪念梅大师九十诞辰的活动，梅老师让我参演了梅派名剧《凤还巢》。演出受到了首都各界的好评。那次梅老师带我们拜会了大剧作家许姬传先生，并与众多名家到香山，给梅大师上坟。在北京梅老师问我愿不愿意来京，当时我有点懵懂，可回南京不久就收到北京京剧院三团团长李元春的来信，并说由梅老师推荐让我去京参加三团工作，主要传承梅派戏。由于江苏青年团演出担子重，加上领导不放人，事情未能办成，这也成为我终身的遗憾。1986年上海举办了海内外梅派大会演，梅老师又提携我演出了梅派名剧《廉锦枫》。1990年中央电视台要我参加名家名段的拍摄，梅老师知道后，毅然让他的化妆师、服装师把梅大师把服装给我用，我是既珍惜又感动，不知何以报答老师的恩德。后来我以非常严谨的态度认真演完了《太真外传》《西施》《穆桂英挂帅》，老师看了很满意，并告诫我要低调做人，高调传承梅派艺术。1995年11月，在戏剧不景气的情况下，自己主动面对市场，成功举办了15场个人专场。梅老师非常高兴，并参与了演出。在省委领导及诸多老艺术家，及几千名观众见证下，老师提议我正式拜师。当时演出盛况空前，非常轰动，也是水到渠成。记得老师参加央视在江苏"心连心"的演出，他演的是《醉酒》后半场，应穿宫装，可是因走得急，服装师只带了件蟒过来。我当时正给演员排练，只听有人着急地说："陈团长，你师父到处找你！"我赶到梅老师身边，他说："你赶紧派人到你们团找一件最大的宫装。"我一边安慰他，一边派人连夜赶

陈旭慧拜师典礼上记者采访

梅葆玖先生在后台给陈旭慧说戏

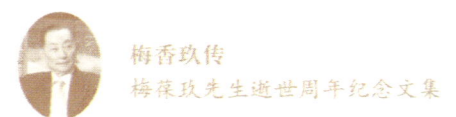

回南京取服装。梅老师说宁穿破，不穿错，戏比天大。这就是梅老师艺德。有一次梅老师来南京与我一起参加央视"苏韵流芳"晚会，有位演员房间在电梯旁，很不愉快，梅老师知道了毅然让出自己的总统套房给他人。这一切我亲眼所见，梅老师真是一位德艺双馨的艺术家，他的高风亮节永远值得我们学习。

90年代末，院里安排我主演全本《花木兰》，梅老师叮嘱我枪、马鞭、剑于一身的联合运用要得心应手，并教我如何演唱昆曲等。2001年央视拍摄大型纪录片《梅兰芳》，梅老师又一次提携我参与舞台影像拍摄。梅老师的关照和培养让我终生难忘。

2013年，在北京国家大剧院，与梅老师一起为习总书记及7个常委演出了《穆桂英挂帅》。梅老师当时住着医院，带病坚持训练。身教重于言教，他对工作一丝不苟的态度，永远激励我们为传承梅派艺术尽心尽力。在之后的艺术道路中，我始终秉承梅老师的教诲，不管是为农民兄弟演出还是出访交流，我都会以平常心，把为观众服务作为天职，奉献我所学到的梅派名剧《穆桂英挂帅》《四郎探母》《凤还巢》《玉堂春》《贵妃醉酒》《霸王别姬》《太真外传》等。梅老师亲自挂帅的"双甲之约"，从泰州启程，唱响国粹，弟子们都积极参与。梅老师常说，梅派艺术是传统文化的载体，西方有些人认为中国的青年一代如果放弃传统文化，他们就可以不战而胜。复兴传统文化，振兴京剧从娃娃抓起，是梅老师最早在政协提出的。有文化才有尊严，让戏曲进校园，梅老师首倡，我们也是积极响应。他认为，挖掘学生潜力最好的办法就是学点戏曲。在家乡泰州鼓楼小学，梅老师亲自任名誉校长，在他的带领下，我邀请了省里的著名演员，为学校学生传授了十几出京剧折子戏。学生们学习的《贵妃醉酒》，在奥地利金色大厅获得了首个少年艺术金奖，在中国戏剧家协会举办的"小梅花"大赛上拿了五个金奖。他们的《贵妃醉酒》，还参加了教育部、文化部在北京人民大会堂举行的戏剧进校园启动仪式，梅老师全程参与。他的支持是最大的动力。央视拍摄《百年巨匠·戏

陈旭慧所穿梅兰芳先生的服装

曲篇》，他把江苏小朋友学梅派的内容加了进去。梅老师一生致力于宣传优秀文化艺术，弘扬民族精神，他的离去，对整个戏剧界都是重大的损失。他的一生光辉灿烂，可歌可泣。缅怀梅老师，我们相信在众多梅派人的努力下，梅派精神一定会薪火相传，流芳百世。

梅之韵，兰之魂，芳华谱心曲，碧血铸九州。

江苏省京剧院　陈旭慧

2016年5月于南京

既是恩师，又是慈父
——回忆我的师父梅葆玖先生

我是从 18 岁跟梅老师学戏，那时候我正在天津戏校临近毕业。第一次到干面胡同梅老师家是 1987 年冬，天津戏校的马超校长送我，带着文化局局长谢国祥的推荐信，第一次见到崇拜已久的偶像很紧张。梅老师当年四五十岁的样子，风华正茂，光彩照人。他问我都学过哪些戏，老师是谁。至今我对梅家的氛围、老师谆谆的话语记忆犹新。当时正值冬季，我和我的琴师留在了北京，住在马校长母亲的家里，开始跟梅老师学戏，第一出戏学的是《霸王别姬》。梅老师带着我们去拜见姜凤山先生和贾世珍老师。每次唱给梅老师听，他总是鼓励多于教育，还常常鼓掌为我喝彩。冬天的北京非常寒冷，我们两个孩子既不太会生活，也不会做饭，梅老师是个思想前卫的人，80 年代早就开着自驾车了，他经常开车带着我们出去看排戏、吃饭。那时的肯德基刚刚在北京前门开张，梅老师便带着我们去尝新。那时我每天从早到晚往返于梅老师、姜老师、贾老师家，边学边观摩，的确受益匪浅。

直到我毕业到天津市青年京剧团工作，一直跟梅老师学戏。当年他有五十多岁，虽然提起过拜师的意愿，可梅老师却非常谦虚，总是说："老先生们都在，我还年轻，还是先学戏吧。"我在天津青年京剧团时，赶上了"后百日集训"，团领导请梅老师到天津为我排《玉堂春》《洛神》等戏。梅老师

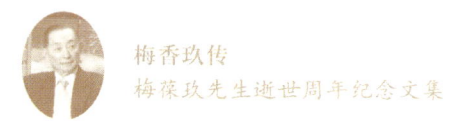

因常年演出形成的作息规律,是中午后起床,晚上睡得很晚,但是在天津给我说戏的时候,他一改往日的作息,起得比我还早,有一次我到了排练场,发现老师早已等在那里了,弄得我怪不好意思的。这说明梅老师对传承、教戏非常重视。梅老师有个特点,如果早上有重要的事情,就是再累再辛苦,他也会如期而至。天津京剧团也很重视对青年演员的培养,除了请梅老师到天津,也常让我到北京去学戏。安排我住在天津住北京办事处,但老师说:"离家远,学戏、演戏不方便。"于是梅老师和师娘让我住到家里。

1995 年 11 月,在天津艺术节期间,我正式拜梅老师为师,成为第四个徒弟。1996 年北京京剧院梅兰芳京剧团排成立,让我们这四个徒弟排练《梅华香韵》,董圆圆的《天女散花》,李胜素的《廉锦枫》,我的新编梅派情景剧《黛玉葬花》,魏海敏的《霸王别姬》,最后梅老师带着我们四个徒弟演出《贵妃醉酒》。为了庆"十一"北京长安大戏院开张演出,《黛玉葬花》无论从唱念到扮相设计,梅老师都严格把关,经过几次修改才定下来,直到开场演出,老师还是放心不下,担心老观众是否能够接受。演出结束后,听到观众赞许道:"哎呀,还是头一次看梅派的《黛玉葬花》,挺有新意。"梅老师心里才算一块石头落了地。唯一有不同意见的是舞台装置显得有些暗。除此之外,梅老师安排我在梅剧团唱了全本的《大·探·二》《四郎探母》《红鬃烈马》《玉堂春》等戏。我每次演出,梅老师都为我录像。演出结束回到家,梅老师和师娘高兴得又是安排我吃夜宵又发红包,梅老师还让我看着录像给我纠正,待我如同自己家人,令我终生难忘。直到我读研究生,才搬到学院住。研究生毕业前夕,学院领导找我说:"眼下学院教师青黄不接,缺少青衣,尤其是没有教梅派的老师。希望你能留校任教。"我把情况跟梅老师一商量,梅老师认为梅派的传承非常重要,支持调到戏曲学院。可是天津青年团必须经过李瑞环主席批准才准放人,为了我的事情,梅老师在 2001 年的春节元宵茶话会上,亲自向李主席请示才得以解决。我肩负着传承梅派艺术的使命来到中国戏曲学院,二十多年来,梅老师既是我的恩师,又如同我的

张晶与梅葆玖先生合影

梅葆玖先生给张晶说戏

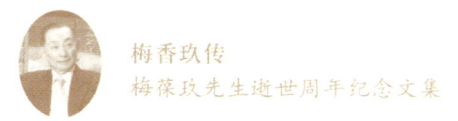

慈父,无论我是一文不名的学生,还是演员、教师,他始终关心着我、培养我。梅老师再三跟我强调要传承整出的大戏,不可只是教折子戏,把传统艺术好好继承下来,以免失传。同时他也支持学院的创新项目建设。我在学院的多项科研项目都有梅老师的支持,譬如:院级"精品课程"旦角《西施》的立体课程的科研工作、京剧梅派经典剧目《太真外传》的教学与研究、梅兰芳先生早期与杨小楼先生合作的《霸王别姬》的表演研究等等。他被聘为中国戏曲学院的名誉教授,多次来学院参加艺术研讨会,尤其是从 2009 年开始,历时 5 年我院创排多媒体舞台京剧《梅兰霓裳》,梅先生给予了极大支持,虽然他年近 80 岁却从不保守,有一颗年轻的心,对新鲜事物都是接纳的态度,很少排斥,有敏锐的前瞻性。他不仅是学院特聘请的艺术顾问、艺术指导,而且从该剧的初稿至演出,一直参与其中。他亲自到课堂给我说戏,指导排练,还亲临新媒体艺术系实验室,参与研究梅兰芳先生动态捕捉的工作。该剧参加了 2014 年艺术节的展演,演出得到社会各界的首肯。新媒体系约请我讲梅兰芳 53 式手势,梅老师听说后很支持,也给予我许多指点。无论是酷暑严冬,只要是戏曲学院需要,他就是感冒带病,也如约出席,这让学院的广大师生很受鼓舞。2015 年,为了纪念世界反法西斯胜利 70 周年,中国戏曲学院复排梅派名剧《生死恨》,梅先生高度重视,不知疲倦地在家给我说戏,彩排那天亲自到学院指导排练。可以说梅葆玖老师的大家风范、他的气质修养,也反映在他的艺术作品上。梅老师精湛的艺术、待人处事谦逊的君子之风,全方位地体现了梅兰芳的精神。虽然他老人家离开了我们,但是他对艺术事业的执着精神影响着我,在今后的工作中,我要更加努力,把梅派艺术更好地传承下去。

中国戏曲学院　张晶

我的师父梅葆玖先生

我从 1985 年开始看师父演出，师父演的每一出戏几乎我都看过，那时候我还在戏校没毕业。1988 年毕业后，我在工人俱乐部演出《霸王别姬》，当时师父去看我演出，给我说了"我这里"的"这"字应该怎么唱怎么发音。1992 年，师父给我说了《天女散花》一剧，从排练到演出，师父讲得最多的就是耍绸子的节奏，从慢板到二六再到流水，节奏由慢而快，绸子也要按照唱腔的节奏由慢而快，不能只是一味地耍绸子，而不讲人物和节奏。师父说："耍绸子，不能只见绸子不见人。"

1994 年纪念梅兰芳大师 100 周年演出，那时我还没有拜师，师父就带着我排演了《麻姑献寿》。这出戏已经许多年没有人演出了，当时我正在北京市青年京剧团，恢复排演了这出戏。这出戏的唱腔由姜凤山先生指导，包括末场的昆曲。麻姑有两场戏，我演前面一场，师父演最后一场，昆曲的一段由我在后台给师父伴唱。排练时正值夏天，天气热，但师父每一次排练都一丝不苟，从头到尾都同我们年轻人一道排练。由于是恢复排练，包括服装、布景、灯光全是重新设计。那时候剧场条件不像现在这么好，记得在大兴彩排，后台很热，师父和姜老师一直跟我们一起完成，最终于 1994 年 10 月在工人俱乐部上演了此戏。现在每每想起排戏演出的事情，还是心存怀念，能

尚伟跟梅葆玖先生学戏

尚伟和梅葆玖先生合影

在那么年轻的时候就有幸受到师父的提携，更觉感恩。

从1985年开始与师父接触直到1996年夏天我正式拜师，历经11年之久，再从拜师到今年整整20年，师恩难忘。曾记1997年随师父去意大利讲学演出，在讲学演出之余，我和师父一起逛街购物，受师父教导，买了好几张交响乐和歌剧的CD，现在还保留着。师父喜欢交响乐，说艺术是相通的，要我多听交响乐和歌剧。也是从那时候开始，我喜欢上了施特劳斯、贝多芬、多明戈、帕瓦罗蒂。

许多年以来，跟随师父身边，同台演出，我在台上演，师父在上场门台口把场，每次在台上演出转身看到师父，心里无比踏实。我想这就是一种传承，一种师徒的感情，都体现在那一刻。

这些年师父给我说了《洛神》《穆桂英挂帅》《宇宙锋》《四郎探母》《红鬃烈马》《贵妃醉酒》《廉锦枫》等很多戏。记得一次排练完，我坐师父车去长安大戏院演出，在车上师父还教我，开车要慢，不能着急，注意力要集中，才能安全无事故。师父就是这样，教我演戏之余，还教我听交响乐、歌剧，

梅葆玖先生给尚伟说戏

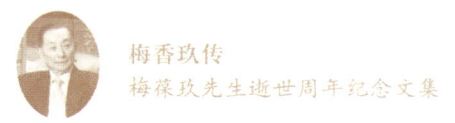

教我开车的经验。

2012年我们院举办52星的演出,我主演《霸王别姬》全剧。那是我第一次演出全部《霸王别姬》,还邀请到了著名京剧表演艺术家尚长荣先生(您是我的三大爷)提携演出,师父仍是在上场门台口看了我一整出戏。"出征"一场披的粉斗篷是师父的,师父看看我说:"我的服装就是你这个头儿能挑起来。"看完后,在化妆室对我说:"今天演出我给你99分。"这句话对于作为学生的我来说是一种多么高的嘉奖!

2014年"双甲之约",赴美演出《梅华香韵》,师父让我在其中担当主演《霸王别姬》的任务。在纽约、华盛顿演出盛况空前,谢幕之时看到师父满意的目光,我想这是我交给师父的一份满意答卷。如今师父走了,可在我心里,师父从没有离开。我现在也在教学生,把我所学到的,和在舞台上将近30年的舞台经验交给我的学生,以告慰师父在天之灵。

北京京剧院　尚伟

秉承艺术严谨之风，大立梅派纯正之本
——永远怀念我的恩师梅葆玖先生

岁月如梭，我的恩师梅葆玖先生虽然长逝人间，永远地离开了我们，但师父一生对梅派艺术的传承发展所做出的卓越贡献，将永留史册。他对艺术的执着，学生的关心、爱护，他的音容笑貌，令人难以忘怀！

我于1997年经著名剧作家、戏曲评论家周桓老师介绍拜梅葆玖、姜凤山二位先生为师（周桓老师主持举行拜师典礼），正式进入梅门，开始苦学梅派艺术。作为梅派弟子，应该说，从小就跟在师父身旁，受到梅派艺术的熏陶，师傅的言传身教，为我早日成才奠定了坚实的基础。

记得早在1995年，年仅15岁的我，经人介绍有幸进入北京人民剧场，与几位艺术家同台演出京剧《宇宙锋》"修本"一折。演出结束后，梅葆玥先生同梅葆玖先生竟然一起来到后台，亲自看望了我，并祝贺演出成功。梅葆玖先生对我说："你这么小的年龄就出色地演出了梅派代表剧目，确实很不错，我们梅派是有希望的。"同时，又和蔼认真地给我指出几个表演方面的不足。当时，我年龄尚小，在这个时间、这个场合，第一次零距离见到未来的师父、师姑二人，这个场景让我真是不知所措，激动不已，真是无法用语言表达此时此刻的心情。事隔不久，即成就了我进入梅门的美好梦想，让我能够一生学习、追求、传承梅派艺术，我由衷地感到庆幸和自豪。"师父

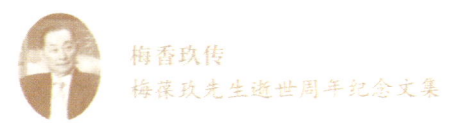

领进门，修行在个人。"这是民间广为流传的一句老话儿。1997年正式拜我的恩师梅葆玖、姜凤山二位先生时，在梅派弟子中，我的年龄最小。我是第六个进入梅门的弟子，占了个"六"字，可谓大顺。由于拜师较早，吸取的艺术营养自然较多。师父把我带入了梅门，修行要看自己的了，但我拜师学艺的经历恰恰有所不同。拜师后，梅葆玖、姜凤山二位先生，对我这个最小的徒弟偏爱有加，学艺过程中，不是简单地教教学学，带进门了事，那可是按着梅派的韵律，一板一眼、一字一腔、一个个身段，遵循"四功五法"精雕细琢出来，梅派极具代表性的几个剧目，如《贵妃醉酒》《宇宙锋》《霸王别姬》《穆桂英挂帅》《凤还巢》等，都是师父手把手扎扎实实教出来的。加之在中国戏曲学院表演系四年的系统学习、实践，与梅派结下了一生之缘，可算得上是顺顺当当地走到了今天。

恩师对梅派众弟子，可以说一视同仁，教授有方，当然，对我更是倍加关照、提携。在中国戏曲学院上学期间，为能让自己在学戏、表演上提高更快，在不影响学习的情况下，师父经常安排我参加《梅华香韵》演出。去上海、天津、武汉等地演出时，都有幸与师父同台，分别演出彩唱、片段或折子戏。记得有一次排练《贵妃醉酒》，大家还没有到排练场，师父却很早就来到了排练场，提前做好准备为我排戏，令我十分感动。在学校如遇彩排、实践演出等，师父会尽力到场，一是就剧目、人物塑造等，给我指点演法，一是演出结束后，毫无保留地指出不足，在艺术上严格要求，亲自把关，为我把脉。有一次演出《白蛇传》，师父不仅要顾着看戏，还不辞辛劳为我拍剧照，以记录下舞台的各种表演形象，让我得到提高。他还鼓励告诫我打消门户之见，要向其他老师认真学习，达到多学多看拓宽戏路的目的，不断规范自己的表演。2015年，我演出《穆桂英挂帅》时，师父不仅亲自为我把场，谢幕后观众都已散去，他还在台上为我说戏。有一次赴美国演出，到达目的地机场后，我托运的行李一直未到，情急难耐，师父毫不犹豫，陪我等了足足两个多小时，最后拿到行李才前往住地。我为有这样的师父感到骄傲，他

拜师会

《麻姑献寿》演出谢幕

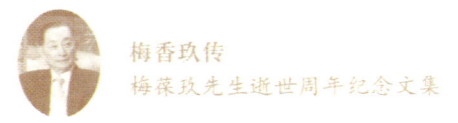

像慈父一样让我感激万分。

师父仙逝，梅腔京韵绕梁梨园……他的一生都给了戏曲，即使年过八旬，还在京剧的舞台上坚守，拼搏不息。他的逝世，是京剧界的一大损失。师父生前，以传承梅派艺术为己任，严谨，专注。师父为人处事，以礼相待，以诚交心，与人为善，以仁为本，在戏剧界拥有崇高地位，是当之无愧的梅派艺术掌门人。他自始至终不摆一点儿架子，不以势压人，不居高临下，这正是继承了梅兰芳艺术大师谦和的艺术风范和良好的家风。可谓艺术上有真知灼见，演出中力求完美，同仁间谦虚和善，各方面克己待人，不愧一代典范。师父作为梅派嫡传，不仅为京剧事业培养出众多梅派传人，桃李芬芳数十载，薪火相传，而且对弘扬民族文化、繁荣京剧舞台起到了举足轻重的作用。师父的人格魅力、艺术才华、为人师表。他不但一丝不苟地向我们传授梅派技艺（为达到标准，为我们不厌其烦地示范唱腔、身段、念白等），并且因人施教，方法得当。师父的传授指点，让我们逐步学会和懂得了梅派艺术规律的关键所在，逐步提高了舞台实践能力。为京剧艺术的传承，为梅派事业的发展，师父贡献了毕生精力。作为一代名伶，师父的敬业精神实属难能可贵，为我们树立了榜样。

跟随我的恩师梅葆玖先生，不仅仅是学到了几出真传的梅派剧目、几个典型的身段，其实最重要的是，学习了如何做人，如何从艺。面对艺术、人生、工作、生活等，似乎都有了更加理性的态度。师父的艺术"旧中有新，心中有根"。多年的学习和艺术实践，让我真正领悟到梅派艺术的真谛和精神。中规中矩、雍容华贵的梅派艺术，最终要达到"无艺术特点"才可为神化。准确地说，绝不是在舞台上突出某一个方面，是要真正达到中和之美的艺术境界。

为了不辜负恩师的期望，多年来，自己在学习梅派，传承梅派等方面，始终不懈地在做着积极的努力。例如：在整理改编《麻姑献寿》一剧时，师父曾语重心长地对我说："梅派要继承，更要注重发展，父亲留下的一折《麻

2010年在加拿大张馨月与梅葆玖先生合影

《穆桂英挂帅》演出后梅葆玖先生在台上给张馨月说戏

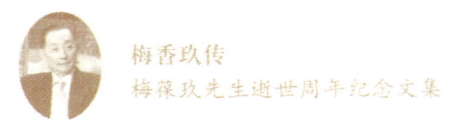

姑献寿》早就应该以新的形式再搬到舞台上来。"并向我谈了如何整理改编的具体指导意见。师父对梅派艺术的继承与发展，倾尽了全力。最终，此剧在纪念梅兰芳大师演出活动中，顺利与广大观众和戏迷见面。值得一提的是，在纪念梅兰芳艺术大师"双甲之约"系列活动中，在启动仪式上，我们北京京剧院梅兰芳京剧团赴梅兰芳艺术大师的故乡泰州，由我主演了新改编的《麻姑献寿》一剧。一经上演，受到当地观众的热烈欢迎。同样，在该系列活动的国家大剧院的收官演出中，仍以《麻姑献寿》收场，同样受到欢迎，可谓遥相呼应，圆满收官。此外，近年来为了传承梅派艺术，自己做了专场演出，把原汁原味儿的梅派代表剧目《穆桂英挂帅》《西施》《宇宙锋》相继搬上舞台，进一步体现传承精神，达到薪火相传的目的。中央电视台戏曲频道的密切关注专场演出，并在《空中剧院》栏目予以播放，这也算是没有辜负恩师的期待，为梅派艺术发扬光大尽了自己一份绵薄之力。

总之师父没有留下什么遗憾。他为京剧事业做出了应有贡献，为梅派的继承培养了诸多后人。要说遗憾，是他早早地离开了我们，我们再也不能向他求教。我们作为他的亲传弟子，一定不负师父生前所托，学好艺，做好人。同时呼吁，梅派艺术是京剧历史上的一座里程碑，传承和发展是重中之重，要以更多的形式，对梅派艺术进行专题研讨，要利用更多的艺术形式展示、宣传梅派艺术，真正推动梅派艺术的发展。为完成师父的遗愿，为弘扬民族传统文化，我们一定会做好自己的一份工作，像师父一样，为京剧事业做出新的、更大的贡献！

北京京剧院　张馨月
2016 年 6 月于北京京剧院

怀念恩师

我的恩师梅葆玖先生离开了我们，对我来说师傅并没有离开我，他永远在我的心里，他是我学习的楷模和榜样！师傅的一生是精彩的，在他人生最后谢幕时，留给我们的依然是他那精彩绝伦、高贵典雅、风度不凡、中正平和的气质。

记得1990年，那时候我在中国戏曲学院面临毕业。一位伯乐老师，在一个很偶然的机会问我喜欢学什么戏。我直言道："我喜欢梅派，这是我从小的梦想。要是有幸能认识梅先生，那可真是我这辈子的造化。"老师一听，说道："你的嗓音适合梅派。我和梅先生很熟悉，梅先生人特别好，我可以帮你引见。"我当时真的是高兴，不知道该怎样感谢人家，很激动。那时候我在的心里想，梅老师这么高知名度的艺术家，一定是高不可攀，肯定有架子或者说见到我这样的小孩子不太愿意教。总之想法很多，就怕老师不愿意教我。怀着忐忑不安的心情，又兴奋、又紧张、又激动的我就跟着那位老师去了梅葆玖先生家。到了梅老师家里，梅老师对我很是随和，问我喝什么，让小阿姨帮我沏了一杯茶。讲了我们的来意，梅老师马上就给姜凤山老师拨打电话，说有个学生想带着去他家里听听。姜老师二话没说就让我们过去。当时我记得梅老师开一辆白色桑塔纳轿车，我坐上梅老师的车子里就在想，

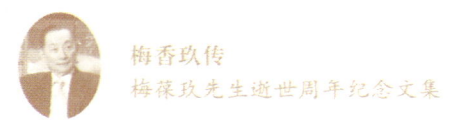

梅老师真好，这么大艺术家，这么大的角，还拉着我去见姜老师，也没有嫌弃我坐他的车，那个年代几乎没有几家有私家汽车的。我心里特别感动，就觉得梅老师这大艺术家怎么那么好，没架子，说话和气，对老师同学都是一样。到姜老师家后，姜老师问我会唱哪段，我说会唱《西施》"水殿风来"。姜老师就给我定弦，让我唱了起来。梅老师就坐在那里特别认真地听着。我心里也有点紧张，唱到最后一句的时候，唱腔有点晃。唱完后梅老师首先是肯定说："嗓子不错，还有扮相，适合学习梅派。"当时姜老师也说："嗓子挺甜的，好好学。"带着我的老师说："你能得到这两位大师教你，你可真有福气呀！"我当时真的很激动，不知道该怎样表达了。自那以后我就认真潜心学习梅派。当时梅老师还在上班，那时候团里经常演出，老师的工作和外事活动很多。我就去姜老师家里上课，学戏。学完后，去梅葆玖老师家里，请王志怡老师说身段（当时梅葆玖老师住在西城旧帘子胡同，王志怡老师在梅家陪葆玖老师同住。），说完后，再请葆玖老师从头至尾看一遍，然后梅老师把不合适的地方，都认真的记录在本子上，最后从头说。老师教得很认真，有时戏做不出来，梅老师也不急，说："别急，慢慢来。"后来到了 2000 年，我朝思暮想的愿望终于实现，正式拜在梅先生的门下，正式成为了梅门弟子。

记得拜师是在金鼎大厦，那一天老师请来了很多艺术家。有杜近芳老师、昆曲名家蔡正仁老师等等。场面很热烈。我能得到这样好的老师教授，真的是我的福分，我为有这么好的机缘而雀跃。发言中，老师讲了很多鼓励和支持的话，让我好好学习，认真传承。他还说："你作为老师一定要学地道了，才能传承好，因为你是教师，是传道者，希望把梅派艺术很规范地传承下去。你们这一代老师，身上的担子很重，将来京剧的传承需要你们这一代，接力棒在你们手里。"老师当时热情洋溢的发言，我仍历历在目、记忆犹新，这辈子都不会忘记。那天是我人生的一个新的起点。从那天起我不但要好好学戏、好好做人，还有更重的是责任，我要尽我所能不辜负老师的期望，认真严谨地学习和继承梅派艺术。

梅葆玖先生给滕洛莹说戏

师徒合影

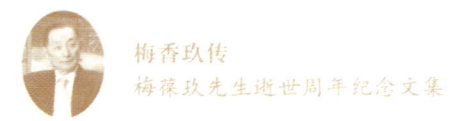

　　从那时起,我经常去老师家里,与老师聊的都是与戏有关的话题。老师给我讲了他小时候学戏的一些往事,把他小时候和王幼卿老先生学《二进宫》的录音给我听,给我讲他学了好多的武戏,如《扈家庄》《雅观楼》等等,但是没等演出就赶上"文革"了。那段时间,梅老师还经常推荐我们这些在学校教学的老师,让我们多登台,别把学的东西丢了,认为实践对我们有帮助。我们好多梅派弟子都参加了纪录片《又见梅兰芳》的拍摄,这样对教学有很多好处,教演相长。梅老师说:"你有了舞台经验和舞台感觉,也能把自己的感受再说给你的学生,就能帮助孩子们更快地成长起来。"梅老师的思想灵活,他替我们想得很全面、周到。记得有一次,我在长安大戏院演出《别姬》,排戏时老师就到了,是为了再给我看看哪里不合适。看完排戏,老师拿着剑亲自示范,七十多岁的老人家,为了让我演好戏,他不惜力,认真跑圆场、做动作、走身段。老师说:"舞剑的动作要美,不能武气,要用虞姬的心情来表演。"当时我就想,老师太敬业、太认真啦!这岁数说就行了,还亲自动起来。每每说戏,只要我走不上来的,老师都给做示范,直到学会了为止。可见恩师是多么尊重艺术,他的人品更是我要学习的典范。有时候我需要资料去老师家里找,老师说两天后来取,两天后去了,老师演出不在家,但老师准把我要的东西放在桌上让保姆给我。老师这人真的太好了,我真不知该用什么语言来表述老师,他的为人处事让你感到很自在,很随意。

　　我第二次办演出专场时,老师亲自上阵,每天排戏都准时到排练厅,不合适的地方记下,过后一个问题一个问题解决。演出那天老师去得很早,亲自把场子,还不时地提醒我早点化妆,别赶罗。说实话那天老师在后台一站,我的心就有底了,一点没紧张。演出结束后,请老师到台上讲话。老师说看到我的演出,很高兴也很满意,表扬我在台上的表演大气、规矩、庄重典雅。老师对艺术的执着、认真、严谨、一丝不苟的态度,是我这个晚辈学习的榜样。

　　在跟老师学习的这么多年里,我在艺术上不断地成长起来。我有今天

的成绩，与老师的教导是密不可分的。恩师的艺术，恩师的大爱、谦和、胸襟，平易近人的态度，永远是我学习的楷模。我一定记住恩师的话，准确地传承梅派艺术，认真地教学，好好地工作，使梅派艺术代代相传，永世流芳。

师父，您的音容笑貌，将永远铭刻我心。师父，您放心地走吧，愿您在天国那里，继续唱着优美精彩的《梨花颂》！

中国戏曲学院附中　滕洛莹

我与恩师梅葆玖先生

追忆师父最后的那些日子

3月30日下午得知师父昏迷紧急入院的消息时,我的头脑一片空白,根本无法相信!就在前一天,我还陪同师父在北京第二外国语学院讲座,然后同庆生日,怎么突然就病倒了呢?!接下来的27天是我一生中最煎熬、最难捱的一段日子。4月25日那天的情景至今历历在目,回想起来令人痛彻心扉!在师父弥留的最后几个小时,我真想让时光倒流,或者哪怕就此静止在那一刻,好让我多陪伴师父一会儿,让我最后聆听一遍师父的嘱托和教诲吧!那天我跪在师父的病榻前,跟师父说:"您老人家放心吧!我一定记住您的话,把男旦艺术传承下去!我会照顾好师娘,您就安详地走吧!"

接下来5月2号,在师父追悼会前一天,在长安大戏院的那场《红鬃烈马》的演出对我来说是个巨大的挑战,我当时的状态几乎无法胜任!那些天我陷入在极大的悲痛中,精神恍恍惚惚,身心疲惫不堪。然而"戏大于天"!那天晚上我不知道自己是怎么演完那场戏的,大幕拉上后,我再也控制不住自己,在台上几乎想号啕大哭!这是我终生难忘的一场演出!

次日,即5月3日,八宝山肃穆寂静、寒风瑟瑟,师父的追悼会将在

收徒仪式

胡文阁和梅葆玖先生合影

这里举行，当我随着送别的队伍来到师父灵前，才意识到这次我真的要与师父生离死别时，周围的一切情景突然间虚空起来，一股巨大的悲痛向我袭来，我哭倒在地，痛不欲生！长歌当哭，逝者已去。至今想起当时的场景，泪痕犹在！

师父离开我们已经整整85天了，师父走得太突然了！每天对师父的思念无时无刻不在我的心头萦绕。每当我排练、演出、教课、访谈、参加活动时，仿佛师父在我的身边，甚至拉着我的手走上台，仿佛在侧幕为我把场。现在我几乎每天还去师父家，睹物思人，不胜伤悲！我常常有种感觉，仿佛师父还在那里，在自己的小房间里摆弄心爱的唱片，在书房读书写信，与大家围在饭桌旁笑容可掬、侃侃而谈……

一日为师，终生为父。15年来，师父于我，亦师亦父。师父走了，留下我对他感情如同父亲般的深深的依恋和不舍！每天脑海中还常常浮现出与师父相处点点滴滴的难忘情景，像电影般一幕幕地反复回放。

最近这两年，师父的日程异常忙碌。2014年的"双甲之约"是师父的最大心愿，当时师父已是80高龄，三伏天最热的时候每天到排练厅给我说戏并亲自示范，有一次他跟赵葆秀老师走戏《穆桂英挂帅》给我看，一下没站稳就跌跪在地上了，可把大家都吓坏了，大家连忙去扶他，而他老人家摆摆手说"没事，接着来"。整个"双甲之约"的日程太紧凑了，我们年轻人有时都觉得吃不消了，可师父在大家面前却总是精神奕奕。可毕竟是那个年龄了，有几次在来回的车上就那么睡着了，我看了心里很不是滋味。也许是他老人家冥冥中意识自己到来日不多，随后的一两年内也是马不停蹄，投入整理资料、出书、录教学DVD的繁忙中。尤其在师父生前最后那几个月，他更是高强度地开会、讲学、出席活动。那时的师父身体虽明显消瘦，却依然精神矍铄！

今年1月份最冷的时候，师父还专程赴山东为梅派《西施》班弟子演出把场。那次山东之行师父累倒了，发高烧，这对于80多岁的老人是很危

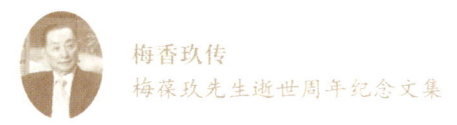

险的，可师父还是带病坚持工作。

1月16日那天，约好跟师父一起去人民大会堂参加文联春晚的录制，我开车来家接师父，在车内等了一个小时不见师父下来，师父可是从来不迟到的啊！当叶金援老师陪伴师父出来时，我发现师父的步履有些蹒跚，我急忙下车为师父打开车门扶他上车，才发现师父的手很烫，师父还在发烧！一瞬间我意识到，师父老了！以耄耋之年，还要带病四处奔波，不禁心疼不已，内心一阵酸楚！

接下来的1月底2月初（春节期间）也是一年最忙碌的，迎来送往，新春团拜，活动不断。

3月出席全国两会，做提案，希望孩子们爱京剧、学书法，关心下一代。

期间还出席了王志怡老师的收徒仪式。

3月13日（在两会期间）又不顾辛劳，亲临现场为梅派《西施》班学员白金的汇报演出助威。

3月20日，出席了全国京昆剧目展演活动。

3月21日，会见日本前首相福田康夫。

3月29日，师父病发入院前一天，他还带着我一起在北京第二外国语学院讲学。

现在想想，我们太疏忽了！这样超密、超强的日程安排，对八十几岁高龄的老人而言，如何吃得消？

为了梅派艺术，师父奉献了生命中最后一份光和热！

那天在北京第二外国语学院讲学结束后，同学们为我们献上了两束花，师父竟然把他手里的那束花也都交到我的手上。一霎时，我觉得两束花合起来的分量很重很重！

如果真的有上苍，冥冥之中，师父是以这种方式把担子交给了我！

师父真的走了，但师父并没有走远！

我依稀仿佛听见师父父子在天堂团聚的朗朗笑声，仿佛听见二人共唱

《梨花颂》的旋律。

如果真的有上苍，师父在天之灵，一定会护佑我们梅派弟子！

师父真的走了，师父的精神没有走！

师父艺术上深厚的造诣、生活中可敬的人品、对事业的不懈努力，给后辈留下了宝贵的财富。

师父为毕生事业奉献了生命中最后一份光和热！他不愧大师的称号！

纸短情长，再多的言语也书不尽我对恩师的追忆和怀念。

安息吧，师父！您永远活在我的心中。

相识二十三载，师生十五年情

回想起来，我入京剧行直到拜师，颇有一段曲折的经历。

我出生在西安，虽从小5年秦腔出科，自幼崇拜梅兰芳大师，后来又跟李德富先生学习，打下了一定的旦角基本功，却并没有立即走上从事京剧表演的道路。我与京剧结缘最早要追溯到1992年，那时我参加中南海怀仁堂的演出后，李瑞环先生问过我："你为什么不唱京剧？"如今回想起来，也正是当年的他那句话如醍醐灌顶，勾起了我自小向往梅兰芳艺术的情愫吧！到了1993年参加正大综艺演出时，由杨少华老师引荐拜见了梅葆玖先生，从此开启了我与恩师这场跨世纪的"师生缘"的序幕。

1997年，我通过靳飞先生举荐去日本，在坂东玉三郎先生的鼓励及靳飞先生的引见下，再次与梅家正式见面，这次见面促使我决心正式投身梅派艺术，并把它作为终生追求的目标。

从1998年起，我跟随李玉芙、王元怡、姜凤山、虞化龙等各位老师学戏，经过三年"梅门立雪"、勤学苦练，终于感动了师父。2001年11月30日，在众多京剧界领导、前辈以及同仁的见证下，师父最终选定我作为梅派第三代传承人。我终于如愿以偿拜在师父门下！掐指算来，拜师前的1993

至 2001 年，师父对我考察了整整 8 年！拜师梅门是我一生最大的转折，于我是三生有幸！

拜师以后，师父为了培养我，为了让更多的人认识我，他不仅给我创造更多的演出的机会，还经常手拉着我的手上台，介绍给大家并一起演唱；只要情况允许，无论大小演出师父都会为我把场，携我一起谢幕。

那些年师父为我可谓费尽了苦心，数不清多少次，师父鼓励的眼神、温暖的牵手让我在跌跌撞撞中不断成长，由开始时的小心翼翼、脚步蹒跚，到能够独立登台担当主演。师父也会在诸如《宇宙锋》《凤还巢》《御碑亭》等经典大戏的演出中为我助演几场。

记得 2011 年我在梅兰芳大剧院首演《生死恨》，那天师父刚巧在天津参加一个活动，为了回来给我把场，活动刚一结束就马上乘火车赶回北京，当师父气息未定地站在二幕时，我正准备上"夜纺"那场重头戏，我在闷帘念"天哪，天"那句高音时，师父在那里用手势比着"往上、再往上"，为我助力。那天谢幕时师父非常高兴，他说："《生死恨》这出戏是考量梅派演员艺术水平的一个硬指标，你今天完成得很好！"

多年来我也养成了"每演出，必汇报"的习惯，无论演出多晚结束，尽管妆未卸、衣衫被汗水浸透，只要在北京我都会及时去师父家汇报，希望得到及时的指点。这么多年来几乎风雨不误。

师父除了亲力亲为，还常常邀请老一辈艺术家同台提携我，如谭孝曾先生、叶少兰先生、赵葆秀老师等，能跟老一辈艺术家同台演出使我受益匪浅，我在舞台表演上进步很快，渐渐地能够独立担当起经典梅派大戏的主演，也渐渐走向成熟。作为汇报，2013 年在师父的鼓励下，在京剧院领导的支持以及前辈、同仁的帮助下，我在长安大戏院举办了四个专场的展演，取得了一些成绩。

从 2013 年的专场展演，尤其是 2014 年"双甲之约"让我领衔挑大梁，到 2015 年担任国家基金项目梅派《西施》班的助教、代师教课，这一切无

胡文阁与梅葆玖先生合影

胡文阁与梅葆玖先生剧照

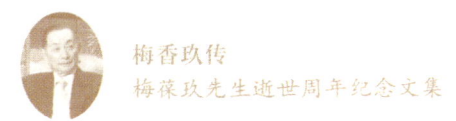

不是师父的用心良苦和对我全方位的栽培啊！如今我终于对梅派艺术有了一定的理解，也能越来越深刻地体会到师父在我身上倾注了他全部的心血！接下来的8月12、13日这两天，梅派班成果汇报将在国家大剧院演出，我也参加其中部分场次的演出，希望学员们和我共同交出一份合格的答卷以慰师父在天之灵！

师父秉承了梨园界的传统，自我拜师以来，对我像对自己的孩子一样关心、呵护，无论艺术、生活以及做人方面什么都管，从这一点讲我恐怕就是传统意义上的那种"入室弟子"。我是西安人，很早失去父母，这15年来，每年至少有300个日子、包括春节在内的每个节假日都是跟师父在一起的。

师父对我的教学是那种"润物细无声"的感觉，他举重若轻，无论在吃饭、聊天中，排练及演出间歇，随时随地"指点"、"授课"。他从来也不逼迫、苛责我，总是循循善诱，启发和鼓励我。15年的岁月中，就这样几乎每日能够零距离聆听师父的教诲，现在想想我是何其幸福啊！

师父一生开明，他的教学是开放性的。师父经常带我一起登台演唱《贵妃醉酒》。他曾经指出："文阁你的《贵妃醉酒》太像我了！你要多多揣摩我父亲的电影版以及在日本现场演出那两个版本，从中找到灵感，形成你自己的特色。"同时师父勇于开拓，他把交响乐引入京剧，其代表作《大唐贵妃》马上要复排，师父生前希望我领衔主演这出戏。

师父也是最敬业、对艺术要求最严格的人。他主张"不学则已，要学必精"。他总是亲力亲为、毫无保留。从一招一式、一字一腔，细心揣摩，探究如何才能恰到好处对人物的性格、情感做细致入微的刻画。

师父指出："程式化"技巧，只要是科班出来的基本上大都能做"到位"，但要"精到"就不是一天两天的功夫，需要长期的舞台磨炼与不断揣摩。

说到"表演要有层次"，这个层次也不仅仅是表面的、程式化的层次，是深入的、细分的。

"都说我父亲在舞台上怎么那么美，哪怕只是站在那里都有戏，他的那

些神态的美、形体的美，都来源于他内在深厚的涵养，是经过长年高度提炼的'美的境界'。"

"所有的人物，比如穆桂英、韩玉娘、虞姬、杨玉环、赵艳容等，都在不同的人物'美的境界'上，同是青衣也不能雷同，不能千人一面。"

"说到'移步不换形'，即使表演形式上有些变化，如果精神内涵是一贯的，也不等于走样。"

"能把这种变化，恰到好处地传达给观众，也需要高度的提炼。"

一般认为《穆桂英挂帅》这出戏的重点是《捧印》一场与佘太君的对手戏。师父指出，要表现穆桂英在国家安危之际，不顾年老力衰、抛开个人恩怨，最后决然为国挺身而出的境界，重点在于表现其由灰心、怨心到赤子心、尽忠的决心这一系列复杂心情的变化。当佘太君第二次说出"你挂帅"时，穆桂英背对观众，身子一顿、挺背仰头，以刀马旦甚至武生的身段，转身双手一指，"挂帅"二字出口掷地有声，刚毅有力，与前面的人物表现判若两人，给人留下深刻的印象。在"托印"那场，通常是左手转一小圈放于腰后，右手把印托起。师父建议我用左手抓住袖子、背袖放于腰后，然后不用旦角的通常步法而采用丁字步，显示出人物威武大气的英姿。

在为梅派《西施》班担当助教代师授课时，每次上课前师父都会专门抽出时间，一招一式为我捋顺，并为我示范重要的部分。包括我学的每一出戏，师父一有机会便会为我仔细分析、耐心讲解，在这里我不能一一详述。师父的教诲是我一生的珍宝。

我的一些朋友、戏迷在观摩了我的《西施》班教学现场，包括在北京院里教白金、姜亦珊，在天津教曹馨月、王艳，在上海教田慧，包括后来给胡桐、徐莹说戏，甚至在综艺节目给歌唱家、跨界学员做导师，我不止一次听到戏迷反映："胡老师你教学太认真了，太细腻了！"

在教学中我也会跟学员讲：这个动作或唱腔，梅大师是怎么做的，我师父怎么做的，王志怡老师怎么教的，而我自己是怎样理解和处理的，我想

胡文阁从梅葆玖先生手中接过洒金扇

戏迷所说的"认真、细腻"可能指的就是这些吧。

其实，我师父就是这样教我的！我不过把师父的艺术和做人继承了下来，再传授下去。

也许这就是所谓"一脉相承"，就是"移步不换形"吧！

15年来像这样点点滴滴，无论学艺还是做人，师父教给我的实在是太多太多，有的我还来不及消化，而有些事情是在师父走后我才真正意识到，另外还有很多东西都没来得及学，师父一肚子的宝贝就这样带走了，实在太可惜了！师父的这些宝贵经验是他留给我的最大遗产，是无价之宝，足够我花费今后的岁月去领会和揣摩，我想这是我对师父的最好的缅怀！

将梅派艺术传承下去是我毕生的追求

记得梅大师曾经说过：中国戏剧有近千年的历史，中途经过许多变迁，遗失的太多。我能将自己知道的这么一点贡献给大家，能使中国戏剧在世界艺术中占有一个优胜的位置，是我最盼望的。师父也曾对我说："我父亲留下上百出戏，到了我这里只继承了几十出，而到你这一代，能规规矩矩地把十几出梅派大戏原汁原味不走样地继承下来，就是十分了不起的事情了。"

在师父看来，"继承"是头等大事，他希望我能把这十几出梅派最"经典"的大戏，以及其中蕴含的许许多多梅派艺术的精髓，尽可能原汁原味地继承和传授下去，所谓"溯本求源"。

我现阶段的主要任务就是扎扎实实地继承、传授。

当然，任何艺术没有发展、没有创新就没有生命力。梅大师、我师父一生都在各自的历史条件下做了很多的尝试和努力，给我们后辈留下了许多的宝贵经验和资料。无论梅大师也好、我师父也好，在座的各位专家与前辈，谁都不希望自己的学生学得跟自己一模一样，都希望后学者能根据自身的条件，有自己的想法和对戏中人物的理解，并将这种理解恰到好处地融入表演中去。

  我虽"才疏学浅",今后将不负师父的期望,加强提高综合文化素养,不断总结、反思,希望能把师父这么多年倾注在我身上的心血化作宝贵经验,加上我自己在舞台实践中的领会与理解,慢慢总结、整理和沉淀,将来能以书面、教学和讲座等形式奉献出来,让后学者也能从中受益。我想这也是"在继承中求发展"的一种方式吧。

  可喜的是,我所在的北京京剧院领导高瞻远瞩,十分重视传承和发展,重视培养年轻人。

  最近开展的"薪火相传"名家携青年演员展演活动,发扬老中青传帮带的梨园好传统,为我们提供了一个很好的平台,以老带新,生生不息。

  我唯一的心愿就是一门心思把梅派艺术好好地传承下去,这将是我毕生的追求!

北京京剧院　胡文阁
2016 年 7 月 18 日

缅怀我的恩师梅葆玖先生

京剧是中华民族的国粹，梅派艺术是京剧艺术中一颗璀璨的明珠。

我的恩师梅葆玖先生继梅兰芳大师之后，全方位传承梅派艺术，为梅派的发展培养了众多艺术人才，他为京剧艺术的传承和发展立下了不朽的功勋。我有幸成为恩师的入室弟子，亲身向他学习梅派艺术，亲耳聆听了他的教诲，使我受益终身，他是我一生中最重要的人。

恩师突然离去，让热爱京剧艺术的人无不悲痛万分！作为多年来受到恩师培养和教导的梅派弟子，我的心中无比悲痛！每当想起那些往事，我就止不住泪水涟涟。我为恩师守灵多日，腿站肿了，嗓子哭哑了，眼睛哭肿了，就是这样也难以表达我对恩师的亲如父女般的深厚感情。多年来恩师对我在业务方面、工作方面、生活方面的教诲与帮助，点点滴滴涌上心头。

1998 年，对我来说是一生中非同寻常的一年，那年我有幸与师父在辽宁同台演出，和师父在一起就餐时我们院领导让我给师父唱一段，我就唱了一段《贵妃醉酒》，师父听后说我唱得很好，嗓子扮相也好。领导对师父说："姜玲是我们院的领衔主演，她在业务上刻苦钻研，您看能否拜在您的名下？"师父对我说："我可以先把你安排到北京跟王志怡老师学习一段时间，等差不多的时候你来我家我给你说戏。"就这样，2000 年，我从东北来到了北京，一边跟着王志怡老师学习，一边向师父请教。那些年总是往返北京与辽宁之间，只要师父有时间我就坐上火车来到北京向他老人家学习请教。

2002年，师父答应收我为徒。当我知道了这个消息时我的心里别提有多激动了！拜师计划在辽宁省委宣传部、辽宁省文化厅和市政府领导的大力支持下，在各级领导对弘扬梅派艺术和培养尖子人才的规划中得到了落实，他老人家看到了辽宁省对享誉海内外的梅派艺术的高度重视和崇拜欣然接受。再后来，师父亲自邀请了姜凤山师爷夫妇、王志怡老师夫妇、李玉芙老师和师父的挚友美籍华人杨先生、师父和师娘一起来到辽宁，由市政府主办举行了非常隆重的拜师仪式。

梅兰芳大师在东北只收过一位弟子，这次拜师后，梅先生说："东出山海关来到辽宁，我收了东北三省第一位弟子。"我荣幸地被先生收为东三省当时唯一的一名入室弟子，得到了先生的真传，使我的演艺之路从此迈上了更高的台阶。拜师后，我来北京跟着师父、王志怡老师学习。有一段时间学习《霸王别姬》，当时我学习的地方是梅府的旧帘子胡同一个很好的四合院里，我经常在院里学习、背戏、练剑。梅老师看到我练别姬的剑舞后，有一天，他突然对我说："你等一会儿啊。"只见他打开车后备箱，拿出了当年梅兰芳师爷用过的剑，交到了我的手里让我拿此剑练功。他说："这把剑很重，你拿此剑练后上台演出再用别的剑就轻松自如了。"当时我的心情真是无以言表！我一个年轻演员能够有幸用大师用过的剑练功，这是师父对我多大的鼓励和支持啊！他就是这样不遗余力地向弟子传授梅派艺术，这件事一直激励着我更好地学习做一个好演员，做一个合格的梅派艺术传承人。后来，这把剑就放在旧帘子胡同的梅府，以便我随时使用。我衷心感谢恩师毫无保留地教导我培养我。

拜师后我从辽宁来到北京，师父亲自开车拉着师娘和我去他最爱吃的饭店吃饭。师父最爱吃牛排，恰巧我也爱吃牛羊肉，师父风趣地说："你挣钱少师父买单。"每次他都点很多菜，点我最爱吃的菜，第二天他还特意亲

拜师照

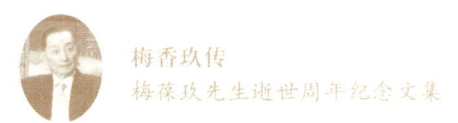

自开车接上我去拜访姜凤山师爷，每次师父都花费不少，从不让我出钱。他总是像慈父一样对我说："你想吃什么就说。"师父像对待自己的亲人一样待我，让我这个从小就失去父母的孩子感到无限的温暖。师父从国外演出回来，还给我带回化妆品，他对我说："你是女孩子，要保护好皮肤，要有好的形象，这样才能永葆艺术青春。"在我家里有事时给我师父打电话希望师父到场，师父只要有时间他老人家一定到场为我捧场。恩师就是这样在艺术方面、生活方面都给予了我无微不至的关怀。

在工作方面，恩师总是给我全力支持和帮助。2005年，辽宁省要举办大型春节联欢晚会。总导演找到我说："我们想请梅先生参加这台晚会的演出，但我们不认识他，你是他的弟子，能否请他来？"我心里也没底，我说："试试吧。"于是我就给师父家打了电话，家里人说他在上海，我又往上海他住的宾馆打了电话说明事由。师父当时特别忙，正在筹备各种演出，但他听我说完后对我说："我和上海方面协调一下。"不出一天，师父来电话说："协调好了，我可以参加你们的春节联欢晚会。"当时我想他老人家这么忙这么累，完全可以找个借口推掉我们的演出，但是他还是答应了我，他就是一个替弟子着想有求必应的人。我和师父定下了来辽宁的时间，他到了辽宁下了飞机没顾得上去宾馆休息就直奔排练现场，一直给我说《贵妃醉酒》，指导我和全剧组的人到很晚很晚。在这期间因为时间紧任务重着急上火我得了感冒，回到宾馆，师父拿出最新的感冒药对我说："赶紧吃药，吃了药好好休息，你才能再投入紧张的工作。"恩师就是这样无微不至地关心爱护着他的弟子，让我非常感动！在这台晚会上我们表演的是以歌舞形式演出的《贵妃醉酒》，因为是辽宁春节晚会，我找了歌舞团的人来伴舞，老师陪着我们没吃没喝没休息，整整排了一个下午和晚上。正在进行紧张的排练，这时又出现了一个新问题，晚会的伴舞人员很多，制定的服装赶不出来，这可怎么办，真是急死人了！师父听说后马上给梅剧团的服装师郭老师打了电话，让他到梅剧团找出服装，连夜用面包车拉到辽宁春节晚会现场，就这样在关键时刻，师父

帮我们解决了燃眉之急。我们师徒在一起合作演出了《贵妃醉酒》（并留下了宝贵的演出资料），受到了观众的热烈欢迎！

辽宁省是艺术大省，文化艺术繁荣。记得那一年我参加辽宁省第五届文化艺术节。文化部艺术司当时在任的戴英禄司长为我量身定做亲自为我写剧本，排演了大型新编历史京剧《辽宫粉黛》，为此恩师帮我联系了文化部有关领导商谈并研讨剧本。早上8点他就赶到了文化部，比我去得还早。在恩师的扶持和各级领导的关怀支持下，这个剧目获得了辽宁省第五届文化艺术节"金奖"，我个人获得"最佳表演奖"。

三四年前，有一个企业要搞一台联欢晚会，请我去演《大唐贵妃》的曲目。我没有伴奏带，我又找到了师父对他说："您创编的《大唐贵妃》交响乐我很喜欢，但是我没有这个伴奏带。"师父说："我给你找。"他找到后亲自跑到家门口的刻光盘的店里让人家按时间一点点剪辑，制作好了交给我。恩师就是这样急人所急，事无巨细，有求必应。

我向师父请教学戏的事就太多太多了，有了问题来不及到师父家我一个电话打过去师父就在电话那头给我一点一点地说戏，为我答疑解惑，从来没见他发过脾气。恩师给我留下的最重要的教诲是："在演戏的同时，更重要的是要做好人。"他的这句话我将永远记在心间。

从梅兰芳大师到我的恩师都是在做人方面做到了极致，梅家的良好家风有口皆碑。梅兰芳大师之所以成为国际上公认的艺术大师，不仅仅是他在艺术上的造诣，还有他在国家和民族的关键时刻，在平时的为人处世中处处表现出的大家风范。

在艺术方面，梅兰芳大师是一位不断进取、不断革新的艺术大家，他有一句名言："移步不换形。"我师父始终遵循这个宗旨，对梅派艺术在保留其灵魂的基础上不断改革，推陈出新。为了让京剧这门古老的艺术跟上时代的步伐，让更多的人喜欢梅派艺术，恩师创编了《大唐贵妃》交响乐，在舞美、灯光、音乐等方面引入了现代元素，使其更加完美。用师父的话说：京

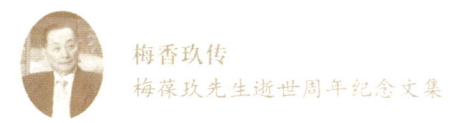

剧的"魂"不能丢。

对于我的工作，恩师说："姜玲，师父嘱咐你，你作为教师，作为梅派艺术的传人，为人师表，一定要认真对待你的教学工作。你要考虑到，面对大学、中学、小学各阶段学习的学生，你应该如何因材施教。在教学过程中一定要规范，有的学生可能学得慢，你要正确对待每一位学生，认真负责地教学，要态度和蔼，决不能急躁。你要是急躁，学生们会很紧张，那么就更做不好了，因此你必须要有耐心。"

多年来，在恩师的教诲下，我在弘扬梅派艺术方面发挥了一些能量，为学院培养了一批又一批学生，他们中有的取得了良好的成绩，被保送到了中国戏曲学院继续深造，还有的学生以第一名的成绩被高校录取，有的已进入剧团工作，继续在追寻梅派艺术的道路上进取着。同时，我在社会上也培养指导了一批又一批爱好梅派艺术的学员，他们是那么痴迷梅派艺术，这也是我感到十分欣慰的事。

恩师虽然离开了我们，却留给了我对他老人家的无限思念。我相信梅门弟子定会继承师爷梅兰芳大师和梅葆玖恩师的遗志，继续传承梅派艺术，使之发扬光大！用我们的实际行动告慰师父的在天之灵。

北京戏曲艺术职业学院　姜玲

2016 年 6 月 10 日

三十年寻梦依梅边
——回忆恩师梅葆玖先生对我的教诲

4月25日中午，晴天一声霹雳，我的恩师梅葆玖先生离我们而去！我一遍遍看着网上的信息，不敢相信这是事实！3月31日，当我得知梅老师生病住院时，我连夜赶赴北京看望老师，今天竟然……我止不住热泪盈眶，失声痛哭。下午，我在中国第一所戏剧学校——伶工学社，站在梅老师亲笔题写的匾额前，接受了南通电视台等多家媒体的采访，我手捧与梅老师的合影照片，含着眼泪回顾了我与这位梅派京剧艺术掌门人、国家级非物质文化遗产项目（京剧）代表性传承人、我的恩师交往的点点滴滴。

师徒结缘

与梅派艺术结缘是在1983年，那年我19岁。上海梅派艺术研究小组为了更好地继承、发展梅派京剧艺术，培养梅派艺术传承人才，向中国剧协提出建议，举办为期三个月的"梅派艺术训练班"，教授《凤还巢》《霸王别姬》《穆桂英挂帅》《生死恨》等四个梅派代表作。授课老师除梅派继承人梅葆玖老师，还有梅门弟子、著名京剧表演艺术家魏莲芳、童芷苓、李玉茹、沈小梅和著名京昆表演艺术家俞振飞等，梅研组的老师也亲自讲学。

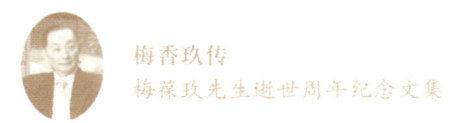

这次"梅训班"学员在全国各地经严格挑选，共16名，我有幸成为其中的一员。这是我一个小毛丫头想都不敢想的。我13岁学京剧，攻青衣，学的是梅派，为我启蒙的是陈桂兰老师。陈老师的那句"学戏先学梅"深深刻在我的脑海里，但还不能理解其真正的含义。如今能向这么多的京剧名家，特别是梅葆玖老师学戏，激动兴奋的心情无法用言语表达，真希望立刻变成一只快乐的小鸟飞奔到上海。

开学典礼于1983年10月5日在上海市巨鹿路675号文联大厅举行。梅老师前一天晚上在北京还有演出，第二天一早乘飞机赶来参加开学典礼，他说："今天全国16位青年演员，云集上海学习和继承梅派艺术，使我感到特别高兴。我会毫不保留地把父亲教给我的以及三十余年自己舞台上的实践经验奉献给同学们，使同学们真正能扎扎实实地学到一点东西，提高京剧艺术水平。"当时培训班订了一条"规定"：不得向老师要老师坐学生站的师徒照，要么一起坐着，要么一起站着。全国文联副主席俞振飞先生也讲述了他当年与梅先生合作的深刻感受，殷切希望学员们"不仅要学习梅派艺术，更要学习梅兰芳先生的崇高品德，学习他的为人和戏德，学习他对艺术不断创新和发展的追求"。

"梅训班"开课了，我就像畅游在梅派艺术的海洋。我学的第一出戏是梅老师亲自教我的《穆桂英挂帅》。老师天天一身汗，每天4小时念唱做打，梅先生一遍一遍耐心地教，我一招一式认真地学。梅老师反复和我说："这出戏挂帅一场，拿马鞭儿亮相时，不可像武生'不儿溜'，也不能演成'百岁太君'，你要演出巾帼英雄的端庄沉稳。""梅派"艺术的魅力和"梅派"人的品德，深深打动了我，也坚定了我拜梅老师为师的决心。

梅兰芳先生的弟子沈小梅老师教了我《霸王别姬》。梅老师说："我父亲在演'别姬'时强调，虞姬已知自己和项王被困垓下，不能卖'溜'，要考虑人物的处境和情绪，切不可舞得满台飞，要舞出虞姬满怀愁绪为安慰项羽强打精神的复杂心情。"在"梅训班"为了能让我们从感性和理性都能进

1983年韦红玉在上海梅训班的合影

1983年韦红玉在"梅派艺术训练班"学习

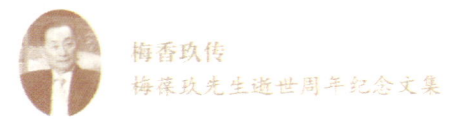

一步了解,什么叫舞出人物来,梅老师将"舞剑"一场详细讲授并进行示范。

在上海学习期间,我们还观摩了艺术大师们表演的《宇宙锋》《贵妃醉酒》《洛神》等多部京剧电影。我只觉得师爷梅兰芳大师的表演好美,特别是他的手和眼睛。看看自己的手又硬又笨,眼睛大而傻,"怎样才能像他那样?"我常常这样问自己……梅老师还送给我梅兰芳大师留下的《舞台生活四十年》《梅兰芳文集》《梅兰芳唱腔集》等著作,我从这些文字记载中,结合老师们的教学、言谈,不断地探索感悟,获益匪浅。

短暂的学习生活很快就结束了。就在我20岁生日这天,"梅训班"结业汇报演出在黄埔剧场举行。我的汇报剧目是《生死恨》,上午梅老师专门来剧场为我加工。当天,他和俞振飞、魏莲芳、陈桂兰、陈晓燕等京剧名家一起观看了汇报演出。

学习即将结束时,我向梅老师表达了我的心愿:"老师,我想拜您为师!"老师欣然答应:"好啊!你好学,刻苦。"1984年1月4日,那天我精心地梳洗打扮后,早早地在上海有名的淮海路人民照相馆等候,内心激动而欣喜。老师准时到来……刚满20岁的我和梅老师拍下了我终生难忘的一张特殊照片。从此,便结下了三十年深厚的师生情谊。

融入梅海

1986年10月,我接函应邀去北京参加梅兰芳先生诞辰90周年纪念活动,萌生了跟梅老师学习梅派经典剧目《贵妃醉酒》的想法,梅老师欣然答应。为了让我把《贵妃醉酒》学扎实,梅老师亲自开车带我到贾世珍老先生家中。一进门,梅老师提着礼品对老先生说:"这是小红玉给您买的。"明明是师傅亲自准备的礼品,他却如此说,我感激不已。我用了40天时间,我终于攻下了梅派名剧《贵妃醉酒》。

1987年10月,我跨进了中国戏曲最高学府中国戏曲学院表演系进修。

1984年元月韦红玉在上海拜梅葆玖先生为师

系主任逯兴才了解我对梅派艺术的强烈渴望，对我说："学院没有梅派老师，如果梅葆玖老师愿意，院里发聘书请他来教。"梅老师欣然应聘。根据我的学习计划，梅老师让梅兰芳先生的琴师姜凤山老先生一字一句、一板一眼给我教唱，规范梅派唱腔。每星期梅老师都要抽两个半天，亲自给我上课，从每一个动作、身段、台步、水袖，他都细细说来。一天老师说："你不是要学《别姬》的剑套子吗？我要去东方歌舞团教舞剧《丝路花雨》的六个英娘《霸王别姬》的剑套子，你跟我一起去，既学了，又当小老师。"一天，梅老师给我打来电话说："红玉，我今天去不了，你去教。"我大吃一惊："师傅，我怎么能教啊？"梅老师说："你能行！你怎么学的，就怎么教，没问题！"其实，这么多年来，梅老师一直用这样的鼓励和肯定激励着我，可以说对我毫不保留。我的每一场彩排、演出他都会过来，亲自为我录像，并赠送给我多盘梅兰芳先生的珍贵录像、录音。

1989年中国戏曲学院汇报演出韦红玉与梅葆玖先生合影

在中国戏曲学院学习的三年里，我还向著名的昆曲老师沈世华先生学习了《刺虎》《痴梦》《思凡》《琴挑》，向王晓棻老师学习了《廉锦枫》《挂画》《借扇》，向荀令香老师学了《香罗带》《碧波仙子》，向于玉衡老师学了《金水桥》等。《刺虎》师爷梅兰芳首次将京剧带出国门就有这出戏。不想时隔60年，我在北京吉祥剧院毕业汇报演出也演的是该戏。意想不到的是，演出当天，师父带来摄像机，亲自为我录像，一录就是整整45分钟。当时，这在学校里十分轰动。

时光如流水，三年很快过去。毕业时师父一再挽留，对我说："红玉，你留着北京吧，毕竟演出机会多。"我感恩于南通有关领导和戏迷的培养和关心，决定还是回到家乡，要在南通的舞台上绽放梅派风华。虽然离开了北京，但我的演艺生涯始终牵挂着梅老师的心。1994年，在泰州举办的梅兰芳诞辰100周年纪念活动上，梅老师语重心长地对我说："红玉啊，你还是跟师父回北京吧，不然荒了。"梅老师为了让我开阔眼界，还不断给我创造各种学习和锻炼的机会，带我去全国各地参加一系列演出活动。

近30年的苦苦寻觅，我暗暗立志，终身与梅派艺术不离不弃。在向梅老师学《生死恨》时，认认真真，规规矩矩，一字一句、一招一式决不马虎。记得"夜纺"一场是《生死恨》中的"戏核"，梅老师说："这出戏中的唱腔重在感情，不能为唱而唱，更不能花俏。"此剧1983年我在上海演出时，得到专家前辈的好评，1987年在江苏省青年京剧电视大赛中荣获优秀演员奖，同年在全国青年京剧电视大赛中获三等奖。现在回想起《生死恨》演出时的情景，我幕后的那句〔二黄倒板〕"耳边厢又听得初更鼓响"博得热烈掌声，接下来〔二黄散板〕"思想起当年事好不悲凉……"，一直到转〔慢板〕唱"到如今受凄凉异乡飘荡，只落得对孤灯独守空房"时掌声、喝彩声不断，这不正是对梅老师"用心学、用心演"的教导最好的回报吗？

《宇宙锋》是梅派又一出代表作，熔"歌、舞、剧"于一炉。梅老师说："这出戏是我父亲演得最多、下功夫最大、修改最多的戏。"我知道，一个演

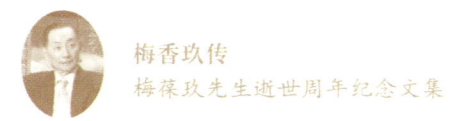

员光靠一副好嗓子是远远不够的，还要提高各方面修养，要善于借鉴、吸收其他剧种、行当的长处。梅老师常说："一个演员必须要提高各方面的修养，包括古诗词等等，不了解故事的背景历史，不了解词意怎么能把人物内心刻画准确？"梅老师对我说："这出戏赵女的出场，要给人一种凝重之感。用沉稳缓慢的步伐上场，但慢而不拖，亮相的瞬间，体会出人物之身份。两句引子最后一个'啼'字尾音断续低沉，目光深沉凝视，表达了人物满腔悲哀沉痛的心情。"经梅老师多次指点，我用心研究了赵艳容这个人物，她的身世、遭遇，装疯前后的层次变化，细腻地、层次分明地刻画塑造出了一位失去幸福，抛开一切顾虑和束缚，坚持抗争的女性形象。《宇宙锋》演出前，梅老师特地请沈小梅老师为我加工提高。该剧后在江苏省戏曲青年演员大赛中获专业组一等奖。梅老师和诸多艺术前辈们给我留下的丰富艺术涵养，是我深爱梅戏的真正动力。

伶工情缘

2002年，原南通市京剧团、越剧团、歌舞团和话剧团组合建院。我离开了南通京剧团，调到南通市文化馆工作。但我一生离不开京剧，忘不了梅老师的谆谆教诲，我在文化馆从事起京剧辅导培训工作，如今一晃十多年。

2008年，参加完中国剧协小品导演班，我专程赶到梅老师家。梅老师对我说了一句话："红玉啊，你是学到真东西的，你得传，谁要学，你就得教下去。"这几年，我一直在践行着这句话。我放弃所有商业演出，一心扑在教学上。目前我的学员中有5岁的小孩，也有90岁的老人，只要是想学的，我都倾囊相教。

南通的伶工学社是中国第一所戏曲学校，当年，师爷梅兰芳也曾受聘到伶工学社任名誉社长，与欧阳予倩共同探讨京剧教学与舞台表演，并三次来南通与伶工学社学员同台演出，在当年南通舞台上，出现过京、昆、话三

个剧种同台争艳的格局，轰动全国。

2010年底，我向梅老师汇报，我在市政协会议上提出了"关于恢复、保护、利用伶工学社旧址的建议"提案。此事多年前就有文艺界前辈们提出过，但未能落实。作为梅派弟子有责任将伶工学社在我手上恢复，但又担心人微言轻，希望老师能给我们时任领导写封信。梅老师爽快答应："很好，这是一件功德无量、非常有意义的好事。"梅老师亲自写信给当时的南通市市长丁大卫。不到一周时间，接到市领导批复："把伶工学社旧址保护好，利用好"。"伶工学社旧址"被列入南通市委、市政府重点工程和重点督察项目。修复过程中，梅老师亲临工地现场，反复嘱咐"要修旧如旧"，亲笔为伶工学社题写匾额，并携弟子胡文阁、张馨月和我为伶工学社拍摄了梅派经典剧目《太真外传》《贵妃醉酒》《霸王别姬》《麻姑献寿》视频，主动提出将"梅兰芳教育基地"落户伶工学社。

2014年10月29日，在梅老师的带领下，北京京剧院梅兰芳京剧团的一批国宝级大师来到伶工学社，参加修复落成庆典演出，梅老师亲自为"梅兰芳教育基地"揭牌。接连三天时间，北京京剧院梅兰芳京剧团的国家一级演员、梅派入室弟子胡文阁、张馨月，著名叶（少兰）派小生李宏图，著名马（连良）派老生朱强、著名李（长春）派花脸陈俊杰等，在南通献演了《穆桂英挂帅》《锁麟囊》《龙凤呈祥》《吕布与貂蝉》《四郎探母》《四进士》六部大戏，让南通的京剧观众一次看了个够。这是南通京剧票友的一次盛宴。首场演出前举行了"梅兰芳教育基地"揭牌仪式，那天师父对我说："在'梅兰芳教育基地'学员汇报演出那天，我会带上当年梅爷爷舞台上用过的门帘儿，挂到伶工学社的舞台上……"

伶工学社，作为近代中国一个中小城市创办的第一所戏曲学校，应当说是普通而平凡的。可是，因为有了师爷梅兰芳等名家而奠定了它在中国戏剧史上的地位。伶工学社办学期间，来南通的京剧界名家达72位，其中有姜妙香、齐如山、王凤卿、姚玉芙、荀慧生、程砚秋、盖叫天等顶级大师。

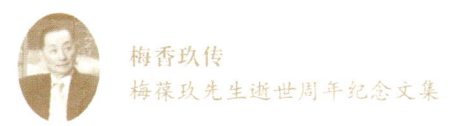

伶工学社是一个窗口,是透视中国戏剧史的一个窗口,是解读中国戏剧事业曲折前进的一个标本。如果说,1919年创建的伶工学社曾经奠定了其在中国戏剧史的地位,那今日在原址重新恢复之伶工学社,昭示的则是南通文化事业发展的现状和充满希望的来日。

我不会忘记,在伶工学社,梅老师拉着我的手深情地说:"红玉啊,要将梅派京剧教下去、传下去,就靠你们年轻人了。"现在,我为了提高京剧艺术培训能力,始终坚持加强专业理论知识和专业业务学习。我一年承担京剧班的辅导培训200余小时,在南通大学执教100余小时,在南通老年大学执教三年200多小时,培养了不少京剧新秀和京剧爱好者,取得了一些成绩。我辅导的学生曾先后获得第十届"和平杯"中国京剧票友邀请赛一等奖,中国京剧"十大名票"称号,江苏省第五届戏曲票友大赛少儿京剧"优秀新苗奖"(并入选第四届"和平杯"中国京剧小票友邀请赛),江苏省首届京剧票友大赛"一等奖",江苏省第三届戏曲票友大赛京剧"十佳票友"称号,中国第八届"和平杯"京剧票友邀请赛江苏赛区"优秀演唱奖",长三角越剧票友大赛"十大名票"等,这诸多荣誉,是对梅老师这30多年来对我教诲的最好回报。

感悟梅艺

回顾自己从事京剧艺术的经历,至今已三十多年了。

梅派艺术博大精深,光彩照人。"梅派"的特点主要是综合了青衣、花旦和刀马旦的表演方式,在唱、念、做、舞、音乐、服装、扮相等各个方面,进行不断的创新和发展,步伐沉稳,将京剧旦行的唱腔、表演艺术提高到了一个全新的水平。在长期的舞台实践中,创造了独特的"梅派"艺术,其特点是从没有特点中来体现的。梅派有别于他派的表演,首先是自然,大方,不买弄,不过火,松紧拿捏得十分到位。梅(兰芳)派的表演说来容易,办

到太难。梅派表演风格是细腻而不琐碎，平和而有味道，绚烂归于平淡，平淡中见功力。

"梅派"和其他流派一样，先是走承师之道，而后在承师的基础上，经过自己加工入了化境，不险不怪，如浑金璞玉而无圭角，其实骨子里处处和别人两样，另有风标特色。

从我跟梅老师学的几出戏中，我深深感到梅老师的唱腔醇厚流丽，感情丰富含蓄。他的行腔如同正楷，中规中矩，悠扬大气。现在我越来越觉得，学习梅派应该像老师那样，要中正平和、刚柔相济。由于他嗓音高宽清亮、圆润甜脆俱备，故音色极其纯净饱满，唱工从不矜才使气，始终保持平静从容的气度，决无气馁音懈之处。他的唱功基本上是从传统中来，但又无一腔照搬传统，而是以自己的润腔方式和行腔规律，将其化为具有从容含蓄的梅兰芳先生韵味的唱腔，旋律优美，顺畅流利。在每一出戏中，梅老师不以花哨和变化奇特取胜，而是结合表达人物感情和剧情内容的需求，无论是柔曼婉转之音抑或昂扬激越之曲，都无不出自心声，悦耳动听，清丽舒畅，感人至深。他的唱法，可以说既无腔不新，又无腔不似旧。

老师在继承梅派京剧艺术的基础上，不断改革创编新剧目。在音乐上推陈出新，新而有根。京剧《大唐贵妃》中，老师大胆融入了歌剧、舞剧和交响乐。记得那是2008年12月31日，老师叫我和他全家一起去外面吃年夜饭。老师开车，我坐着副驾驶位置，老师一边开着车，一边和我听着他新出版的《贵妃醉酒》和《太真外传》的CD，他说："真佩服我父亲和徐兰沅老一辈艺术家创作的这些唱段，好像就是为了让我们今天加交响乐准备的，没有改一个音符。"

梅老师多次和我说："京剧是一门'活到老、学到老，学到老、学不了'的艺术，一旦入门，必须把京剧当作一辈子的事情去做。很多京剧前辈学历不高，但他们一辈子敬重中国文化，不断地从中国文化中汲取营养，才成了大师。"梅老师建议，京剧演员必须从了解中国文化做起，这样才有厚积薄

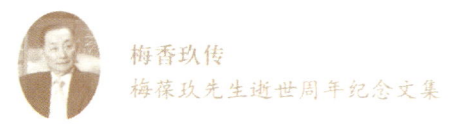

发的可能。

梅老师是最著名的"梅派京剧"的传承人,经过梅老师的不懈努力,"梅派京剧"有了一线复兴的希望。但要培养新的京剧表演者、吸引年轻观众的兴趣并不是件容易的事情。这当中,既要求梅派名家始终不渝地继承传统,更需要喜爱梅派艺术的观众的大力支持。

如今大师逝世,往日的风采成为经典。我们不仅要传承梅老师的京剧艺术,更要传承他的人文精神。

梅老师为京剧做得太多太多,为我做得太多太多。在自己艺术道路的进程中,梅老师对我的谆谆教诲我时刻都没有忘记。作为他的弟子,我一定要努力学习、努力继承,以回报梅老师长期以来对我的厚爱与培养,回报广大观众的支持与关爱。

我们要将"梅派京剧"的大旗扛起来,传承下去!这是弟子的职责所在!

南通市文化馆　韦红玉

怀念恩师

师父梅葆玖是令人敬仰的京剧大师,是中国传统文化艺术传承的符号,是中华民族美德的典范,是我们弟子学习的榜样。在师父逝世一周年之际,回想从艺往事,思念绵绵不尽!

青春版《大唐贵妃》《西施》

我从中国戏曲学院毕业后作为人才引进到上海京剧院担任主演。在之后的岁月里,有幸遇上了京剧界德高望重的师父梅葆玖。在我长期的京剧生涯中,师父不仅给我在舞台表演上把关,而且带着我一起上舞台。尤其令人难忘的是2008年1月我与师父作为AB角主演《大唐贵妃》中最后一幕《仙会》中的杨贵妃,参加了国家大剧院的开幕公演,以及2009年11月为纪念师爷爷梅兰芳诞辰115周年,和师父同台三演梅派名剧之一《西施》。

2007年我正在中国传媒大学攻读博士学位,并在上海戏剧学院戏曲学院任教,一天师父对我说上戏要排青春版《大唐贵妃》,上海只有我一个弟子,问我最后一场《仙会》演不演?也就是说跟师父演AB角,而且代表上海参加国家大剧院戏剧厅的开幕季演出。我当时在撰写博士论文必须静,而

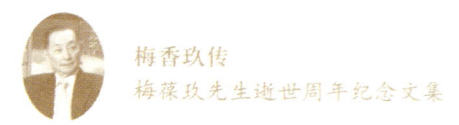

演出排练必须动，一心不能二用，因此犹豫不决。向导师周华斌教授汇报此事并得到首肯后，马上回复师父："我演，论文延期。"师父说："这次是代表上海去参加国家大剧院的开幕季演出，非同儿戏，我们师徒二人一人一场《仙会》，你必须给我立下军令状，只许成功不许失败。"望着师父严肃的表情，我当即表态："我一定演好，您放心。"于是放下论文，每天钻研如何把《仙会》演好。在上戏的排练厅练唱、练功、听师父的录音，还向吴迎、王志怡等老师请教。师父住在上海教育会堂，经常让我带着琴师在他的房间吊嗓子给他听，他给我示范指导，一起用餐时也经常给我讲解杨贵妃这个人物，师父指导我如何把握全剧的整体方向和人物定位，这正是演出排练中最重要的，使我领会到杨贵妃的每一句唱为何这么处理，最根本的就是要从人物出发，理解其身份、经历、心理以及此时此刻的特定情境，让我更深刻地体会到了不能停留在一味追求每字每句的演唱技巧，而必须超越技巧，使之为人物服务，才能把人物演得可信而栩栩如生。有一次用餐时我请教师父，如何才能唱出"三日不知肉味"的梅派韵味，师父只说了两个字"自然"。我认为这两个字绝非一般顺其自然之意，而是经过长时期多方面综合性千锤百炼后的"自然"流露，即"功到自然成"的意思。这并非一日之功，而是一辈子的"修炼"。我领悟到了学习梅派艺术是一辈子的"功夫"。

师父每次到东京一定要去老唱片店挑选旧版的世界歌剧、交响乐等唱片，挑选到高质量的唱片便如获珍宝，美美地"享受"，这正是他积极吸收西方艺术营养的可贵"嗜好"。一次《大唐贵妃》彩排后在一家音响店找到了师父，请他给我提意见，师父说："你听听这个歌剧、音乐的整体感觉，就知道如何把京剧的唱和西方的交响乐融合一体了，要多听、多看、多吸收。"京剧的半音比钢琴高一点，整体的感觉不易和交响乐融合，可是师父凭借自己的乐感、音准，把京剧的独特唱腔与西方音乐结合起来，浑然一体，达到极致，可谓"中国歌剧"。这跟他多年来吸取西方音乐、歌剧、声乐的养分，兼容并蓄、融会贯通是不可分的。这在他这个年龄层的艺术家中实属

袁英明跟梅葆玖先生学戏

袁英明和梅葆玖先生合影

罕见。

2009年纪念师爷爷梅兰芳诞辰115周年，和师父一起在北京京剧院排演了梅派名剧之一、交响乐伴奏《西施》，最后的《游湖》由师父压大轴，我演"登程"、"献美"、"中计"三场，重头是"翎子舞"那场戏。"翎子舞"是梅兰芳创作的一系列载歌载舞剧目中具有独创性、代表性的一场，也是京剧由听觉艺术发展为视觉艺术的重要典范。在排练过程中，师父多次赶到北京京剧院排练厅指导我，关于如何舞得优美而又符合人物此时此刻的特定情境，如何雅而不温，如何醒目而不武气，包括西施和旋波两人如何在互换翎子和笛子时保险而不脱节等等，师父一遍遍地悉心指教，直到他认可为止。师父对京剧艺术的完美追求，对梅派艺术的精益求精，对弟子的责任心和厚爱，我铭刻在心，永不忘怀。

在排练过程中师父一向以礼待人，谦逊和善，温文儒雅，大家风范，为人师表。每次排练时他都主动与人打招呼，从剧组的同事到打扫卫生的人员都一视同仁。印象最深的是，《大唐贵妃》跟交响乐团排练到午休前，师父经常亲手把排练场的大门拉开，请演奏员们先出去，乐队人员受宠若惊，恭恭敬敬地从师父面前走出，而师父拉着门一直等到几十位演奏员都出去了自己才出门。看着师父的身影，我感动得热泪盈眶，如此著名的艺术家竟然毫无架子，师父的言传身教使我明白了什么叫真正的艺术家，什么叫"德行"。艺术家首先要以品德为重，梅派尤其注重此道，因此梅兰芳、梅葆玖父子两代才能如此受人尊敬和爱戴，成为中国京剧艺术、乃至中国文化的代表。师父不仅在艺术上，而且在品德上都是我的楷模。

青春版《大唐贵妃》和《西施》分别在2008年1月国家大剧院的开幕季、2008年4月上海戏剧学院大剧场的修复开幕式以及2009年10月长安大戏院和观众见面。在上海戏剧学院大剧场演出的《大唐贵妃》，以崭新的演出形式呈现在观众面前，即最后我扮演的杨贵妃和杨淼扮演的唐明皇在舞台上舞，师父在舞台侧面唱《梨花颂》，全场观众欢呼沸腾。师父继承了师爷爷

梅兰芳的"移步不换形"的精神,保持本质,勇于创新,是京剧艺术继承发展的典范。

师父在舞台上、排练厅严格要求,毫不妥协,在生活中则平易近人,温和儒雅,可谓严师慈父。所有这些,我从青春版大型交响乐伴奏《大唐贵妃》到之后的交响乐伴奏《西施》的排练演出中,亲身体会,从艺术上到品德上都受益匪浅。

博士学位

在《大唐贵妃》演出结束后,我一头扎进了博士学位论文的写作中。题目为"民国时期梅兰芳访日公演之研究",作为梅派弟子有责任研究鲜为人知的师爷爷梅兰芳的历史创举,它既是中国戏剧首次跨出国门登上国际舞台的标志,也是近代以京剧艺术为中心的中日文化交流史上的辉煌篇章。在充分掌握历史资料的前提下,系统梳理史实并总结概括,力图做出客观的、较为深入的、独立的分析。论文不仅从宏观视角考察中日双方的历史背景(从历史事件、当事者阐述、时代评论等切入分析),而且着力于文化背景、戏剧背景和梅兰芳表演艺术的历史性剖析。因此很期望师父能参加我的论文答辩会。我提前把答辩的日程向师父汇报后,师父欣然表示:"我的徒弟中出博士了,当然高兴,我一定参加。"2009年5月博士论文答辩时,师父在叶金援老师的陪同下提前到了中国传媒大学论文答辩室,之前认真地阅读了我的论文,会场中仔细听取了各位专家的提问评论及我的答辩,师父最后说:"小袁根据国内所没有的日本的珍贵历史资料,还原了国内鲜为人知的史实,填补了梅兰芳研究中的空白,我作为梅兰芳的儿子、作为小袁的师父,为此感到高兴和欣慰。"师父在百忙中参加了我的论文答辩会全过程,在场的各位能专家无不油然起敬,我由衷地感谢师父在关键时刻给我"把场、把关"。同年6月我获得了文学博士(戏剧戏曲学)学位,师父得知后说:"我带你

袁英明获得博士学位后与梅葆玖先生在梅兰芳纪念馆合影

去纪念馆跟你师爷爷和祖上汇报汇报。"我穿着博士服,师父亲自开车把我带到了梅兰芳纪念馆,先在梅兰芳的塑像前三鞠躬,然后在塑像前把博士帽的穗子从右拨到左(以示专家正式认可为博士),并在梅兰芳塑像前合影,接着就把我带到了挂着同光十三绝照片的纪念馆办公室,拜见先祖梅巧玲,向先祖汇报梅门弟子获得了博士学位。

2010年,师父应邀在早稻田大学与日本著名歌舞伎艺术家市川团十郎先生进行了京剧和歌舞伎的艺术对谈,我作开场讲座。日本观众对中国文化和中国京剧艺术表示了极大兴趣和尊崇,当时热烈的场面让我感到无比自豪,心情久久难以平静。

2011年日本樱美林大学鉴于师父多年来在中日文化交流和京剧艺术方面的卓越贡献,以及对樱美林大学东方艺术教育的推进所作出的贡献,授予

他名誉文学博士学位。师父在学位授予仪式上做了演讲：

今年正逢中日建交40周年，回想1956年我第一次访日公演，感慨万千！56年前，我随父亲梅兰芳所率领的中国访日京剧代表团，在东京、福冈、八幡、名古屋、京都、大阪等地作了访问演出。那是在中日恢复邦交的26年前。尽管只是民间行为，却是代表了中国。为了促进中日邦交正常化，中日友好人士竭尽全力。我父亲梅兰芳早在1919年、1924年就应大仓财阀的创始人大仓喜八郎之邀，率领京剧团访日公演，开辟了中日戏剧文化交流之路，在日本掀起了京剧热和梅兰芳热，由于有此基础，因此1956年父亲梅兰芳受周恩来总理的委托，作为中国对日交流之一环，代表中国，以艺术促进中日文化交流，敲开中日友好的大门。我作为当时的访日公演成员之一，清楚地记得所到之处无不受到日本各界人士的热烈欢迎，取得了巨大成功，为1972年正式恢复中日邦交奠定了一定的基础。……

艺术是无国界的，文化是世界共有的。我深深感到中日两国国民对于戏剧艺术，尤其是传统艺术的欣赏有着共通的审美理念。我想其根本原因还是在于历史长河中两国文化的共同源流和交流，比如作为传统艺术的京剧和能乐，京剧和歌舞伎也有着共同的艺术特征。这些都是值得深入研究的。……

师父亲切友好、发自肺腑的中日友好愿望赢得了5000人会场全场人员的热烈掌声。师父生前为京剧艺术的世界传播、为国际文化交流不遗余力，得到了国际社会的赞赏。师父不仅是京剧艺术家，更是国际文化交流的推动者。

袁英明《白蛇传》演出剧照

继承梅派精神

师爷爷梅兰芳开拓了京剧艺术文化的国际交流之路，而日本正是他第一个带着中国京剧艺术跨出国门登上国际舞台的国家，是以京剧艺术进行国际文化交流的发祥地。从师爷爷到师父两代人都在国际文化交流、尤其是在中日戏剧文化交流方面做出了卓越的贡献。在全球化时代，中日间的京剧艺术文化交流之路越走越宽，形式也越来越多样化。

继承梅派精神，促进国际文化交流，是梅派弟子义不容辞的职责。我现任樱美林大学艺术文化系教授。2000年经日本文科省审批，樱美林大学在日本的大学中首创了中国京剧艺术教程，十多年来培养了一大批热爱中国文化、热爱中国京剧艺术的日本青年学生。我继承师爷爷梅兰芳开创的中日京剧文化交流事业，为传播中国京剧艺术尽了绵薄之力，为促进中日文化艺术交流做出了应有的贡献。通过教学实践，没有看过中国京剧、不会一句中文的日本大学生，排演了《拾玉镯》、《秋江》、《霸王别姬》（选段）、《三岔口》、

《虹桥赠珠》、《坐楼杀惜》、《杨门女将》、《白蛇传》等剧目，并多次在东京、北京、上海举行了京剧汇报交流演出，在国内外引起了极大反响，众多媒体纷纷进行了报道。

在师父逝世一周年之际，深切缅怀师父，由衷颂扬师父高尚的人品艺德和精湛的京剧艺术以及推进国际文化交流的丰功伟绩！我们要继承梅派艺术，继承梅派品德，继承梅派精神，为梅派京剧艺术的不断发展，为促进中国文化艺术的对外传播进一步做出应有的贡献，以告慰师父在天之灵。

日本樱美林大学　袁英明

怀念恩师——著名京剧表演艺术家梅葆玖先生

我是1992年3月调入北京京剧院的，在院里领导关怀下我得到了培养和锻炼。1994年梅兰芳京剧团重新成立时，梅老师和当时梅团团长周铁林先生二人决定把我从当时的三团调入梅兰芳京剧团，当时我高兴得好几天没有睡着觉，特别兴奋激动，也感到非常荣幸，做梦都想，能和京剧表演艺术家梅大师在一个团是多么幸福的一件事啊。让我没想到的是，在梅团演出的前三场梅老师都亲自到后台给我照相、录像并把资料都送给我，让我回家反复看找差距。我没想到这么大的一个艺术家一点架子都没有，说话和蔼可亲，让我非常感动。在梅兰芳京剧团这20多年里，梅老师对我的专业非常重视，也给我排了很多戏，给我很多平台和上台的机会，使我在舞台上得到了充分发挥，不断取得进步。记得当时周铁林团长和我说，梅葆玖老师和当时院团的各级领导说，以后只要梅老师演出，无论在国内还是到国外演出，前边垫戏的一定是李红艳，我感到无比荣幸和骄傲，同时也感受到了责任和压力。高兴的是老师在提携我培养我，给我这么好的机会，我一定要珍惜，不辜负老师对我的一片心意。压力是如果演不好岂不辜负老师一片心意，同时又给老师脸上抹黑，所以我更加努力学习，每天坚持刻苦练功。每场演出后都和老师同台合影留念，老师同时给都我很多鼓励。我非常感谢老师、感

2006年李红艳与梅葆玖先生合影

李红艳2007年3月在加拿大演出剧照

恩老师多年来对我的培养和厚爱。

在艺术上梅老师是我的好老师,在生活上梅老师特别可爱可亲,我们就是好朋友。我经常到梅老师家里玩,和老师师娘一起共进晚餐。老师把我当孩子一样,看我穿少了就嘱咐我多穿点儿,别着凉感冒,自己要要好好照顾自己,身体最重要……说开车一定要小心慢慢开,记着如果车前边有老人或小孩的时候千万不要按喇叭,别吓着老人和孩子等等。这些语重心长的话让我永远记在心中不能忘怀。老师经常亲手给我们做咖啡喝,给我们买刚出炉的面包吃,经常给我们讲笑话听。在老师家里经常听老师唱,吊嗓子,我只要有不明白的字腔和劲头韵味随时向老师请教,老师不厌其烦地给我反复唱,直到我明白为止。在这20多年里我几乎长在梅老师家里。我特别喜欢听老师吊嗓子,感觉老师唱得太美了,太舒服了,真的是不一样。在老师熏陶下我对梅派艺术越来越喜欢,简直不能自拔,于是我于2006年终于拜梅葆玖先生为师。我感到莫大的荣幸。记得在拜师的头一天晚上和老师师娘在一起吃饭的时候,老师对我说:"你是我收的第一个武旦、刀马旦学生,因为你有条件,武功好嗓子也好,所以我才收你,拜师后一定要好好学认真学,有什么不会的不明白的就来问我。"我当时说:"老师您放心,我一定好好学,用心努力学,我不会给您丢脸的。"老师给我的所有音像资料我几乎每天都在认真地听、唱、练、琢磨。

2012年我排了一出新编历史剧《杨七娘》,老师作为该剧的艺术总监帮我审阅了本子。2012年3月在梅兰芳大剧院上演当天,老师一直在后台给我把场,演出后上台谢幕。第二天我到老师家征求意见时,老师跟我说:"这出戏非常好,剧本也好,也非常适合你演,是根据你的条件写的本子,文武双全,你听我的一定要多演,演多了这出戏就留下了。"老师还说一个演员一辈子能有一出自己首创的剧目是很不容易的,不是每个演员都能做得到,要我一定珍惜这出戏,一定要多演,多演就留下了。我听了很感动。

老师多年来对我的培养、支持让我终生难忘,他那温和善良的面容永

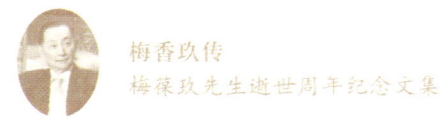

远留在我们心中。2016年恩师突然离开我们,我难以接受这个现实,至今也不相信这是真的,我只有更加努力研习梅派艺术回报恩师的在天之灵。请恩师放心,红艳绝不辜负您对我的希望!徒弟想您……

北京京剧院　李红艳

逐梦心情
——梅老师的奇妙恩典革新了我的人生

有缘结识梅老师时，我已是个荒废艺事三十余年的家庭主妇，大半生旅居美国克尽妇职，早与舞台生疏，但心中留存着对梅派艺术根深蒂固的热爱。脑子里拥有的自己所学会十几出梅派老戏，那就是我所有艺术资产，陪着我度过平淡平凡的海外生活，波澜不惊。

2006年10月的一天，我的人生产生了翻天覆地的革新，在钱江与朱婉清两位好友协助引领下，我这"大器晚成"的老学生正式拜在梅老师门下成为入室弟子，这样的殊荣瞬间点燃了我尘封已久的艺术热情，虽然已不可能重返昔日再担任职业演员，但在梅派舞台表演上追求精进、突破自我还是永不嫌迟。

于是，在梅老师的耳提面命、谆谆教诲下，迎来了我的迟到春天。我追求着年轻时未完成的梦想：要把梅派戏学好，唱透，烂熟于心，运用自如，突破自我，挑战极限，让一个曾经多么沉醉于梅派温柔婉约、雍容大气的少女徐渝兰再活一次。重新起步，虽因荒疏日久而倍感挫折困难，但何其感谢老师的包容谅解，耐心启发。他不嫌我鲁钝，总是笑语激励，亲身示范，让我茅塞大开，每次学习上课都能突破盲点，对旧学之戏产生新启示、新诠释，那种倒吃甘蔗的欣喜雀跃足以支撑着我。从"唱好梅派"到"发扬梅派精神"

拜师照

徐渝兰和梅葆玖先生合影

乃至"为梅派担任终身传承义工",我活出了崭新的生命,学习有了活水源头,这全是恩师之所赐,是梅老师的奇妙恩典啊!

从2006到2016年,我的足迹遍及旧金山、北京、天津、沈阳、济南、台北……陆续演出了《玉堂春》《四郎探母》《凤还巢》《穆桂英挂帅》等全本梅派大戏,对一个已经成为业余票友的海外游子、家庭主妇而言,一趟趟奔波往返学戏、排练、登台都是"不可能完成的任务",如果不是梅老师的情义支持、教研相助,绝对交不出这份十年间完成的个人成绩单,我衷心感激恩师传授梅门绝艺的无限恩情大爱,是他革新了我的人生。

梅老师去岁骤然仙去,留下无尽想念、追思和景仰缅怀,身为老师弟子之一,有责任为梅派艺术薪传尽自己的绵薄之力。梅老师:我将永远不会忘记您所教诲的点点滴滴,为完成您的梅派普及理想贡献余生,因为我的新生命乃拜您之所赐,没有您,哪有我的今天呢?

美国台湾复兴戏曲学院　徐渝兰

忆恩师

梅老师一生视京剧为生命，他对于弘扬民族文化、振奋民族精神、传承梅派艺术、培养梅派新人具有强烈的责任感。

我在2006年拜梅老师为师。和老师相见学戏则是在1983年举办全国首届梅派训练班。我有幸参加此次梅训班去上海学习与培训，心情非常激动。梅老师亲力亲为，耐心仔细，一招一式、一字一句地教我们，每天汗流浃背不辞辛苦为我们做示范，他还邀请了琴师姜凤山等老师和许多梅兰芳大师的弟子为我们说戏吊嗓子，老师为了让我们拓宽戏路又邀请了著名昆曲表演艺术家张洵澎老师为我们传授昆曲《牡丹亭》。在这将近五个月的时间里，为我们传授了《穆桂英挂帅》《霸王别姬》《生死恨》《凤还巢》，使我们扎扎实实地学到了梅派的经典剧目。而在授课之外，老师则是一个贴心的长辈，在学期结束我们要做汇报演出，老师给我们买来清音丸，叮嘱我们要好好休息，保护好嗓子，以饱满的精神状态来汇报演出。

在这些年里，只要有机会去北京就去老师家学戏，老师会不时询问我演出的情况，再耐心地听我唱，再一一做指点。记得有一次老师开车带我去见姜凤山老师，他一边开车一边说戏，非常高兴。晚上演出结束，他还带着我们去吃夜宵，忙碌了一天，仍不停地在给我们说戏。老师不但在艺术上严

2006年著名京剧表演艺术家梅葆玖收青岛京剧院国家一级演员张瑛为徒

格要求我们，在生活当中也告诫我们，要懂得感恩，要有一颗善良包容的心。他的恩情点点滴滴都铭刻在我的心中。他的离开让做学生的心痛不已。老师，我们想念您。

老师您为京剧梅派事业呕心沥血，鞠躬尽瘁，令人崇敬，我们牢记您的谆谆教诲。作为您的学生，我们会尽力把梅派艺术继承发扬光大，薪火相传，流芳百世。

青岛京剧院　张瑛

悼念恩师梅葆玖

惊闻师父病重的消息,心情十分沉重。前一天我还在向他祝寿,在电话里聊天,他高兴地告诉我,大型交响乐京剧《大唐贵妃》11月中要在北京上演了,接着再精简成海外版,去海外巡演。我知道这是师父多年的愿望,现在却变成了遗愿。他还娓娓道来一大串的计划……想不到这次通话竟是永诀。

师父病重三个多星期,我们所期待的奇迹没有出现。25日晚传来师父仙逝的消息,犹如晴天霹雳,我的心碎了。

缅怀师父,无限的哀思涌上心头,一桩桩,一件件,提起笔就热泪盈眶,几次,都无法完成。您的音容笑貌将永不离去。

师父追求完美,是个德艺双馨的艺术家,他把博大精深的梅派艺术演绎得淋漓尽致,雍容华贵,落落大方,不夸张,不作秀,不随便多给,但也绝不少给,恰到好处……加上得天独厚的嗓音,这世上,我们去哪再找第二个您……

这十年来,有幸多次和师父同台演出,每次老师的敬业精神和对我的孜孜不倦的教导都令我深深感动。记得去年演出结束后,师父特别请我在一家餐厅梅兰芳师爷的一幅字画下面,语重心长地给我布置了功课。记得有一

严庆苹与梅葆玖先生合影

年,去南京演出前找师父说戏,那几天他正在外地参加活动(七八十岁了,扛着梅家的大旗,演出任务非常繁忙,他的敬业精神和那种特有的从容不迫的态度,正是我要学习的),当天傍晚他5点下飞机,马上赶着去搭6点钟的动车去天津参加另一个重要活动。到车站时车刚停下,他一个箭步冲向月台,我要小跑步才能跟上。刚上火车两分钟,车就开动了,他笑着说:"看,我说能赶上吧。"当晚赶回家,第二天日程又排满了,原来那天有一位师姐考研究生,老师要当评审,晚上照例是领导和专家们聚会,师娘一听可急了,说:"庆苹明天要去南京了,老师还没给说戏呢!"老师马上幽默地说:"我明天晚上'肚子痛',不参加他们的聚会。"我们一听都释然地笑了起来。我很感谢老师总是在百忙中还抽时间给我说戏。有次在长安戏院排戏,老师骑了自行车就来了,可把我吓了一大跳,他呵呵笑着说:"骑车好啊,不堵车还能锻炼身体……"

2007年和2010年,师父分别带队莅临加拿大爱城、卡城演出,不辞路途劳累,亲自粉墨登场,迷倒了无数华人和西方观众。可惜的是,再也不会有下次了。

每次到北京,当晚定和师父、师娘一起晚餐,演出完了也一定聚在一起。师父从来不让我付费,总是呵呵笑着说:"我还要去加拿大呐,那时你做东。"师父,您食言了。

师父,您离去的脚步太匆匆,太匆匆!唯一可以让人安慰的是您没有痛苦。望您在寻宫里照看着您的弟子们,祝他(她)们在演艺的道路上继续努力,把博大精深的梅派艺术推向世界,努力完成您的遗愿。

加拿大爱城京剧研究社　严庆苹

忆恩师梅葆玖先生

从艺经历

我出生于梨园世家，自玄祖谭志道起，至今已七代相传。祖上是京剧一代宗师谭鑫培，我是其第三子谭嘉祥之后代，原名谭娜。传承谭派老生艺术的是第五子谭小培后人。家中的排字为：嘉、豫、世、长、存。到我这一代，与我同辈的男孩谭正岩应为存字辈。我的爷爷是谭世秀，自幼入富连成科班学艺，初学刀马旦，出科后改为场面。后在北京京剧院工作，为京剧大师马连良、谭富英、裘盛戎等艺术家司鼓。

受家庭熏陶，从小家人便带着我进剧场看戏，还记得看杨少春爷爷的《闹天宫》，被精湛技艺惊呆的我直管杨爷爷叫猴爷爷。从打会说话起，家里就教我说"苏三离了洪洞县""青春整二八"等各种戏词。8岁开始练功，当时请了李韵秋奶奶为我们姐妹四人在家练基本功。家人还送我们到景山少年宫学习，我就是在那里学习了《秋江》等戏，也练过了拿顶、下腰、踢腿、搬腿、翻身等基本功。爷爷让我正式听的第一出戏的录音就是梅兰芳大师的《贵妃醉酒》，我第一次真正感受到了梅派唱腔的优雅华丽。后来又跟随王鹤文爷爷的夫人李鸣燕奶奶学习了《女起解》，听的也是梅兰芳大师的录音。印象最深的就是学习唱段里的"十恨"。我不到11岁考入北京市戏曲学校，跟随于玉蘅、阎桂祥、张学敏、谢晔华等老师学戏。还在家中跟随北方昆曲剧院十大名家之一马祥麟爷爷学习昆曲《思凡》《游园》。在戏校的6年，我曾经被李文敏老师看中，一定要我跟她学习程派。那时我的爷爷还在世，家里觉得我的条件更适合梅派，所以李老师说了好几次，家里都没同意，坚决支持我将来走梅派的路子。

自小是在梅家长起来的

谭、梅两家渊源颇深，著名京剧表演艺术家梅葆玖老师曾经说过："谭鑫培先生是与我曾祖父梅巧玲同一时代、同光十三绝的人物。谭鑫培先生念我曾祖父的交情，100年前，65岁的谭鑫培就和19岁的梅兰芳唱《桑园寄子》，直到谭鑫培最后的半年中还提携梅兰芳合作演出《汾河湾》《四郎探母》等，为梅兰芳以后的成名奠定了极为重要的基础。所以在某种意义上讲，没有谭鑫培就没有梅兰芳。以后我父亲又和谭富英先生有多次重要合作。谭、梅两家的渊源正是中国京剧史的缩影，谭在先，梅在后，这是历史。"

梅兰芳大师生前生活的最后一个家是在和平门西旧帘子胡同。我自戏校毕业后一直向姜凤山、王志怡、李毓芳等几位老师学习梅派戏，王老师和梅葆玥关系好，一直住在西旧帘子胡同的小院。梅葆玖老师是住在东单干面胡同，有时会来梅家小院看看。我在学戏时经常能碰到梅老师，您每次来都会带东西过来，不是给王老师修个音响，就是拿来个录音机，还有次搬了个电视来。更多的时候都是带各种戏的录音带，我要是在现场，准会给我翻录一盘。我在梅家小院学戏的这段时间里，经常听梅老师和王老师聊天说戏，学习了《天女散花》《霸王别姬》《西施》《汾河湾》《穆桂英挂帅》等。那时我的师哥胡文阁刚刚经人介绍向王老师学戏，我和他常常碰到，就一起学习梅派艺术，研讨京剧青衣的特点。所以我和师哥的关系也要近得多。后来和平门地区拆迁，梅家小院也在拆迁范围内，不过商议好在隔几条胡同的西绒线胡同重建一个小院。梅老师说在那个院子里修了地下室，以后练功可以在那里，其他的都是尽量保持原来的面貌。另外梅老师还曾说过，这个小院等您百年之后，作为纪念梅葆玖、梅葆玥的故居，捐献给国家。只是新建的这个小院至今我们也没有去过。

在舞台上边看边学

我17岁毕业后进入北京京剧院，2001年到梅兰芳京剧团工作，从那时起，就开始陪着梅老师参加各种演出。刚进团时，年龄小，资历浅，陪梅老师演出时，大部分都是来宫女，那时梅老师常演的戏就是《贵妃醉酒》《龙凤呈祥》《太真外传》等。说起《太真外传》，1994年梅剧团复排这戏，当时是和魏海敏合作，由她演出前面部分场次，梅老师演出后面的部分场次。梅剧团为了舞台呈现，特意向戏校借了8个宫女，当时我还在戏校学习，学校就把我和其他师姐派去了。我的年龄最小，只有14岁，师姐们至少比我要大两三岁。我连化妆也不会，我们几个化的还是舞台生活妆。我印象最深的就是第一天演出到处求姐姐们帮我化妆。第二天我妈妈就给我买了一套化妆品，自己化得非常难看。这些宫女被梅剧团的人调侃都是"唐三彩"。这版《太真外传》在保利剧院演出了几场。从排练半个多月到演出十几场，我就一直在观摩学习这出戏，虽然那时年龄小，不过至今印象颇深。当时最高兴的就是演"长生殿"这场戏，那是梅老师在这版《太真外传》的首次出场，开头上场的过门和《贵妃醉酒》一样，梅老师由我们8个宫女銮驾引出。首次演出唯一的感觉，我离大师好近啊！进团后也陪梅老师演过几次《太真外传》，每次老师演出的时候，我都在默默地学习，这是多么难得的学习机会啊！

进团后我陪梅老师演出最多的是梅剧团经常上演的《梅花香韵》中的

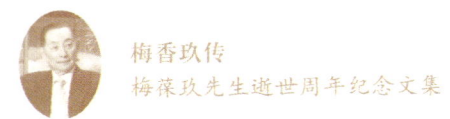

一折《贵妃醉酒》。自从排了《梅华香韵》，梅老师基本上都是按照这个版本演出《贵妃醉酒》。因为他年事已高，醉酒中难度较高的下腰衔杯、卧鱼闻花等高难度动作都是由弟子们代替完成的。所以这版醉酒是有四个小贵妃。我在这出戏里来了好几年的宫女，由一般宫女，到扶着梅老师跪下的责任重大的贴身宫女，再到前面主演《天女散花》，后面再赶小贵妃，熬了有近10年吧。

梅老师也经常在逢年过节的时候演出《龙凤呈祥》，我来的是头家宫女赶后面女车。这种大合作戏都是名家联合演出，还有《四郎探母》《红鬃烈马》《凤还巢》等戏。梅老师与名家合作的演出非常多，我在台上见过和梅老师合作的老一辈名家就有谭元寿、叶少兰、马长礼、尚长荣，等等。中青年名家就更多了，赵葆秀、叶金援、谭孝曾、李宏图、于魁智、孟广禄、朱强，等等。我也在演出中学习了很多名家的艺术特长。跟在老师的身边真是长了很多见识啊！

如愿举办拜师仪式

记得那是2007年初，在飞往香港的途中（那次师娘也跟随梅老师一起去往香港），在机场上陪着老师托运行李时，和师娘说起我想拜师的愿望，师娘当即就和梅老师说："这都是知根知底的好孩子，看着长起来的，又是谭家的后代，就收下吧。"谭元寿爷爷也曾经和梅老师提起过我想拜师的愿望，所以梅老师当时很痛快就答应了。在机场师娘当即就让我给老师行了礼。因为谭家和梅家辈分的缘故，我一直管梅老师叫爷爷，行礼后师娘就说："以后就叫师父吧，不要跟别的师姐妹有差别啦！"后来说起举办正式的拜师仪式时，师父怕我花很多钱举办拜师宴，就想找个机会将拜师仪式办得既隆重又别出心裁。2007年11月，正是梅兰芳大剧院即将开幕的准备期间，师父想到一个非常好的机会。等梅兰芳铜像揭幕时，在铜像前收一个弟

《京华时报》报道的收徒仪式

子，不是对父亲的艺术最好的传承吗？于是师父就安排我的拜师仪式在铜像揭幕仪式之后举行。11月23日那天，气氛非常隆重热烈。在新落成的梅兰芳大剧院大厅里，高约2米、宽1.5米的梅兰芳先生铜像安置在大厅正中间，坐在沙发上的梅先生身着中山装，面带微笑目视前方，双手兰花指舞弄折扇，栩栩如生。师父就在铜像前收下了我。当天的很多报道都称颂道："谭、梅两家再传佳话。"谭元寿爷爷和诸多京剧名家也参加了铜像揭幕及拜师仪式。那是我生命中最重要的一天！这次拜师仪式虽然简洁，但很隆重，多家媒体的记者到场，新华社发了通稿，香港《大公报》等多家报纸都刊载了这一消息。国家京剧院院长吴江先生还和师父说："从今儿起，梅老师在北京举办的收徒仪式都在梅兰芳铜像前举行吧。"

与梅老师的这些年

我跟随梅剧团演出,陪着师父到过很多国家和地区,去得最多的是香港,也去过西班牙、美国、澳大利亚、德国等。国内各地就更多了。记得去贵州演出那次,演出后邀请方接待我们全团去了黄果树大瀑布,在瀑布远处的大电梯那里梅老师被戏迷认了出来,当时就我陪在师父身边,戏迷要求照相,我就负责给拍照,拍完后师父叫我,说咱们也来一张吧,用的相机是您的。至今我依旧惦记这张没有拿到手的照片,同样在您相机里我们的合影还有很多,我至今都没有拿到。不过师父给我留下了许多珍贵的照片,记录着与您在一起的点滴时刻:在纪念谭鑫培诞辰150周年活动同光十三绝画像前;在德国演出《梅兰芳》时;在悉尼的海上坐船时(当时还有梅兰芳大师的服装师郭岐山老爷爷);在动物园一起看考拉时;在梅兰芳大师墓前扫墓时;参加谭鑫培主题公园落成活动时在黄鹤楼前;去维也纳金色大厅演出前,除夕夜在使馆的酒会上;梅老师演出后带妆收徒的舞台上;每年登门给梅老师拜年时;在摆满鲜花的家里……

梅老师无论走到哪里,在国内国外,经常被戏迷或外国朋友认出,对提出签名或拍照的任何人,您从不婉拒,永远是仪态端庄、笑容可掬。有的戏迷甚至闯入我们吃饭的包间要求合影,您也停下用餐,欣然满足戏迷的要求。对于签名的要求更是来者不拒,还随身带着签字笔。电影《梅兰芳》在万达影城首映时,梅老师制作精良的戏曲专辑现场签售,我和文阁师兄参加签售仪式,我现场清唱。等待签名的观众排起长队,我妈妈也排了很长时间,轮到她时拿出几盘专辑,工作人员提出每人只能签一盘,师父笑着说:"我可以给她多签。"

师父很重视对青少年的培养。国家大剧院组织戏曲夏令营,我负责辅导刘竹萱小朋友学梅派戏《贵妃醉酒》,师父看了她觉得资质不错,亲自带着小朋友参与重大的文化活动。他曾带巴特尔和刘竹萱两位小朋友参加了北京电视台春晚及北京国际电影节的演出。

师父一直关心着我的成长。一次，一位研究声乐的外国友人看我的演出前提出非常想与中国的艺术大师梅葆玖先生见面，探讨京剧艺术与西方歌剧艺术的艺术特性。梅老师欣然接受邀请，与外国友人到梨园剧场一起观看我主演的《霸王别姬》，看后给我非常肯定的鼓励并给我指出了需要提高的地方。在饭后还与外国友人交流了京剧的表演及演唱艺术，以及京剧艺术与西方交响乐结合的一些可能性，并且在编排的传统剧目中做出了实践，创排出了京剧交响剧诗《梅兰芳》和《大唐贵妃》等。

新华社记者计划拍摄一组京剧演员日常生活的照片，对我跟拍了两天半，在新华网上公开发表了18张照片，其中有我在剧院练功、向王志怡老师学戏、在清华大学京剧社教戏、在湖广会馆参加戏迷票房活动、在正乙祠戏楼演出《贵妃醉酒》《天女散花》等图片，分量最重的就是梅老师与我谈笑风生的照片。各网站纷纷转载，《中国日报》英文版用了一整版选取了其中多幅照片刊载。

我于2012年改名谭茗心。那年8月25日与先生李孟嘉举行婚礼，王金璐先生、马长礼夫妇、刘秀荣夫妇等应邀出席，师父亲临现场为我们证婚，并送上祝福。在宣读证婚词当中，师父还怕把我新改的名字谭茗心念成原名谭娜，在正式宣读前，特意练习了好几遍，我感受到了师父对我的尊重。

向师父学习梅派艺术

我向师父学戏的机会更多是在舞台上。师父晚年的演出大都是我陪他在舞台上，许多梅派戏都是我来配演，所以在舞台上观摩师父演出的机会特别多。师父演《宇宙锋》我演哑奴；演《西施》我前面演"羽舞"的旋波，后面赶个船娘；演《凤还巢》我演丫鬟。能够最近距离学习师父在台上的一颦一笑、唱腔念白，是我莫大的福气。有一次演出《凤还巢》，师父到侧幕

谭茗心与梅葆玖先生合影

谭茗心与梅葆玖先生演出合影

看前面胡文阁的演出，看到我在侧幕学习，就夸我努力。当时就在侧幕边给我说了这场戏。还有师父排练的时候，团里都会安排我先替师父排练，负责给群演说戏，等师父来了以后，再响排就会节省师父的精力。而师父也很放心我来替排，有时还会看我替他走位，排练后给我说一些需要提高的地方。因为我都是一字一句向王志怡老师学习的，王老师教的师父都很放心。师父教我时大多都是在剧场演出中间给我说戏，还经常看我排练演出，结束后给我提出不足。

师父有众多弟子，遍布在国内各地及海外，有名角儿，有青年教师，也收了几位票友徒弟。在诸多弟子中，可以说我是与师父同台演出比较多的一位，从学生时代到师父最后一次彩唱登台的 2015 年央视中秋晚会，给师父跑宫女，提灯掌扇，从龙套到自己能挑起大戏中的一折；从师父的故乡泰州到悉尼歌剧院、德国柏林、美国洛杉矶、维也纳金色大厅；从人民大会堂与豫剧名家马金凤演出《穆桂英挂帅》，到在太庙前与日本能乐大师坂井音重同台演出；这些都是我人生中巨大的财富。

师父后来感觉再彩唱身体有些吃力，所以慢慢地清唱为主的演出就占了多半，再后来就大多带徒弟上台一起演唱。为了传承梅派艺术，师父也是尽心竭力。除了多带师哥胡文阁上台以外，还常带着我、尚伟师姐、郑潇师妹等陪他一起演唱。我曾参加过师父赴东莞的一次清唱，也陪师父在钱江先生组织的在梅兰芳大剧院演出活动中和您一起演唱。师父非常提携我，还带我上了 2009 年的戏曲春晚。那次是第一次同老师同台演唱《梨花颂》。再一次和师父同台演唱《梨花颂》是在 2014 年春节，师父带同 8 位扮上贵妃的弟子们，站在维也纳金色大厅的舞台上，璀璨艳丽、满台生辉，震撼了场下的观众。

我在排演《天女散花》时，师父给我讲了当年他练功的故事。当年梅兰芳大师让他练绸子，那时用的绸子都是特别轻的那种料子，还要迎着风练，一练就是一下午。听着师父讲您练功那么刻苦，觉得自己现在练功的条件这么好,需要不断地努力练功,才能以更好的成绩弘扬梅派艺术。

2015年3月,梅派艺术人才培养基地正式挂牌开班。该项目是由国家艺术基金资助,委托北京京剧院实施,将为梅派艺术培养后备力量20人,建立起梅派艺术传承梯队,培养一批传承有序专兼结合的梅派艺术人才。我有幸被选入学习,起初计划跟随师父学习《西施》一剧,后来调整到跟随王志怡老师学习《宇宙锋》。我在向王老师学戏的空余时间,还担任了《西施》"羽舞"的助教。同师父一起给师妹们说这段舞蹈时,师父亲自示范,偌大年纪还示范蹲起转身等等复杂动作,在旁边看得我真心疼啊!当时心里想的就是希望师父健康长寿,可不曾想还没等我们学习班汇报演出,师父却已仙逝。每每回想起和师父相处的每一段时光,觉得都是我此生最珍贵的回忆。

将梅派艺术传承下去

2002至2004年,我在中国戏曲学院进修学习,跟随谢锐青、刘秀荣、白玉玲等几位老师学戏,学习了《悦来店》《大英杰烈》《游龙戏凤》等剧目,拿到了京剧表演专业的大专文凭。2012年到2014年,考取中国戏曲学院艺术硕士(京剧表演专业),向张毓文老师学习了昆曲《刺虎》《奇双会》,向我的婶婶阎桂祥学习了《木兰从军》《杜鹃山》,向王志怡老师学了全部《太真外传》,向李毓芳老师学了传统剧目《三娘教子》《玉堂春》,还向我的导师也是我的师姐张晶学习了《黛玉葬花》。获得艺术硕士学位以后,向师父汇报我的学习成果,师父听我学过昆曲,很是称赞,说梅兰芳大师当年就有昆曲的底子,鼓励我以后继续多向其他老师学艺。在艺术硕士毕业汇报演出时,当时我已怀孕5个多月,彩唱了《太真外传》选场。当晚我还在国家大剧院参加了纪念富连成110周年名家演唱会。后来在孕期27周的时候,我在家还练功拿顶,发到朋友圈后,胡文阁师哥给师父看,师父当时就着急地给我打电话,嘱咐我一定要注意身体,千万别伤到自己。我的女儿出生后百

天大时,带着她去给师父拜年,师父抱着她说:"以后我教你《天女散花》。"在女儿一岁多开始咿呀学语时,我天天抱着她看师父过年时送我的您与希拉里合影的年历,教给她认识这是葆玖爷爷,是妈妈的师父。她一看到电视里播出师父的影像,还总叫着"葆玖爷爷"。可惜那年4月师父永远地离开了我们。师父没能听到我女儿当面叫他一声"葆玖爷爷",请师父教我女儿《天女散花》的美好愿望也成为永远的遗憾。不过我会将师父的艺术和为人,讲述给孩子们听,好好教导她们长大成人,学习中国的传统文化,同时我也在学校教授学生们京剧艺术知识,为梅派艺术的传承和发展尽一份绵薄之力。

在师父仙逝的头七,那天正好是我和胡文阁师哥及我妹妹谭小羽合作演出《红鬃烈马》。我和师哥强忍悲痛,圆满完成了演出任务。演出结束后,全体演员上台谢幕,与全场观众一起向师父的遗像三鞠躬,我当着全场观众向师父的在天之灵保证:"只要梅家在,谭家在,京剧就会一直传下去!"

北京京剧院　谭茗心
2017年3月

永念师恩，传承梅艺

2016年4月13日，正在广州参加京剧交响诗《霸王别姬》世界巡演的我，得到了恩师梅葆玖先生病危的消息。我焦急万分却无法抽身，只能剪短长发日夜在心里为师父祈祷，希望他能够挺过这一关。然而，天未遂人愿。4月25日，我的师父还是永远地离开了我们……我悲痛万分，几夜无眠，脑海里总是会浮现出我和恩师在一起的点点滴滴。

我与恩师梅葆玖先生相识于2005年。那一年，21岁的我入选中央电视台举办的全国青年京剧电视大赛。师父作为本次大赛的艺术顾问发现了在舞台上表演的我。他认为我的天赋条件极好，非常适合学习梅派艺术。于是，在还没拜师的情况下，我就开始和师父学戏了。后来我才知道，我破了还未拜师就到梅家学戏的先例，更是觉得不胜荣幸和感激。

2008年4月，我终于通过了师父的严格审查，正式拜师，成为梅葆玖先生的入室亲传弟子。我依然清晰地记得，拜师典礼上师父鼓励我的话语："肖迪扮相俊美，嗓音甜润，气质端庄，天资聪慧，是承袭梅派艺术的优秀人才。"他的话如同一道温暖的光照进我的心房，也在我心中种下一颗希望的种子。我怀着满心的感激和幸福，立志不辜负师父的厚望，努力学习梅派艺术，为京剧的发展与传承贡献自己的力量。

2010年，我受邀参加辽宁省文化厅优秀剧目进京展演，在北京长安大

肖迪拜师梅葆玖先生典礼合影
（2008年2月4日）

戏院主演梅派经典名剧《穆桂英挂帅》。排练期间，师父每天都老早来到排练现场对我进行指导。他无须动笔，却能记住每一个细节。有一次，排练结束后，他没有上台说戏，而是把我叫到安静的无人之处，把我的不足一一指出。他对我说："只有离开喧闹的地方，离开别人的注视，你才能静下心来，才能领会好戏。"不仅如此，演出期间，师父还为我把场。这出大戏共3小时，注重唱功和表演，从大青衣的大头、穿帔到刀马旦的戴头盔，扎大靠，对于演员来说压力很大。况且我是二十几岁的演员，表演五十多岁的穆桂英的英雄形象，更是倍感压力。但是有师父亲临现场手把手指导，我很快就缓解了紧张情绪，迅速进入角色，演出也取得了圆满成功。

2011年，在师父的安排下，我代师父做了一件对继承梅派艺术有着重要纪念意义的事——拍摄师爷梅兰芳先生生平创作的最后一出经典剧目《穆

桂英挂帅》的京剧实景数字电影。由我代替师父主演穆桂英。师父对我说："《穆桂英挂帅》是你师爷生前最后一出经典好戏。他生前一直想把此剧排成电影资料留给后人，可惜未能完成。"师父很想为他父亲完成心愿，但是如今年事已高，禁不起长时间的外景及进棚的录制工作，所以他把这个重任交给了我。师父担任艺术总顾问。拍摄时间正值炎炎夏日，师父经常大热天到现场给我说戏指导。现在回想起那一幕幕，仿佛就发生在昨天。师父的良苦用心让我深受感动。我可以回报师父的惟有对梅派艺术更加用心、更加深入地钻研与实践。

我知道师父还有一个多年的心愿，就是恢复师爷梅兰芳大师失传的古装歌舞剧《嫦娥奔月》。《嫦娥奔月》是梅兰芳大师生平第一出歌舞剧。此剧于1915年创演成功，确立了梅派艺术载歌载舞的独特风格。该剧是梅兰芳大师与好友齐如山、李释戡先生共同创编的"应节戏"，也是梅兰芳先生创演的第一出古装戏，于1915年10月在北京吉祥园首演，取得圆满成功。梅兰芳先生在扮相、舞蹈、曲牌等各方面，吸取了古代歌舞形式，耗费了很多的心血，受到国内外广大观众的欢迎。

为了完成师父的夙愿，我带领梅兰芳艺术研究团队努力恢复该剧，并请师父担任艺术总监。在行动之初，我一直在犹豫：是单纯再现、还原梅兰芳先生当年的风韵，还是结合新的时代风尚和观众审美打造一部新戏？师父从个人情感上一定希望看到父亲当年的音容风采，而面对现实，他深谙紧跟时代的脚步才是艺术发展的必由之路。师父说："无论我们的艺术多么精彩，我们都必须活在当下。"为此，我与我的团队结合中国京剧百年来发展的情况和当代京剧观众的欣赏心理，对原剧本进行了修改完善和再次创作。2014年中秋节，失传百年的梅派经典歌舞剧《嫦娥奔月》由我主演，在北京国家大剧院首演两场，取得圆满成功。师父非常高兴，对《嫦娥奔月》新版剧本最大限度地保存当年梅兰芳先生剧本的原始风貌给予充分肯定。在庆功宴上，他说："我的徒弟比我强，净干大事。"国内外媒体争相报道。《北京日报》

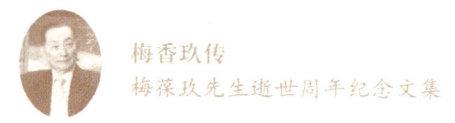

大幅报道《嫦娥奔月》震撼了北京城。虽说重排《嫦娥奔月》整整花费了4年的时间,期间经历了太多的艰辛,但那时那刻,有师父的信任和指导,我疲惫并幸福着。

在我心里,舞台上的师父如同天宫落入凡间的仙子,雍容华贵,优雅华美,大气典雅。然而,现如今,这位仙子却离我们远去,回到了天宫。一想到与师父的永别,每每情不自禁地流泪,心中的悲痛与怀念之情无法用语言来表达。但我心里明白,天堂中的师父不希望看到我们沉浸于悲痛中,他一定希望我们再接再厉,将梅派艺术发扬光大,为戏曲事业的发扬光大而努力奋斗。我想,这也是对师父最好的纪念。

师父的最后一个心愿是在今年的全国两会上提出了《关于让更多孩子喜欢传统文化,听京剧、学书法》的提案。为了让师父最后的夙愿得以实现,今年,我将带领梅兰芳艺术研究所团队举办30场青少年京剧专场惠民演出。同时,成立青少年文化艺术培训中心,内容涵盖京剧培训、书法、国画等民族文化艺术培训等,旨在更好地传播中华民族传统文化,让更多的青少年喜欢传统文化,传承传统文化,提高综合素养,加深爱国情怀。

师父走了,而他的创作还在,他倾其一生钟爱的京剧艺术还在,他对徒弟的殷殷教诲仍留在耳边,仍记在心里。在每一次演出的上场门,站在台口的那一刻弟子永远感到您的手在推动着我,让我在梅艺的发展和传承之路上一步比一步走得更扎实。我深深地怀念您,我的恩师,梅葆玖先生。您儒雅恬淡的微笑永远留在弟子心间……

您严谨的治艺态度和高尚的品格情操,会一直激励着我不断学习,不断创新,努力将梅派艺术好好传承下去。弘扬京剧文化,这是我的责任,也是我的义务。惟愿师父一路走好!

沈阳师范大学　肖迪

2016 年 7 月 7 日

师父，您去哪了

我是梅葆玖老师的第22位弟子，也是梅老师众位弟子中唯一既唱张（君秋）派又唱梅（兰芳）派的弟子。

2008年春节，一次偶然的拜年却促成了2008年2月28日的拜师。我是一位没有任何背景，祖上从未有过文艺工作者的家庭里走出来的平民孩子。在拜师之前，我以为梅葆玖老师像一位只能膜拜不能走近的神仙。但当我成为您的弟子，进入梅兰芳京剧团，近距离接触您之后，我才发现，其实您是一位和蔼可亲的"老小孩儿"。记得几次与您单独赴外地的途中，您总是执意不肯让我帮您拎箱子，理由竟是因为您是男人我是女人。在赴香港世界和平祈祷大会的晚上，大火袭击了您住的酒店。年近八旬的您，自己从20层高楼步行至户外，把只能承下一人的消防安全梯留给了师娘。

在舞台上，您是千娇百媚的古典美人，在生活中，师父您是位纯爷们儿。现在每次我走到干面胡同30号，都仿佛能听到从小二楼的窗户里传出您最爱的交响乐曲。只是在那不足10平方米的小房间里永远都不会再走出来那位冬日里帮我发动汽车的老先生了……

师父，您去哪了？您走得太急了，没有留给我们一点点尽孝的机会……师父您走得太急了，没有留下一句嘱咐给我们。我们在您的护佑和光环下茁

拜师合影　　　　　　　　　姜亦珊在梅葆玖家中学戏

壮成长，还没有来得及把我们成功的果实与您分享，您就走了……师父，您去哪了？我知道，无论您在哪里，都会惦记着我们，我们的每一次演出您都能看得见，您一定还像往常一样，一边点头，一边微笑地竖起大拇指，鼓励我们。

　　师父，您去哪儿了？您知道吗，我们真的好想好想您……

北京京剧院　姜亦珊

2016 年 6 月 21 日

忆梅师

梅老师昏迷住院的那些日子,我曾多次来往京沪到协和医院等待。病房外,师娘坐在轮椅上,时而发呆,时而擦眼泪。每天门外聚满了全国各地赶来的老师的挚友、徒弟、学生,大家聚集在病房外等,每当医生查房出来,大家都满怀期待,最终没能等来大家期待的那个好消息,老师走了……

还记得2002年的夏天,被告知梅葆玖老师要到学校来了解我的情况,青涩无知的我被吓蒙了,那年我16岁。将要和心中神一般的艺术家见面,无比紧张,大气也不敢喘,没想到老师的亲切和蔼瞬间化解了我不敢讲话的尴尬。老师问我都跟哪些老师学过什么戏,都演出过没有,我逐一回答,并拿出演出的剧照请老师指正,老师眉宇间对我的关怀让我大松了一口气。与老师同行的是吴迎老师和杨叔叔。梅老师说:"小同学你现场来一段吧。"我便拿着事先准备好的扇子,来了一段《贵妃醉酒》。结束后梅老师给我提出了几个需要改正的地方,并做起了示范,认真地讲起了梅兰芳大师塑造杨玉环这个人物形象的用心之处,使我一个戏校在读的小学生沉浸在梅派艺术的海洋里无法自拔。没过几天,就收到了由吴迎老师代笔的一封信,内容是梅葆玖老师对我今后学习的规划,希望我多学一些打基础的骨子老戏,再学几出昆曲。在此之后的日子里,老师经常说,"学梅派的一定要学几出昆曲"。

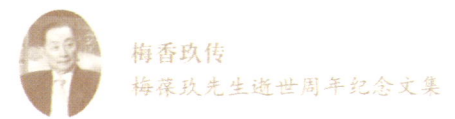

  梅老师是上海七彩戏剧频道《绝版赏析》栏目的艺术顾问，多次参加节目的录制，亲自讲述《梅派的念白》《四大名旦的"四红""四剑""四妃"》的专题。2003年1月老师接受《绝版赏析》栏目导演柴俊为的邀请，参加《绝版赏析》周年庆的节目录制，为了突出传承，导演希望梅老师能带着自己的徒弟一起演唱，没想到老师就提议让我跟着他学唱《御碑亭》，那次是第一次老师带着我上电视录节目。这次经历，让我真切地感受到梅老师对梅派艺术传承的身体力行以及对我这个小字辈的厚爱。此后的几年，梅老师只要有空来上海，都要亲自对我传授。由于我的扮相和梅老师有几分相像，"小梅葆玖"的称呼也不知何时出现于各种场合与媒体，梅老师对此倒也非常高兴，每当有人提起此事，老师都会笑着说："是像，还真挺像的。"多年后才发现，我和老师阴历的生日竟是同一天。

  《大唐贵妃》是老师的心血之作，《大唐贵妃》的重排是老师的心愿。还记得2008年初，国家大剧院国际演出季开幕，《大唐贵妃》作为开台大戏再度上演，此次除了名家版阵容外，还有由上海京昆剧团青年演员们的青春版阵容，由高红梅、我、袁英明分别饰演前、中、后的杨玉环。有一次老师来到上海，我们在教育会堂房间里说戏，记得那次正好是说《六月雪》，是为了参加"纪念杨畹农教学成果研讨展示大型演唱会"的演出，老师要求唱出"老味儿"。休息闲话间，老师突然说道："《大唐贵妃》有没有可能由一位演员从头到底饰演杨贵妃？"我当时就愣住了，自从2001年第三届中国上海国际艺术节首次上演到现在一直都是由三位演员饰演杨贵妃，而且从服装头饰、场次分配都是按照三人饰演来设计的，如果一个人从头到底赶妆是一个大问题，恐怕很难完成。我就把心中的顾虑跟老师说了，老师沉思片刻说："能不能试一试？"我想了一会儿，像立军令状似地说道："老师，我想挑战一下。"老师说："好哇，我相信你可以克服困难，排练过程中有什么问题我们再想办法解决，多彩排几次试试看！"此后，便有了使我终生难忘的一场演出。2008年7月25日，上海东方艺术中心，我一个人饰演杨玉环的《大

田慧演出后与梅葆玖先生合影

唐贵妃》上演了，这次演出是我离开上海戏剧学院的毕业公演，也是我跪拜恩师的难忘日子，梅老师在最后演唱《梨花颂》，带着我谢幕，在观众的见证下，我成为梅门弟子。我也是老师当时年龄最小的徒弟。

老师非常注重传承，有一次排演《御碑亭》，王珮瑜演王有道，我演孟月华，我们分别请了谭元寿老师和梅老师说戏，排练间隙，听梅老师讲"谭、梅"的渊源。2012年6月上海戏剧学院成立了梅兰芳艺术研究室。9月随同上海戏剧学院来到西子湖畔，谭正岩师哥和我的《坐宫》，老师坐在"上场门"看了一出戏，带着我和正岩师哥谢幕。散戏后有人提议请老师吃夜宵，老师说："回酒店煮碗面吃吧，我还得给她再说说戏。"回到房间，老师侃侃而谈，从出场脚步的节奏，到念白的京味儿……正说着老北京旗人的规矩，这时面来了，我们一人一碗，吃完了继续说戏。回想起来，是多么美好，多

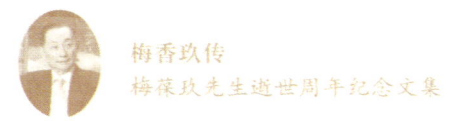

么珍贵啊。

2015年，在国家艺术基金会资助、北京京剧院主办的"梅派艺术研习班"，老师教授《西施》，文阁师哥助教。正是最热的三伏天，八十多岁的老师不遗余力地传授着，亲力亲为做着示范，有一次示范"佾舞"的时候险些被绊倒在地，我们都心疼得不行。2015年12月，在逸夫舞台汇报了全本《西施》，老师依旧是坐在上场门把场，赶场的时候，老师说："别慌，稳住了。"终于顺利地演下来了，老师带着我谢幕，在观众的掌声中，老师拿起话筒在台上说起老梅先生和逸夫舞台的情缘，又说到自己和上海的情缘，又说到谢谢观众来剧场看我的演出……十分钟的发言，观众听了大呼过瘾！没想到，这竟是老师最后一次带我谢幕。早就定在2016年5月在北京长安大戏院集体汇报《西施》，没想到老师已经故去了。演出那天，北京京剧院事先准备了老师的巨幅照片，打算在谢幕的时候缓缓落下，我们对老师的照片鞠躬，后来由于电视台的录播没能实现。文阁师哥带着大家谢幕，散戏后我们没有离开，在台上相互拥抱，止不住泪流。

一缕梅香入梦来，天上人间两依依。您就这么匆匆地走了，没留下一句话。您太辛苦了，终于可以停下脚步歇歇了。我永远不会忘记您对我的教导，多学多演，好好传承！敬爱的老师，您安息吧！

上海京剧院　田慧

几度春来忆梅师
——回忆我的师父梅葆玖

提起笔,思念涌上心头。师父离开我们一年了,仿佛觉得师父没有走,音容笑貌犹在眼前,细数拜师前后那几个难忘的春天,满是回忆,如今回味这些点滴,变成无尽的追忆。

后台结缘,坚定信念

2007年的春天,我还是中国戏曲学院大三的学生,学校选中我参加"中国音配像工程完成纪念晚会"的演出,那是我第一次见到梅葆玖老师。后台很忙乱,来来往往的人穿梭着。我远远望见梅葆玖老师在候场,好想跟他说话,但又怕打扰到他,没想到他看到我竟向我走了过来,亲切地问我在学校学戏的情况,还夸我唱得规范,他叮嘱我:"好好跟老师学,一定要多学、多看!"梅老师的话我牢记在心,心里也默默地种下一个信念,一定要拜梅老师为师!

大学毕业后,我以《二进宫》考上了我梦寐以求的北京京剧院,也许是天意,我来到了梅老师曾经工作的剧院。

郑潇与梅葆玖先生一起演出　　　　　　郑潇拜师照

拜师学艺，先学做人

2010年的春天，在梅兰芳先生的铜像前我正式拜在梅葆玖先生门下，成为真正的梅派传人。拜师仪式上，站在师父面前，我激动万分，像是被赋予了一项神圣使命一般。师父拉着我的手一起向梅兰芳大师的铜像三鞠躬，然后师父说道："今天拜我为师了，但一定不要忘记你的启蒙老师！"饮水思源，直至今日，我一直记着师父的教诲！

童心未泯，观众至上

2011年的春天，正好是我拜师一周年的日子。我作为师父徒弟中年龄最小的跟随师父一起去湖南卫视录制《天天向上》栏目。这是一档收视率很

高的娱乐节目，邀请京剧界的艺术家是头一次，节目组为了这期节目，前期准备得特别充分，主持人汪涵特意穿了西装，生怕节目过度地娱乐会使梅先生不自在，放不开，因此文案也做得特别完备。可没想到师父一登台，先向观众伸出了一个"剪刀手"，逗得观众哈哈大笑，气氛一下子活跃了起来，后来导演说："真的没想到，先前我们还担心梅先生会不适应这样的录制方式，可那个'剪刀手'一伸出来，我们完全没有了顾虑，梅先生真是太可爱了！"师父就是那么一个可爱的人，他到哪儿都有笑声。

那次录节目我表演《霸王别姬》的"舞剑"片段。师父坐在一旁，看着我在台上表演。后来节目播出时，我才发现，师父看得特别认真，一边看还一边点着头，露出欣慰的笑。记得演出之后，师父对我说："剑舞很规矩，有准数儿，下腰也不错，不像我，我这老腰可下不去喽！"

双甲之约，中西碰撞

2014年春天，我与师父一同赴奥地利维也纳演出。这场演出也开启了师父为梅兰芳先生诞辰120周年的世界巡演之旅。120年，双甲子，所以定名"双甲之约"。这是师父与父亲的天地之约，也是为了完成他心中那个未了的心愿。

师父一生喜爱交响乐，开车时音响总放着气势恢宏的交响乐。师父喜爱车，他的车音响效果非常好，师父会把音响声音调得很大，好像置身于音乐厅。贝多芬、莫扎特、柴可夫斯基……众多音乐家的乐曲都是师父最喜爱的。可能是因为从小在洋学堂学习，接收西方教育的缘故，他总说："京剧演员要多听些交响乐，这些音乐大师都很了不起，多听会从中得到很多启发，把好的吸纳到自己这里，过滤、提炼，才是创新。"2014年的春节，百年的京剧在孕育了贝多芬、莫扎特、舒伯特等的音乐圣地维也纳唱响，金色大厅奏响了《梨花颂》，师父富有磁性的声音伴着维也纳爱乐乐团的伴奏，

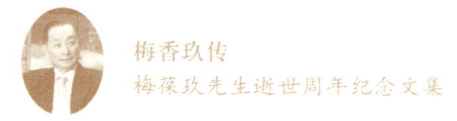

宛若天籁一般,余音绕梁,久久回响。

这一年,师父沿着当年梅兰芳大师走过的路,重走了美国、日本、俄罗斯等,看着师父一年里满满的日程,看着他日渐消瘦的脸颊,着实心疼,可是看着他不知疲惫、乐在其中的样子,我也懂得,因为这是师父为父亲唯一能做的了。

耄耋之年,不忘传承

2015年春天,蜂鸟网举办"探寻'非遗'之路"活动,要为师父拍一组关于传承的照片。活动的拍摄地点定在正乙祠戏楼,拍摄内容是师父为我指导《贵妃醉酒》。虽只是拍照,但师父非常认真。从一个眼神,到一个心理活动,师父都一丝不苟地给我示范,他说:"每一个行动都来源于生活。"一字一句讲解得细致入微,特别是杨贵妃醉态从桌子里走出来以后转身蹲的动作,师父示范了好几次,他做出来是那么的自然、那么的美!真的希望那一刻时间过得慢一点,好让我多学一些,多看一会儿……

我的师父,待人谦和,不摆架子。在他眼里人没有高低之分,这是我眼中梅家的气韵和风度。我一直告诫自己,这一辈梅派人首先要向师父学做人,然后再学艺。

从梅兰芳大师开始,梅派就在不断地改进、创新,在创新的过程中要保留京剧的本体不变。这条路是很难走的,而师父一直在延续父亲所做的工作。

2016年的春天,师父走了。只剩无尽的思念,萦绕心头。师父离开了,可他将梅派精神永久留给了我们,而我们的使命就是接过这杆大旗走下去,责无旁贷。

北京京剧院　郑潇

恩师梅葆玖先生是我努力和前进的方向

2016年5月25日,我敬爱的梅老师离开我们整整一个月了,直至今日我都不愿接受师父走了的事实,感觉他一直在我们身边,和我们说着老梅先生的故事,给我们说戏,对着我们笑着……

3月22日是师父生日的前一天,我想着生日当天一定会有很多人要去家里,所以我就提前一天去家里给师父祝寿。师父像往日一样,静静地坐在房间里,猫咪在沙发上熟睡着,我们都没有打扰它。我坐在床上,师父首先问我,最近怎么样?排什么戏呢?我说我们4月初要去进大学校园演出《凤还巢》,梅老师很高兴地说,给大学生演很好,他们都看得懂。我说:"这周五要排戏您能去给我看看吗?"师父说:"好,我去给你看看排戏,你一定要注意'偷觑'的那段表演。"说着说着,师父就站起来给我指导,说笑应该要怎么笑,念完美貌的书生,生字一出,马上由内心的不好意思的下场,手应该挡在脸的什么位置,脚步应该什么速度。我当时就觉得好美啊,这哪像是八十多岁的老先生,那一刻就像是未出闺阁的少女。师父怕我没看懂,给我做了好几次示范,接着又聊了很多,我看时间差不多快到师父用晚饭的时间了,就先回去了。

到了25号,原本下午定的响排,却因为琴师急性阑尾炎发作,暂停了

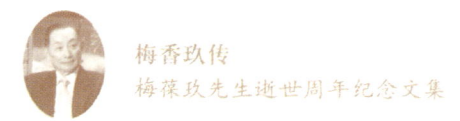

排练,中午赶紧给叶老师打电话说明情况。叶老师说他已经在去梅老师家的路上了。我说:"那您帮我问问梅老师,不排戏了梅老师还来吗?"过了一会儿,叶老师说:"鹏飞,我们还有一个红绿灯就到了,你下楼接一下我们吧。"接到电话我兴奋极了,我把梅老师接到了我们七楼的一间小排练厅。他说这还挺清静的,说戏够用了。师父从头场开始给我一点点地说戏,从每个脚步,到表演、人物、唱念,细致至极,时不时还讲起老梅先生身段的运用。梅老师说,老梅先生不会拘泥于一个身段,怎么走都可以,但一定要在这个人物里,动作为人物服务,而不是我要走个水袖技巧,而不考虑人物是否需要。"偷觑"那场更是来回给我走了好几遍,我看得入迷,不过就是做得不够好。师父让我从内心出发,慢慢找感觉。还有三笑怎样不过还有效果,因为这时候台上只有一个人,舞台节奏的把握尤为重要,怎么样表现程雪娥这样一位"退休老干部"的女儿的举止形态。还有我唱腔的不对之处梅老师都一一给我指点。我当时一直都是处于受宠若惊的状态,眼睛都不敢眨,生怕错过一个眼神。我认为我更多的是听到师父教我怎么演人物,和不同人物的不同处理方式。梅老师说:"要多演,你这次八场的演出,是个很好的锻炼机会,要在台上去找感觉找自信,演员就要和观众多见面,要有互动,多演演加上随着年龄增长就会有所提高了。"说完整出戏,我们爷俩儿都静静地坐着,我坐在地毯上听着师父讲老梅先生的故事,讲人物。大概快 4 点了,师父说:"好了,咱们今天就到这了,咱们'打道回衙'。"师父的风趣总能让身边的人哈哈大笑。临走还说:"等你下周排完戏,把盘拿家里来,我再帮你看看。"下楼师父还和门卫保安亲切地打着招呼,互相道着辛苦,师父是那么的平易近人,那么的完美……我怎么也想不到这一天竟是我和梅老师今生最后一次见面……师父晕倒的前一天吴迎老师和我在大学见面时还说起了师父和他说给我上课的事情,而第二天我再接到的消息居然是师父在协和医院 ICU 抢救的消息,我们每天都在祈祷会有奇迹发生。我在外地演出的每一天都不希望有任何消息,因为没有消息就是好消息,我不能接受前几

梅葆玖先生给贾鹏飞说戏

梅葆玖先生给贾鹏飞说戏

天还健健康康风趣的梅老师，静静躺在ICU病床上的事实……

　　不过事实就是这样残酷，再不愿意接受也成为了事实，我相信梅老师不会希望我们对他的离去这么悲伤，他一定希望大家继续乐观地面对生活，就像他这一生一样。梅老师有着高尚的人格魅力和艺术魅力，是我们前进和努力的方向，我们只有好好做人好好唱戏，把梅派艺术传承下去，把梅派精神传承下去，才是对他最好的回报！

中国国家京剧院　贾鹏飞

忆恩师梅葆玖先生

梅葆玖先生的突然仙逝，是中国京剧的重大损失，也是中华传统文化艺术的巨大损失。梅葆玖先生把一生献给了京剧艺术，他传承了中华民族的优秀文化，是中华优秀文化传承的一面旗帜。我是梅先生的第29位弟子。回忆当年第一次和梅先生见面是在北京君悦酒店，是钱江先生安排的，研讨如何把"中国天津首届京剧票友节"办好。梅先生得知我要在天津举办"票友节"的事情非常高兴，还夸天津票友多，水平高，还说自己不管多忙，闭幕式也一定要来参加。2010年4月20日晚"中国天津首届京剧票友节闭幕式"在天津滨湖剧场如约举行，梅先生在闭幕式上热情洋溢地讲了话，还高兴地唱了《贵妃醉酒》选段。这次闭幕式我不仅和师父同台演出，还给师父献上了鲜花。

在钱江先生的推荐下，梅先生听了我很多唱段录音，于2010年10月6日在北京政协礼堂收我为入室弟子。当时叶金援老师主持，姜凤山老师、周铁林院长、梅老师和书记讲了话，叶少兰、李宏图、马小曼夫妇、张学津夫妇、王志怡等都到场祝贺，名家云集，盛况空前。梅老师还委托姜老师给我说了第一出戏《三娘教子》。我真是万分激动万分感激，这圆了我一个梦。

多年来师父不断地教导我们，给我说戏，说身段。2015年10月1日，

张红拜师合影

我代表天津市与各位领导去宝岛台湾进行文化交流演出,临行前一天,师父来天津给我说戏,嘱咐我演出的时候要"认认真真,规规矩矩"。师父语重心长的八个字,让我热泪盈眶,有师父的嘱托和鼓励,台湾之行圆满顺利完成。师父的八个字让我终生受益,是我的座右铭。梅大师没有离我们而去,他老人家永远活在我们心中。恩师一路走好。

天津京剧研究会 张红

您是我艺术道路上的一盏明灯

师父走了一晃十个月了，在这段时间里，我的心情一直不能平静下来，因为他老人家走得太急，没给大家留下丝毫的思想准备，因此更加使人思念、留恋。往事历历在目，道不尽的情怀，说不完的怀念……

2010年我正式拜在了师父的门下，成为梅园中的一枝新梅。尽管在早些年已经跟师父学过戏，但拜师后的感觉却是不一样的，师父的严格要求使我感到深入梅门的压力，对梅派艺术不敢有丝毫怠慢。师父对戏的把握之精准无不让我叹服，一出戏说多少遍总是一样，太瓷实了。师父能做到一招一式准确无误，同时也要求我做到准确无误，师父说这样学出来的东西才不会"走样"，才是原汁原味的梅派，只有继承好了才能提到将来的发展！这种对艺术严肃认真的态度对我影响太大了……

师父在我眼中既像严师更像慈父。记得2013年纪念梅兰芳先生"双甲之约"天津站的演出，我有幸和师哥胡文阁在天津大剧院演出全部《穆桂英挂帅》，那也是我第一次在天津大剧院演出。那场演出虽然有师哥压阵，但我心中还是有些忐忑，在这么重要的场合和师哥一起向多年培养我的家乡观众做汇报，难免有些紧张。师父也好像早就看穿了我的小心思，也早早来到后台，我当时还在化妆，一进门师父对我说的第一句话就是："不用紧张，把你日常学习的展示出来就好，我会在旁边给你打气儿。"一句话说得我心里热乎乎的，有师父在身边，紧张的情绪一下子消散很多，都快上场了师父还在叮嘱一些节骨眼儿。开戏以前，师父一袭正装走上舞台为活动致辞，感谢大家支持梅派，更拜托观众多关注和支持青年一代梅派演员，言语中肯，博得了观众们经久不息的掌声。转眼几年，那次演出的盛况还时常在脑海中浮现，师父的慈容笑貌还如昨天一般映入眼帘，这样的恩师怎能不让人时时怀念……

　　记得师父曾教导我们"不会昆曲就不能唱好梅派"，我偷偷地记在心中。2011年我有幸向京剧名家杨春霞老师学习了《游园惊梦》一折，足足一个夏天，杨老师的言传身教使我受益良多，虽说只是略窥门径，但通过学习深感昆曲之博大精深，也更明白了师父为什么迫切让我们去学昆曲。昆曲"雅"之美与梅派艺术在表现形式上风格统一，意境相同。其无腔不舞，无文不雅，其美学意蕴和文化内涵都对京剧表演有很高的借鉴价值。特别是对梅派演员而言，很多剧目需要载歌载舞去呈现，通过学习昆曲，韵律、舞蹈、形体都得到了系统的加强。体会到师父的良苦用心，更增强了我学习的动力。当我欣喜地告诉师父自己要演出《游园惊梦》时，师父更是让我大喜过望，一定要亲临现场为我把关！当时正值冬季，师父本就哮喘怕感冒，我虽然高兴师父愿意去看我演出，但从师父身体考虑我还是再三劝阻，并承诺录像第一时间给师父送去，但师父不顾我的拦阻坚持要到现场！那一份笃定与固执是我第一次看到，我更看到了平日永远谦和的师父在艺术面前的倔强与执着！演出当天，师父还有其他活动，是一早约好的，听说师父匆匆参加完活动就坐上动车直奔天津，赶到剧场刚好开演，一把椅子坐在上场门儿侧幕边。我在台上每每转身看到师父时，他老人家的眼睛总是聚精会神地盯着我，我一下来，他就在台口赶紧说哪里不足，哪里不太到位，一个眼神一个抖袖他老人家都观察得细致入微。散戏后师父带我谢幕，并和当时台上所有的演员和乐队老师一一握手表示感谢。师父对艺术严谨的态度和处事待人之道在日后深

曹馨月和梅葆玖先生合影

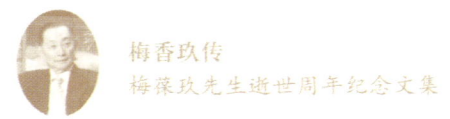

深地影响了我,更指引了我学习的方向,对学习梅派不敢有一日懈怠。

做师父的弟子是幸运的,我相信每一个师父的弟子都对恩师有着一份特别的回忆,师父对我们好不是偏爱我们哪个人,而是对梅派艺术的爱,是一种大爱,也正是有师父这样的艺术家不遗余力,才使得梅派艺术后继有人。

梅派艺术比较其他流派,传承之所以广泛,师父功不可没。继承梅派,同样也要传承梅派,作为师父的徒弟,作为一名梅派演员,我能做的就是更加努力研究梅派艺术,为观众呈现更好的、更精彩的演出,像师父一样,为梅派的传承发展贡献自己的一份力量,让自己无愧为一名梅门传人,以慰恩师在天之灵。

天津京剧院　曹馨月

继承梅派艺术，仍任重而道远
——缅怀恩师梅葆玖先生

"兰芳家传成绝唱，留得梅韵永飘香。"2016年4月25日，著名京剧表演艺术家、梅派嫡传大师梅葆玖先生突然逝世，社会各界甚感震惊。他留给后世的，除了微笑，除了值得缅怀的回忆，还有那份穷尽一生对国粹的爱！扼腕之余，与恩师的缘分与过往不禁泛入脑海。

"梅韵流芳"

梅派，作为中国京剧最有影响的艺术流派之一，自上世纪初诞生以来，迄今已历百年，传遍中国，走向世界。梅派自身的美，源于创造，正所谓"生命不息，创造不止"，总能与时代同步，绽时代之光彩，溢时代之美韵，将自己蔚成永葆青春的参天大树和浩瀚江海，足以让我们喜欢、痴迷，又总是让我们赞不已，看不透，回味无穷。

第一次的相遇

提起跟师父的缘分，时间就要追溯到20世纪90年代。那时的我，刚刚进入山东省京剧院工作。有一年师父和师姑梅葆玥来到山东演出《太真外传》，由我们院的两个演出团负责协助演出。听到这个消息，我们当时同龄的年轻演员们激动不已。当梅先生缓缓走进排练厅的那一刻，只见他干净、文雅，精神抖擞。如今想来，那是第一次近距离与师父相遇。等到师父演唱剧中经典唱段的旋律时，瞬间被恩师那细致入微的声腔所深深吸引，直至今日，虽然时过境迁，每每回味起当时的场景，那绕梁之音不绝于耳。也就是从那一刻起，我便下定决心，一定要学习梅派艺术。

与恩师真正相见

我与师父的师徒情缘，开始于2005年。一次，梅葆玖先生要来山东参加演出活动，得知这个消息，使我久久不能平静，深感自己在校期间只是打个基础，要想在艺术上有所成绩，必须要拜名师学艺。最终经人引荐，正式来到师父的面前。记得第一次面对师父，既紧张又兴奋，怀着忐忑的心情，梦想着心中无限的憧憬，大胆向师父提出自己想拜师学艺的夙愿。没有想到师父很愉快地答应了，他对我说："可以呀，你来北京时，只要我有空，都可以来找我学戏，像姜凤山先生那儿、王志怡老师那儿我也都可以推荐你去学习。"当我听到这番话，激动之情无以言表，曾经的自己，是多么仰望师父，每当在电视上看到恩师与众师姐一起演出，都羡慕不已，如今多年的愿望终于要实现了！

就这样，我正式迈出了学习"梅派艺术"的第一步。我利用所有工作之余的时间去北京学戏，有时也会打电话向师父请教。记得有一次，给师父打电话倾诉自己的心声，觉得有好多戏无法上演，心中不免感到有些失落，远在北京的师父在电话的另一边淡淡地对我说："学艺跟攒钱是一样的，你的存款有一元钱跟有十元、百元钱的感觉是不同的，现在你要多多积累，早晚会有用上的一天。"师父对我的鼓励，像是黑暗中的一盏明灯，指引着我

杨雪梅拜师照

杨雪梅《谢瑶环》剧照

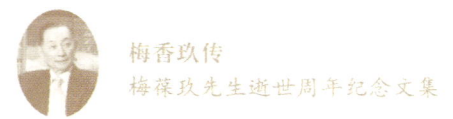

前进的方向。从此开始，我更加努力，年复一年，日复一日，从济南到北京、再从北京到济南的往返火车票在一个收纳盒内摆放得满满当当。每次学习回来，不顾疲惫投身排练厅反复揣摩与练习。经过逐渐的积累，排演的梅派剧目有《凤还巢》《霸王别姬》《玉堂春》《天女散花》《红鬃烈马》《宇宙锋》《游龙戏凤》《穆柯寨》等。通过名师的指点及自己的不懈努力，终于在业务上有了质的飞跃，并得到了业内人士和戏迷观众的认可，多次夺得省内京剧演员比赛大奖。已不知何时，我对梅派艺术的热爱越发强烈，在我的眼中，梅派艺术是国粹京剧中的精华，富有极强的生命力，梅派艺术之美无可比拟，如果能三顾茅庐拜进"梅门"，方是"万幸"之事。

如愿拜入"梅门"

"功夫不负有心人"，自己的努力最终换来师父的认可。2011年7月21日，是我终生难忘的日子。这一天，在北京梅兰芳大剧院隆重举行了"梅派传人梅葆玖收徒山东省京剧院优秀青年演员杨雪梅拜师仪式"。当我在师爷梅兰芳大师塑像前给师父三鞠躬时，感到无比神圣。当日，恩师还邀请了众多圈内德高望重的老艺术家（如著名京剧表演术家张学津、叶蓬、叶少兰、李玉芙、杨春霞、沈健瑾、赵葆秀、杜镇杰，北京京剧院院长李恩杰、山东省京剧院院长郑少华）及梅派众弟子一起出席了拜师仪式，共同见证了这一值得铭记的时刻。北京京剧院院长李恩杰表示："弘扬国粹艺术是每个京剧人的责任，北京京剧院一定会尽全力支持梅派艺术的传承和发展。"仪式上，著名京剧表演艺术家张学津、叶少兰等也语重心长地表达了对我的希望。我自己也表示一定会潜心研究梅派艺术，多多学习钻研，不辜负各位师长和领导的期望。在拜师仪式结束后，恩师梅葆玖先生在接受记者采访时高兴地说道："京剧有新生力量不断加入，一定会越来越好！"

与恩师同台有感

恩师在一生当中有弟子及学生50余人，对京剧事业的传承与发展都做出了极大的贡献。但凡有合适的演出机会，他都会带领弟子登台亮相，并且还对其他梨园后辈给予大力提携和支持。

自拜师以来，我有幸与恩师多次同台联袂演出，最令我感动的是，每次排练以及演出间隙，师父都会对我刚才舞台上的表现提出建议，用师父的话说："一定要让学生多演出，多见观众。而且，老师要等学生刚刚走下舞台，就给他提出不足，这样学生当时就记住了。"他按照父亲梅兰芳当年培养学生的理念"疏心传教"，不厌其烦地给学生说戏，为学生拔高，拔高之后就将学生推向舞台与观众见面，他认为：不见观众，就找不到台上与台下互动的感觉。

天津站"双甲之约"，是"纪念梅兰芳诞辰120周年全球巡演活动"演出季当中，非常重要的一站。恩师率领海内外梅派弟子与再传弟子重走梅兰芳大师当年演出之路。此次演出，恩师和主办方经过反复斟酌和讨论，不仅专门挑选了两出最具梅派特色的经典剧目《凤还巢》和《穆桂英挂帅》，还精心准备了一场名角荟萃的《名家名段演唱会》，此次演出汇集了北京京剧院的"九大头牌"，更特邀全国各地的名角齐聚一堂。我对这次演出非常重视，把它当作我从艺路途之中的一次检阅。师父经过认真思索，帮我在演唱会中敲定最适合的唱段。2013年10月20日晚，我将恩师亲传的梅派名剧《太真外传》"挽翠袖近前来金盆扶定"唱响在天津文化中心，得到了社会各界一致赞誉。同时，演出也获得了圆满成功。

无限的回忆

春天是万物复苏的季节，但恩师却长眠于地下，留给我们无尽的哀思。

杨雪梅《玉堂春》剧照

回想起和师父在一起的点点滴滴，既幸福又短暂。在师父故去不久的重阳节，当我坐在电视机前观看2016年重阳节京剧演唱会时，想到在那绚丽的舞台上，再也见不到师父的身影，禁不住泪水潸然。

"宝剑锋从磨砺出，梅花香自苦寒来"

恩师把一生献给了京剧艺术，他是中华优秀文化传承的一面旗帜。恩师始终把为人民服务、为广大观众服务作为天职，将真、善、美留给后人，他更是人民的艺术家，是广大文艺工作者和京剧人学习的楷模。我们作为梅派艺术的继承人，定当肩负起恩师的遗志，完成他未竟的事业，将中华文化、京剧精神传诸当代，绵延后世。

山东省京剧院　杨雪梅

2017年春

梅韵悠悠响陇原
——我和梅葆玖先生的师生缘

我是一名工作生活于陇原大地的京剧演员，2011年有幸拜梅葆玖先生为师，在梅老师的指点下我进一步勤修梅派艺术，努力使梅韵响遍陇原。如今梅老师已离我们远去，梅派精神永留心中。我一定在陇原大地更加努力地弘扬梅派，以梅韵悠悠寄托对恩师的无尽思念……

步入京剧舞台

我走上京剧之路有一定的必然性，从学京剧开始就与梅派艺术有不解之缘。我父亲是甘肃兰州东风剧院美术师，甘肃省京剧团就在东风剧院常年演出京剧剧目，在我很小的时候爸爸妈妈常带我去看京剧，从小就接受了京剧艺术的熏陶。10岁那年甘肃省京剧团陆淑绮老师招生，姐姐陪着我参加考试，我竟然考入甘肃省艺术学校京剧班，从此踏上了这条漫长而又充满了艰辛与欢乐的京剧艺术之路。

学戏之初才感觉到看戏与学戏有着天壤之别，学戏没有看戏那么轻松。学戏每天都必须刻苦练习"四功五法"基本功，老师口传心授，我们一字一句认真地学习，一字一句地学，一个动作一个动作地练，一遍不行两遍，十

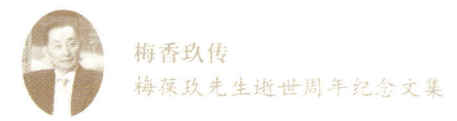
梅香玖传
梅葆玖先生逝世周年纪念文集

遍不行练百遍。我不是一个聪敏的学生，只能靠勤学苦练，李春城、黎群老师常在同学们面前说我在学习上有蚂蚁啃骨头精神。就这样日复一日年复一年，老师们认真教，我们认真刻苦练习。在艺校学习的过程中先后师从"富连成"的苏盛琴、沈丽园、黎琼、王小荣等老师，学习的剧目都是梅派青衣戏，包括《霸王别姬》《宇宙锋》《女起解》《生死恨》《打渔杀家》《奇双会》《百花赠剑》以及刀马旦戏《樊江关》《悦来店》，花旦戏《小放牛》《双下山》《卖水》等传统剧目，通过努力学习奠定了一定的梅派艺术的基础。

毕业后进入甘肃省京剧团工作，为进一步提升自我，当时的陈霖苍团长大力支持我考入中国戏曲学院继续学习深造。中国戏曲学院是另一番天地，这是一个更高层次的学习阶段。在这里我不仅学习了更多经典梅派传统剧目，也系统地学习了表演理论，提高了我的综合素质，使我从感性的模仿逐渐上升为理性的理解与分析。我格外珍惜这来之不易的学习机会，在中国戏曲学院学习深造期间，我先后师从于玉衡、沈世华、陈琪、陈宝贤等老师，还得到著名琴师姜凤山爷爷指导梅派唱腔，著名京剧梅派表演艺术家李玉芙、杨春霞、李维康等老师认真指导，进一步学习了梅派经典剧目《穆桂英挂帅》《凤还巢》《贵妃醉酒》《四郎探母》《宇宙锋》《玉堂春》《龙凤呈祥》以及昆曲《刺虎》《游园惊梦》等。通过这一时期对梅派的学习，既使我初步掌握了梅派艺术，也为以后拜师梅葆玖大师奠定了基础。通过名师们的耐心指点，我的剧目表演技能和对人物的驾驭能力得到很大的提高。

初识梅大师

在中国戏曲学院学习期间，我除了上课学习之外，在团里化妆师王新秀老师的介绍下结识了时任北京京剧院梅兰芳京剧团副书记副团长现任北京京剧院副书记的王桂生姐姐。王桂生姐姐曾是我们甘肃省兰州市豫剧团著名的豫剧演员，后考入中国戏曲学院表导班并以优异的成绩毕业留在北京京

马少敏拜师照

剧院工作。她不仅在生活中关心照顾我而且对我学习乃至艺术道路都起着引领帮助的作用,课余时间我们经常骑着自行车去剧场看戏、观摩。

  1999年的一天,王桂生姐姐带我去欣赏了梅葆玖老师的学生在长安大戏院的演出。演出结束后,在后台当梅老师得知我是甘肃京剧团来到北京学习的学生,就非常亲切地和我聊了很多关于甘肃京剧的事情。他对甘肃京剧发展极为关心,还特地提起新中国成立初期与梅兰芳大师一起到甘肃兰州演出的情况。这是我第一次近距离见到梅葆玖老师,心情非常激动。后来一次梅剧团演出《穆桂英挂帅》,有个演女兵的演员不巧生病,我临时替补,又一次在舞台上近距离看梅老师的演出,也就在那时我萌生了向梅先生拜师的想法。

  第一次在中国戏曲学院学习期间我对梅派艺术的领悟可以说上了一个

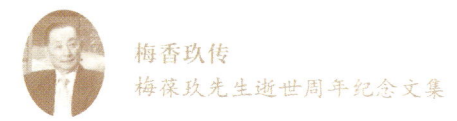

新的台阶，但总感觉学的不够，希望以后有机会进一步学习，更希望能有机会拜梅葆玖先生为师努力学习。毕业后我回到甘肃京剧团，在新上任的杨成伟团长和团里老师的帮助下我做了学习归来汇报演出折子戏专场，得到团里前辈和戏迷们的肯定和鼓励。2000年沈世华老师教我的昆曲《刺虎》选入青年演员优秀剧目展演，场地在北京长安大戏院。这次演出得到了北京京剧院梅剧团和北京昆剧团乐队的大力支持。我是第一次登上北京的舞台——长安大戏院，本来心里很忐忑，多亏了老师们不断地鼓励我给了我信心。更巧合的是我穿的就是梅葆玖老师演出时的戏服，得知这件事之后我倍感温暖。演出受到了老师和观众的一致好评，梅葆玖老师看了我的演出录像，给我提出了中肯的建议。后来我又把我曾经演出的剧目和演唱梅派传统戏的资料、曲目请梅葆玖老师观看，希望得到梅老师的进一步指导。与此同时，我从京城回到团里继续大量的演出实践，演出的剧目有《双下山》《四郎探母》《霸王别姬》《天女散花》《廉锦枫》《贵妃醉酒》《苏三起解》《二进宫》等大量的梅派戏。在演出实践中，我不断深入探索梅派艺术，在学习的过程中经常想到如果以后能拜梅葆玖老师学习是莫大的荣幸，也将更好地在陇原大地传播梅派艺术。

梅派艺术与陇原大地有着不解之缘

甘肃京剧艺术相对于其他地方发展较慢，无论是从业人员还是听众都不是太多，但梅派艺术与陇原大地有着不解之缘。

1957年8月16日，梅兰芳大师和梅葆玖老师带着梅剧团到兰州演出，当时甘肃省省长邓宝珊先生亲自前往机场举行了隆重的欢迎仪式。首演仪式在西北民族学院礼堂盛大开幕，一千多人的大礼堂座无虚席，气氛热烈。梅兰芳大师第一场演出是传统京剧《贵妃醉酒》，当杨贵妃在上场幕侧念出"摆——驾"之后，台下立即掌声雷动。后来共演出20场，梅兰芳大师演出了《贵妃醉酒》《霸王别姬》《宇宙锋》《奇双会》等十几出戏，梅葆玖老师演出了《天女散花》《四郎探母》《玉堂春》《生死恨》等几出传统剧目，梅葆玖老师还和梅兰芳大师一起演出了昆曲《游园惊梦》，完美精湛的演出给观众留下深刻的印象。现在甘肃的老戏迷提到当时演出仍津津乐道。

甘肃省京剧团有位著名京剧表演艺术家——"四小名旦"之一的陈永玲先生。他1948年拜梅兰芳先生为师，经常演出梅派《霸王别姬》《贵妃醉酒》《廉锦枫》等传统剧，因此在甘肃省京剧团梅派艺术可谓是根红苗正。我有幸向陈永玲老师学过梅派代表剧目《霸王别姬》，从学戏之初奠定了一定的梅派基础。1986年我在甘肃省艺术学校上学时，中国戏曲学院王晓蓉老师向我们教授青衣必须传承学习的梅派经典剧目——《天女散花》。梅兰芳大师当年创作《天女散花》时，就曾借鉴了敦煌壁画中的飞天形象，梅派艺术确实与陇原大地很有缘分。当时学习演出的《天女散花》给我后来的京剧学习演出生涯以及创排京剧《丝路花雨》都打下了坚实基础。我在《丝路花雨》中大段的唱腔、表演等均有深厚的梅派特色，在剧中扮演的英娘的长绸舞直接来源于《天女散花》，我也凭借《丝路花雨》中主演英娘的表演，荣获第二十四届中国戏剧梅花奖。

拜师梅门

拜梅葆玖先生为师是我的夙愿，我也总是利用一切可能的机会向梅老师学习。我有幸在北京京剧院领导和原京剧院周铁林院长、叶金援老师、王桂生姐姐等前辈推荐帮助下到梅老师家拜访学习，并向梅老师表达了拜师的愿望。梅老师收徒非常严格，不仅看重有没有艺术天分，更要看人品。经过梅老师多年来对我的观察与了解，他终于答应收我为徒。这也是我们甘肃文艺界和京剧界的一件大事，甘肃省宣传部、甘肃省文化厅的领导们、甘肃省京剧团时任杨成伟团长和我在兰州的恩师陆淑绮老师带我进京拜师。2011

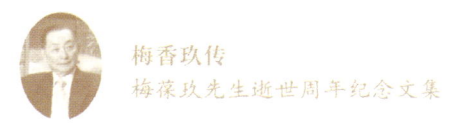

年 8 月 9 日，在北京梅兰芳大剧院，梅葆玖先生正式收我为徒。

当天在收徒仪式上，梅葆玖老师看到梅兰芳大剧院保存的当年梅兰芳先生到甘肃演出时，时任甘肃省省长邓宝珊先生给梅兰芳大师的一封亲笔信。梅老师说："当时甘肃观众的热情给我们留下了深刻的印象，50 多年后能够收一名土生土长的甘肃京剧演员为徒也算是一种缘分。"

我拜师后有机会来京就去梅葆玖老师家学习，从做人到学艺全方位向老师学习。每次去梅老师家，师娘非常热情地接待，亲自泡茶给我。梅老师耐心地听我唱，认为我的嗓音条件不错，在声音上需要保持纯净饱满，要讲究嗓音技巧，调门不能太高，要把握高宽清亮、圆润甜脆的音色，唱腔要醇厚流利，要从容平静，绝不能有气馁音懈之处。表演上人物内心要丰富，表现方式上感情要含蓄不要过火，载歌载舞的表演要掌握梅派精华神韵。梅老师要求我既要好好继承梅派传统剧目，还需要博学广收姊妹艺术之长不断丰富自己，抓住自己的优势和特点。在兰州要多和甘肃的前辈艺术家们学习，有机会来京就来找他学习，多看看京剧院的排练。作为学生的我们从梅老师身上汲取到了许多梅派的养分，他的人格魅力和精深的艺术修养，是我一生学之不尽、用之不竭的财富。通过向梅老师学习，我对梅派京剧艺术的理解更加深入，表演有了更深追求，感到应该要学习的东西太多太多……

2012 年 3 月全国两会召开，梅老师作为第十一届全国政协委员，我作为甘肃省全国人大代表到京参会，在会议期间见到梅老师，我把带去的几个关于甘肃戏曲和京剧发展的建议向梅老师请教，梅老师认真看了我的建议，提出了修改和完善的意见。

2013 年为纪念梅兰芳大师诞辰 120 年"双甲之约"全球巡演，兰州是其中重要一站。78 岁高龄的梅葆玖老师亲自挂帅，集合当今最优秀的梅派三代传人，重走梅兰芳大师生前的巡演之路。2013 年 11 月 15 日，"双甲之约、国韵天骄——京剧名家名段演唱会"巡演在兰州甘肃大剧院拉开帷幕。梅葆玖老师刚到兰州就从机场直接到西北民族大学礼堂，看看当年与父亲第一次

来兰州演出的舞台。梅老师到学校看到当初演出的礼堂保存完好没有变化时十分激动，站在舞台上回忆当年，感慨万千。他说当初演《玉堂春》就跪的那块台板，连台板都没换，舞台那样亲切，好像回到了从前。在台上梅葆玖老师仿佛感到父亲就在身边，他深深地向父亲鞠了一躬，告慰父亲的在天之灵：我又来到了曾经和您演出的舞台。

作为梅派弟子的我有幸受邀参加了这次纪念演出活动，梅老师带着我和胡文阁师兄一起演唱《贵妃醉酒》选段，我自己演唱了《天女散花》选段，与梅派弟子共同演唱传统京剧《凤还巢》选段。2014年9月，我又一次参加纪念梅兰芳大师120年在北京的长安大戏院的演出，我演唱的是梅兰芳大师曾在美国演出的昆曲《刺虎》选段。梅葆玖老师对艺术要求非常严格，对经常演出的唱段，还是保持着演出之前一直在后台练习的习惯，现场指导并带着我们一起练习。演出结束后看到剧场的保安和工作人员，他主动上前亲切地问候表示感谢。梅老师非常关心甘肃京剧艺术的发展，经常向我询问甘肃京剧发展的情况，鼓励我有机会要继续深造学习，要更好地继承和发展梅派艺术。

梅兰芳大师曾讲过，敦煌壁画对于戏剧艺术有很大的帮助，应该根据这些宝贵资料，进行深入的研究，来丰富京剧，弘扬民族艺术。正是基于这方面的启发，京剧《丝路花雨》根据经典舞剧《丝路花雨》改编，于2005年6月开始策划移植，年底剧本出台，次年8月正式投排。京剧《丝路花雨》用戏曲的表现形式来演绎敦煌壁画中的故事和人物，充分借鉴了敦煌壁画中天女的艺术造型与神韵。在继承梅派基础上不断探索京剧艺术的创新发展之路。

2009年和2010年，甘肃省京剧团两次赴京演出《丝路花雨》，梅葆玖老师到梅兰芳大剧院观看了我们的演出，他高兴地说："你们的戏排得不错，国粹艺术体现敦煌故事非常难得。其中有很多梅派表演的特色与神韵，扮相也俊美，嗓音饱满圆润，音质浑厚，唱腔好听，很有特点，是甘肃京剧很好

马少敏跟梅葆玖先生学戏

的具有代表性的剧目。你们一直不懈地努力,这种创新的路子是对的。"

2014年,我有幸再次到北京学习。为了更好研究梅派艺术、传承梅派艺术,在国家的大力扶持和北京京剧院梅兰芳基金会全力支持下,梅葆玖老师亲自挂帅亲自授课,还专门请来老艺术家王志怡老师、李炳淑老师、李玉芙老师、胡文阁弟子为新一辈年轻的梅派弟子传授经典剧目,包括《西施》《宇宙锋》《三娘教子》《生死恨》等。梅老师说我在京就可以来学习听课。我参加了李炳淑老师组,学习《三娘教子》。李老师非常认真、耐心地教戏,梅老师和另外几位老师也非常有耐心地把自己的技艺毫无保留地传授给年轻的梅派弟子。学生们也都非常珍惜这次难得的学习机会,刻苦学习。学习之外,我还参加了梅兰芳艺术研讨会,努力学习前辈专家老师和师兄们的经验,使我收获颇多。

为更好地传承发展梅派艺术,自2013年起,我调入西北民族大学音乐

学院做教师,对我的选择梅葆玖老师表示认同。梅老师说:"你既是京剧艺术的继承者也是京剧艺术的传播者,你现在作为西北民族大学音乐学院音乐戏剧教研室的老师,要把京剧艺术和梅派艺术带进校园,让传统梅派艺术在学校生根发芽,让更多的孩子接触到京剧,爱上这门博大精深的艺术。"梅老师强调,京剧一定要从娃娃抓起,要让国粹更广泛地被大家所接受,作为专业人士进高校作教师很有必要,可以通过让大学生学习京剧更好地传播这门艺术。

大师已去,天地同悲

2016年元月我去看望梅老师时,他专门找出他为学生新录制的教学资料送给我。他叮嘱我要两手抓,一边教学一边演出,只有在不断的实践中才能积累更多的经验,这样才能教好学生,才能更好地传承梅派艺术。梅老师告诫我要努力学习,要把梅派艺术传播到陇原大地,并答应我举办个人演唱会时要去现场。当时北京的风很大,知道我回兰州后有演出,为保护我的嗓子就坚决不让我和他一起迎风回家取CD,而让叶金援老师去他家里取回CD后拿给我。先生对学生无微不至的关怀令我感动不已!

梅老师要我努力在甘肃传承梅派艺术,力争把京剧《丝路花雨》拍成电影。梅老师还认真地听了我近年所录的《陇原赞》《敦煌飞天》等京歌,表扬我唱得不错,并建议在梅派韵味上多下功夫,还鼓励我将有关梅派传统经典唱段和新创有关梅派的京歌尽快录制。

年初与梅老师分别时感觉梅老师身体还挺好,没想到传来梅老师的噩耗。消息传来,四海同哀,天地同悲。作为梅老师的入室弟子,更是难过万分。梅老师答应我今年举办个人京剧演唱会时要第三次来兰州,言犹在耳,而老师竟驾鹤西去,作为学生实在痛断肝肠。梅老师走得太早太匆忙,梅派艺术还需要在梅老师的带领和指导下继续发扬光大……

马少敏剧照

梅韵悠悠,源远流长。梅老师师虽然离我们远去,但梅派艺术和梅派精神永存。以一副挽联来纪念梅老师:"洛水惨凝,画角声咽,惊闻太真赴仙界;四海同哀,天地同悲,更唱梅韵响陇原。"……我会谨记老师的教诲,把梅派艺术带进校园,让梅派艺术在学校,在更多年轻人心中生根发芽,让他们爱上这门博大精深的艺术。我会继续努力地学习梅派艺术,为传承与发扬梅派艺术尽自己的绵薄之力。

西北民族大学　马少敏

怀念师父梅葆玖先生

梅葆玖先生是我的恩师。2011年9月21日,在梅兰芳大剧院举行拜师仪式,我正式成为梅老师第34个入室弟子,至今已五年了。在师父的教导和帮助下,我既学习了梅派的艺术,也学习了梅老师的做人之道。

我6岁考入戏校学习京剧,至今已20年了。9岁考入中专开始跟孟宪荣老师学戏,学习了很多梅派基础剧目,梅派艺术深深吸引了我。2006年考入了中国戏曲学院本科,2010年又读了3年文学硕士。在大学这7年中,都是在学习和研究梅派艺术。2013年研究生毕业后,我留在中国戏曲学院任教,负责梅兰芳艺术研究中心的工作,继续研习梅派。

记得和师父第一次近距离接触,是在我读研究生一年级,您来我们学校指导《梅兰霓裳》项目,至今已经6年了。师父和吴迎老师第一次到学校来参加研讨会时,当时剧本都还没定,在研讨会后我向您表达了我的想法,想拜您为师。我说:"我从9岁开始学习梅派,就听您的录音看您的戏。"师父当时很惊讶,您不知道我是谁。我向师父介绍自己,听了以后您答应了收我为弟子。

在拜师典礼上师父说:"希望刘维同学作为京剧新一代的文化人,牢牢记住'规范'二字。用'规范'的唱、念、做、舞的程式去演人物,才对得住'国粹'二字。希望刘维同学在京剧演出市场不很完备的今天,对自己的

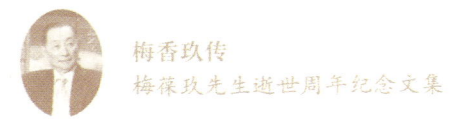

艺术有坚定的信心，甘于寂寞，下苦功在规范里找到表演手段和感觉，全面接我们的班。"这是师父对我的要求与寄望。

在这5年多时间中，师父最开始教授的具体剧目是《太真外传》"纤云弄巧"这段，一直到整个"长生殿"这一场。师父教得非常仔细，梅派表演的手、眼、身、法、步要讲究到这种程度，这是我从来没有感受过的。接着师父又给我说了"仙会"，您提出来这个剧目最好能一人从头演到尾，当时学院接受了这个建议。师父和我说："一个演员应该从头演到尾，如果一个歌剧的话，中间换好几人演一个角色，外国人是看不懂的。"虽然一人从头演到底对我来说是个挑战，但也让我有了更大的提高和进步。

2014年，在泰州梅兰芳艺术节的展演中，我演出了全本《梅兰霓裳》，那天师父一直在后台看，最后上台一起谢幕。演出结束在后台师父对我说："你的声音有点男旦的意思了。"后来我问吴迎老师这话的意思是什么，吴迎老师语重心长地说："要从自身是女性定位到男性，在台上，再从男性来演女性。这是杜近芳老师年轻时成功的秘诀。意思很深，是一个观察力的学问。"这些话让我不断思考，对我今后在研习梅派至关重要。

回忆起师父对我的谆谆教导，印象最深的一次是在校园里，天色已近傍晚，师父和吴迎老师在学校指导排练了一天的《梅兰霓裳》，结束后两位老师在校门前等车来接，我奉命送师父和吴迎老师回家。路上师父认真地和我说："在梅中心（中国戏曲学院梅兰芳艺术研究中心）做事要用心，踏踏实实地向傅谨老师学习，他是有观点、有学问的，吴老师把他前几年那八篇文章都给我看过了。"师父转向吴迎老师说："跟你的李三爷一个路子（李释戡先生是吴迎老师的老师）。"又对我说："在学校里要甘于寂寞，演出的机会可能少了，但是功不能丢，还要每天练功。记住了！"师父平时很少会这样认真严肃地与我谈话，那段谈话的场景与内容我深深地铭记在心里。

我毕业留校工作后，和师父接触的机会更多了。我在学校负责期刊《梅讯》的编辑，从2014年开始至今已经出版了三期，在策划每期内容时，师父

《女起解》演出后刘维与梅葆玖先生合影留念

梅葆玖先生在后台给刘维说戏

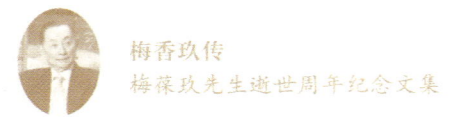

2011年梅葆玖给刘维说戏

不断给予我帮助。每期出版前,我都会请教您,研究策划每期的主题和内容,您都会提出好多想法和建议。师父有时也会讲一些有意思的事情,让我记录下来,放在《梅讯》中。在每期的《梅讯》中,师父自己也会选择比较有意义的文章刊登。师父不断帮助我们做得更好,使《梅讯》的内容越办越精彩。

五年来点点滴滴的进步,与师父的教导和关爱是分不开的。尤其最近这段时间,师父的身体不太好,有时候开研讨会,他写好稿子后交给我,让我上台代念。我很感激师父对我的信任,每次我接到稿子看后,对我来说都是很难得的学习过程,也是非常宝贵的经验,使我受益终生。

对照师父对我的教导与期望,我感觉自己的努力还不够,也很惭愧!但正是这种力量督促着我,让我今后必须更加努力认真做好,不辱使命!我会永远铭记师父对我们下的工夫,把师父嘱托的事情做好,这是对师父最好的缅怀。我将会更加认真地学习和传承梅派艺术,更加虔诚地发扬梅派精神。

中国戏曲学院　刘维

缅怀恩师三进北戏

恩师离开我们转眼一年了,他走得是那么匆忙,一句话都没留下!可他将精湛的艺术、高尚的人品和艺德永远地留给了大家。

我出生于梨园世家,现任教于北京戏曲艺术职业学院(以下简称北戏)。2011年9月22日,在梅兰芳大剧院拜在梅葆玖、姜凤山先生门下学习,实现了我多年来梦寐以求的夙愿。恩师梅葆玖先生给我留下的深刻印象是:德在先,艺为本。他是一位深受观众爱戴的德艺双馨的京剧表演艺术家,有着传承民族艺术的强烈使命感和执着追求的精神。

最令我难忘的是2015年,恩师三进北戏来观看我的汇报演出,不辞辛劳,悉心指导。感人情景,历历在目……

恩师首次进北戏是2015年4月26日晚7点30分,在我们北京戏曲艺术职业学院排演场,观看我艺术硕士汇报京昆专场——京剧《生死恨·夜纺》、昆曲《刺虎》、京剧《断桥》。师父到剧场已是7点45分,姜玲师姐正要搀扶师父走进剧场,师父听到演出已经开始,便停住脚步,对师姐轻声说道:"现在不能进去,影响观众看戏,《生死恨》这折戏也就白唱了!"可见师父把观众看得是多么的重要啊!他就这么一直等到第一折戏结束,才悄悄入座认真观看昆曲《刺虎》一折。《刺虎》结束,恩师首先对我的演出给予了充分肯定："演得很到位！"并饱含深情地讲述了师爷梅兰芳大师上演此戏的经过。看得出，我表演的昆曲《刺虎》勾起了恩师对父亲的深深怀念与回忆。这出戏是梅兰芳大师1930年赴美演出获得洛杉矶波摩拿学院和南加州大学名誉博士学位的剧目之一。

师父对我的要求是：多学习昆曲戏，要京昆不挡，要京剧、昆曲两条腿走路。他还勉励在场的学生们："一定要将昆曲《刺虎》继承下去。昆曲的功力跟京剧相比，应该说比京剧的表演程式更规范，更细腻。京剧演员要多学一些昆曲剧目，有益于演员手、眼、身、步的提升，丰富人物刻画的手段。"

第二次进北戏观看我的演出是2015年9月26日上午9点。这是由国家艺术基金会资助的项目——梅派艺术人才学习班的演出。我汇报演出全部《宇宙锋》。我知道师父很忙，却又渴望恩师来现场看我的演出，便在演出前几日与师父联系，得知25号晚上师父在为中央电视台录制《贵妃醉酒》会很晚，时间不敢保证，没想到师父25号夜里11点多了打电话给我说："亚新，明天早上去看你演出，你叶叔（叶金援）在电视台陪我录制节目回来太晚了。他忙了一天太累了，不忍心让他一大早开车了，方便的话早上8点来车接我。"师父就是这样，从来都是处处为别人着想！可师父一贯不起早的习惯我们都知道的，他那次完全可以推掉不来，反正以后还有机会。可是，他老人家对弟子非常负责任，坚持第二天一定要来。

26日一早师父按约定准时下楼了，当他老人家见到恭候在门口的是我的儿子张廷玉和我的两个学生慧子、张萌，师父笑得是那样天真灿烂，像个孩子。连连说道："谢谢你们，辛苦了！"张廷玉激动地说："能替妈妈来接梅爷爷是我们最大的荣幸！"演出过程中，恩师带头为弟子鼓掌。恩师为了戏曲艺术的传承不顾劳累，不辞辛苦。演出结束他走上舞台，拍着手连连说道："演得好！演得好！"声声鼓励至今仿佛仍回荡在耳边。难忘的一幕一幕，弟子将永远铭记在心！

刘亚新拜师照

师父三进北戏是2015年12月28日，时我院中青年教师工程折子戏汇报演出。我汇报的剧目是由恩师亲自传授的《祭塔》。师父早早来到剧场，我前面还有两折戏，《红娘》和《伍子胥》。最后一折《祭塔》开始了。我的学生说梅老师听得好认真，不断与观众一同鼓掌，还随时做笔记。演出结束最先映入我眼帘的便是师父的身影。他站起身举着双手，伸出大拇指说："好！"恩师在观众的掌声中兴致勃勃地来到舞台上，顾不得纷纷要求合影的观众、同行们，急切地让我赶紧把同台合作的演员、乐队召集来，从头至尾，一招一式、舞台调度，该强调的一一强调，仔仔细细地说了一遍。周围在场的乐队、演员们无不为之动容！因为大家都知道，81岁高龄的老人坐

梅葆玖先生给刘亚新说戏

了两个小时观看演出应该已经很累了,可他老人家却不顾年迈,又用了近50分钟的时间从头至尾把《祭塔》说了一遍。师父刚穿好衣服准备上车回家,想起小生许士林的戏不合适,就又在走廊边走边说应该这样、那样。为了满足观众和同行们的迫切愿望,恩师又满面笑容地与他们一一合影。

演出后的第二天下午,我去恩师家里请教。师父见面的第一句话就是:"你为梅派剧目的传承立了一大功!"他肯定了我的演唱,并要求我坚持用《祭塔》吊嗓子。当时在场的鼓师张宝源老师看到师父这样认真地给我说戏,便问我师父:"您为什么给亚新说戏这么仔细?"恩师回答道:"她得一个字一个字往下传。她学戏很踏实!她是教师在传承!传承要准确!不能马虎一点!所以对她不客气!《祭塔》特别适合给学生打唱功基础,不能误人子弟!老师错了,越传越错啊!"恩师还说:"梅派《祭塔》在我演出之后,至今五十年不演了。我很欣慰亚新能继承下来,而且一个音符也没动,赢得

观众一句一个好,说明观众很喜欢啊!这出戏唱功难度很大,没过硬的好嗓子唱不下来啊!"恩师还叮嘱我说:"明年我负责宣传,在梅兰芳大剧院上演濒临失传的梅派《祭塔》,原汁原味地奉献给广大观众!"恩师莫大的鼓励,使我深深感到自己肩上这副担子的重量。

恩师梅葆玖先生虽然已经离开了我们,但他高尚的品格与情操和对京剧艺术的热爱与追求却永远地留在了热爱他的观众和弟子们的心中。流派的继承是京剧艺术传承发展的根基。作为梅先生的弟子,我们要做好尊前贤、启后人的工作,不断将梅派艺术的精髓和梅先生的精神传给我们的学生。传承就是最好的纪念。愿梅派艺术不断发扬光大,在祖国传统文化的沃土上不断焕发出生机与活力。

北京戏曲艺术职业学院　刘亚新

岁寒春暖梅已尽，留驻人间万古香
——忆恩师梅葆玖先生

小时候就喜欢唱戏，咿咿呀呀，韵味无穷，长大后我成了一名京剧演员。从小学习梅派，雍容华丽，端庄大方，歌舞并重，后来我成了梅派传人。我是幸运的，不仅要感谢培育我的老师们，更要感谢我师父给我的这份荣誉，对我的悉心指导。

与师父结缘是在我上研究生期间，我陪着我的导师王志怡老师去师父家玩，怀着激动又忐忑的心情，来到了大师的家门口，那是一座20世纪30年代的小楼，我们叩门而进，经过狭窄的通道来到了客厅，老式的家具，陈旧的桌椅，墙上挂着几张师父的照片，还有好几只猫在屋里的各个角落。我怀着好奇的心情看了看屋里，陪王老师坐在了沙发上，紧张地坐着……不一会，师父来了，他微笑着走进来，我紧张的心情马上放松了。我和王老师站了起来，师父说："你们来了，坐，坐。"他老人家坐在了茶几旁的椅子上，和王老师攀谈起来。王老师给师父介绍："这是我学生焦丽君，山东的，一直跟我学戏哪，现在考上研究生了，我是她导师。"师父高兴地说好好。小阿姨给我们倒来水，王老师也喜欢猫出去看猫去了，客厅就剩下了我和师父，我有些拘谨。师父问我："你现在学什么戏呢？"我说《霸王别姬》。师父说："这出戏好，这出戏也难，尤其这舞剑，不能快，要舞出韵味，要舞

焦丽君和梅葆玖先生合影

出风骨，体现出虞姬的心情啊……比如那唱腔，'劝君王'……'君王'之间不喘气，'王'往上扬，吸气再唱后边的余腔，唱出虞姬的语重心长……"第一次见师父他就给我说起戏来了，我倾心聆听，感受大师的指点，幸福洋溢，惊叹惊喜！临走时师父给了我一些学习资料。在这期间我经常跟随王老师来师父家玩，顺便讨教，师父都是一一解答不厌其烦。在王老师和梅先生的指点下，研究生毕业期间我举办了个人专场演出，参加了红梅赛、山东省优秀青年折子戏比赛、全国的青京赛，分别获得了最佳表演奖、金奖、铜奖等奖项。2011底年毕业后我留校当了一名京剧青衣老师。

2012年夏，我又一次踏进了大师家的门，这次不是去玩，不是去讨教，而是去正式提出拜师。再一次，怀着忐忑、紧张的心情来到了大师的家，这次和我一起去的是时任山东艺术学院副院长的郭跃进老师，她代表学院向梅先生提出拜师的请求，没想到先生欣然答应。同去的王志怡老师高兴地说："你这次很顺利，第一次提出拜师师父就答应了。"郭老师和王老师非常高兴。师父嘱咐我："要严谨继承，对于传统戏老师怎么教你，你怎么传承，不会的可以去学，可以去请教，但不能装懂，平时要多学习，多看书，也要向别的艺术门类学习，西洋乐啊，美声，都要多看多积累，积累多了，才能创新。"先生送给了我一些书和光盘……

紧接着是向师父请教拜师仪式的事宜。那天我给师父拿了件小礼物，师父挺喜欢的，但他没收。当我提着礼物从师父家走出来时，陪我来的朋友惊讶地问我，怎么，是人没收还是礼物没收？我说是礼物没收，师父怕我花钱，让我拜师那天再送……2012年10月18日我正式拜师了。

此后我就成了北京的常客，向师父请教学习了《醉酒》《洛神》等剧目，师父讲解气息的运用和行腔的技巧，让我茅塞顿开，经过师父的指点，我受益颇深，进步很大。

2014年初我在国外学习了一段时间，小半年没见到师父，特别想念他老人家。9月份见到他时是在长安大剧院"纪念梅兰芳诞辰120周年"演出

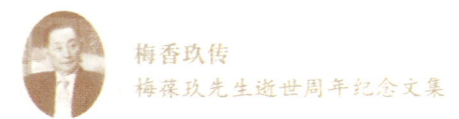

的舞台上。在后台我见到了师父,特别激动。我说:"师父啊,我好想念您,经常做梦梦到您。"师父哈哈地笑了,拍着我的肩膀说:"我也想你啊。"10月份家乡电视台为我做了一个人物专题片,要采访一下师父,师父满口答应,义不容辞地为学生出镜,我非常感动……

每次向师父讨教,听师父讲解,只见他深情款款,娓娓道来。让我深深体会到了梅派艺术的精髓,像是一次禅修,让我的心归于平静,沉浸在艺术的殿堂,让我充满了力量,让我信心百倍,不畏困难,勇往直前……

2015年的下半年我调入北京,工作压力比较大,就去师父那讨教,有时文阁师哥也在,师父的精神一直很好。有一次师父刚散步回来,看到我来了,很高兴,还给我讲起了西施这个人物,说起了南梆子的唱段……随后又给我拿了一些资料……"师父,抽空去给中戏的学生讲讲课吧?孩子们盼着您去呢!"师父说:"好,等天暖和着,去!"师父满口答应了我……

师父爱猫,家里有很多只猫,尤其他的卧室里,犄角旮旯都能看到猫的身影。说起猫,师父讲起了个笑话,说有一天晚上睡着了,夜里觉得特别热,满头大汗,哎呀就觉得着火了,着火了,醒来一看,原来是只猫趴在他额头上睡着了……

有一次师父要带我们去他常去的西餐厅吃饭,他要亲自开车。我有些担心,师父八十多岁了,我说师父我来开吧。师父说:"没事,不用担心,一是这路你不熟,二是这车你不熟,踏实坐者,咱慢慢地开……"师父开车很稳,还嘱咐我,开车不能急,安全第一……师父啊就像父亲一样,不仅在艺术上给予我指导,在生活中也处处感染着我,让我受益颇深。

2016年4月,惊闻师父住院的消息,我焦急万分,赶到医院,看望师父。医院里挤满了人,大家都在焦急地等待师父醒来……师娘说:"你们回去吧,别在这了,大家都很累了,放心,你师父睡着了,明天醒了我第一时间通知你们……"第二天,第三天……那几天我上课都上不下去了,下课后就赶到医院探望,学生亲朋都很牵挂,经常问起师父的近况,我们只能等待……

  师父还是走了，他撇下我们去天堂会老友去了，我痛哭流涕，泪流满面："我还有很多问题向您请教呢，我还要向您多学几出戏呢，你不是说好要来中戏讲课的吗？你怎么走了呢……我最亲爱的师父……"

  师父，弟子从小地方走来，两耳不闻窗外事，执着于京剧事业，有幸遇恩师，不吝指教，倾囊相助，感恩师父对我的提携与爱护，弟子定谨遵您的教诲，传承您的遗志。

  此生有名师，无以为报，唯有努力，不负师恩！

中央戏剧学院　焦丽君

中和之美,梨园永续

第一次见师父,是在 1992 年,他受邀来昆明参加第三届中国艺术节的演出,当时师父演的是《贵妃醉酒》选段,我扮演宫女,这次同台演出让我印象深刻。1996 年,云南省京剧院的新编民族京剧《梦断碑寒》赴京参加纪念程长庚诞辰 185 周年演出,我是主演。师父到现场观看了演出,对我的表演非常赞赏,拜师梅葆玖先生也成了我的人生夙愿。一晃到了 2013 年 5 月 19 日,一个让我终生难忘的日子。在云南省委、省政府、云南省文化厅的高度重视下,在各级领导、社会各界的关心、支持下,我圆梦北京。在北京梅兰芳大剧院,我向梅葆玖先生深鞠三躬,正式拜师入室,成为师父在西南三省收的第一位梅派弟子,也是以院长身份来拜师的第一位学生。这体现的是师父对云南文化事业的关心和帮助,也是对我 35 年来对京剧事业孜孜不倦的追求、努力拼搏的认可,更是云南省京剧院落实云南省人才战略的具体举措。我为师父送上云南普洱茶留念,师父则以一套梅派大戏的教材作为回礼,并为我题词"腊梅傲雪迎春色,耕耘梨园写中华",激励我要更加努力,为云南的文化事业发展、为梅派艺术的传承、为京剧事业的发展做出更大的贡献。

之后,每次去北京出差,总请师父在百忙之中抽出时间给我说戏,使我在《凤还巢》《贵妃醉酒》《白蛇传》等梅派代表剧目上有了很大提升。除

胡春华与梅葆玖先生合影（2013年）

胡春华与梅葆玖先生合影

了唱腔，老师非常注重对人物的塑造，教导我要通过演唱挖掘出人物的内心情感。说戏有时在师父家中，有时在北京京剧院，师父非常和蔼地坐在一边，时而亲自示范，时而提出建议，不会让你有一点压力。跟随师父的这几年，最让我刻骨铭心的除了老师的艺术造诣，还有就是他的人品，师父非常谦和，平易近人，特别有涵养，很好地诠释了梅派艺术的"中和"之美。

作为云南省京剧院院长、国家一级演员、文化部优秀专家、文华表演奖、梅花奖获得者、文化部挂牌西南三省唯一一家国家级重点院团云南省京剧院的领导，深感自己责任重大，每每想到师父对我的教诲、期望，我更是一刻不敢怠慢。多年来，我在继承传统的基础上，不断开拓、创新，几乎走遍了云南的苗寨彝乡、大小村寨体验生活，挖掘、吸取民族文化素材，坚持走用京剧艺术形式反映云南地域文化及少数民族历史现实生活的艺术创作道路，形成了云南京剧独特的艺术风格，为中国京剧艺术在云南的创新和发展做出了成功的尝试，为云南省京剧院获得国家级重点院团和保住国家级重点院团的品牌付出了努力。在艺术上执着追求数十年的我，一直感恩师父对我的提携，拜师梅先生，也是基于我对梅兰芳文化、梅兰芳精神和梅兰芳艺术的崇敬和学习的渴望。

师父作为梅兰芳先生的幼子、梅氏衣钵的唯一继承者，他的一生都致力于梅派艺术的传承和发展。多年来，师父多次在国内外进行艺术交流和演出，为继承和弘扬京剧梅派艺术做出了巨大的贡献。2014年，在梅兰芳120周年诞辰时，他以80岁高龄到世界各处巡回演出，访遍梅兰芳先生曾演出过的地方。师父对京剧的传承更是不遗余力的，不仅有弟子及学生50余名，他还带着弟子和学生们往返于各地，不辞辛苦，展示梅派艺术的风采和魅力。他是中国传统文化的倡导者、推动者、宣传者和实践者。在与师父的交流中，我感受到师父对京剧、对梅派认识之清醒、考虑问题之深、眼界之开阔，他不以己为是，不因循守旧，故步自封，而确实做到与时俱进，继承创新。这对于我这样双肩挑的院团领导来说很是受益，我也遵循着用梅派

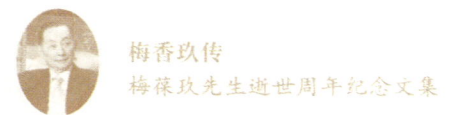

艺术"移步不换形"的艺术理念率领院团发展前行。作为梅派弟子，作为院长，我先后安排院里三名学习梅派的中青年演员分别到中国戏曲学院向梅派弟子、老师学习、演出梅派剧目《天女散花》《西施》《廉锦枫》《生死恨》等，为这些优秀的年轻演员们提供更大的发展空间和表演舞台。目前这批青年演员正活跃在云南省京剧表演舞台上，为云南省的京剧事业发挥着重要作用。

此外，我也积极推荐我院梅派的老师参加文化部"名师传艺"的教学项目并圆满完成。作为梅派弟子，近年来我演出和录制了"梅派"代表剧目，如《贵妃醉酒》《捧印》《凤还巢》《霸王别姬》《断桥》，并在自己创作首演的代表剧目中融入了梅派的声腔和表演。

师父曾对我说："我很高兴你能学习梅派，希望梅派艺术能在云南生根发芽、枝繁叶茂，云南与北京能有长期的交流合作，梅派剧目可以在云南演出，而云南的一些代表剧目也会走进北京。"作为弟子，我会牢记老师的教诲，致力发展云南京剧与梅派艺术，让梅派艺术这棵根深叶茂的艺术之树在云南大地永葆旺盛生命，为云南京剧事业创新发展注入新的活力。2015 年 4 月，师父策划了"向传统致敬，向大师致敬"的交流项目，把关肃霜先生主演的代表剧目《黛婼》和师父新创作的梅派剧目《梅兰霓裳》两个大戏交由我担纲主演并进京演出。但由于经费等原因，未能成行，这也成了我最大的遗憾，我辜负了老师的期望，每每想到此，我都感慨万分。

云南京剧人 50 多年来始终扎根红土高原，继承、普及优秀传统京剧，创新发展特色民族剧目，始终坚守着云南这块文化阵地。我将追随着师父的脚步，做中华传统文化忠实的传承者、守护者和弘扬者，坚守艺术理想、艺术良知和职业操守，牢记京剧人的文化担当和社会责任，为京剧事业的繁荣做出新的贡献，告慰师父的在天之灵！

恩师，一路走好！

云南省京剧院 胡春华

追忆恩师梅葆玖先生

我是2013年9月19日中秋节那天拜梅葆玖先生为师的。那时候我在中央新影集团工作,我的领导、中央电视台副台长高峰先生是位大戏迷,钟爱梅派,纪录片《又见梅兰芳》就是高峰导演的。高峰多次看过我的演出,希望我拜师梅葆玖先生继续深造。第一次见梅葆玖先生是在峨嵋饭店,高峰台长和王志怡老师是我的介绍人。叶金援先生开车载着师父到饭店门口,我在门口接师父,我说:"梅老师,我扶您上楼吧。"他说:"不用,平时我还练功呢。"说着,一路小跑,上楼梯飞快。初次见面师父就很喜欢我,送了我很多照片、签名。没过几天我就到师父家去拜见师娘,师娘见了我也很喜欢,当天晚上师父自己选的日子,定下来9月19日中秋节在梅兰芳大剧院举行拜师仪式。

2014年是梅兰芳大师诞辰120周年,中华文化以农历纪元60年为一甲子,120周年谓之"双甲子",具有隆重的纪念意义。梅兰芳之子梅葆玖先生亲自挂帅"双甲之约",带领当今梅派优秀弟子在国内外举办了系列演出,纪念这位京剧大师。9月4日我在长安大戏院演出了《红鬃烈马》,CCTV空中剧院播出。师父到现场亲自为我把关。那场演出王志怡老师、舒健老师都对我有很大帮助,师哥胡文阁告诉我很多舞台经验,帮忙分析人物心理。

胡桐拜师照

胡桐跟梅葆玖先生学戏

叶金援老师和周铁林先生也为我忙前忙后。演出圆满成功。我记得师父对我说："嗓子真宽，像男旦。"回忆这些，心酸涌上心头！

大家都知道师父是个可爱的小老头，他生活中和工作中是两个人，他给我们说戏的时候极其认真、严格，生活中对待我们就像对待小孩子一样，我经常下班没事就跑到师父家玩，他会给我拿出来小饼干、巧克力这些小零食吃。每次看到我都说："胡同来了，特别好记，干面胡同。"多么顽皮的老头，给自己徒弟起外号，嘿嘿！后来，这个外号就叫起来了，大家仿佛不记得我叫胡桐，都喊我"胡同"。我和师父有个共同点都特别喜欢小动物，有一只猫咪叫"球球"跟我特别好，只要我坐在沙发上，他就会跳到我身上让我抱它。师父说："球球是捡回来的，捡回来时候特别小，盘在一起，像一团小白球所以就叫球球了。现在球球老了，20岁了，我们叫他老球球。"这些点点滴滴生活的记忆让我难以忘记。有一次喝着茶抱着猫咪和师父聊天，师父对我说："娱乐和文化还是有区别的，我们是搞传统文化的，希望你今后还是能够多在舞台上表演，弘扬梅派艺术。"师父的这番话，给我信心，经过师父的引荐我辞掉了"中央电视台"这份响当当的工作，到天津市青年京剧团工作，立志弘扬传统文化，让更多年轻人探索发现中国传统文化深邃魅力！2016年3月24日，我正式到天津市青年京剧团工作。3月29日那天，我上万花山给梅兰芳先生扫墓，从我拜师那天起，我说每年清明都会来万花山给梅兰芳先生扫墓，直到我爬不上山来的那一天！29号那天还是师父82岁生日。结果3月30日师父就病倒了，再也没有起来。感恩我师父，让我回到舞台继续演戏，只是您走得太匆匆了，弟子还没来得及报答您。今后只能在舞台上好好传承梅派艺术，师父和师爷在天之灵一定会看到的。

天津市青年京剧团　胡桐

胡桐剧照

追忆梅葆玖先生与我的师生情缘

时光匆匆，不知不觉之间，师父梅葆玖先生就这样离开我们快两个月了。可是师父的亲人、朋友、学生，还有许许多多热爱梅派艺术的观众，都觉得好像他并没有走远。他的艺术、他的品德，始终萦留在我们心上。作为师父最小的徒弟，我仔仔细细地把和师父在一起的很多回忆记录下来，作为对师父的怀念，也是对自己的激励。

初见梅老师

记得2008年，我刚入学不久，梅葆玖老师受邀来校参加活动。学校安排我参加演出，演出结束后梅老师亲切地与我们合影留念。这是我第一次与仰慕已久的梅老师零距离接触，更加深了自己对梅先生与梅派艺术的崇敬之情，并在心底埋下了渴望向他学艺的梦想。从此，我抓紧时间努力练功背戏，学校领导也多次为我提供了与梅老师学习的机会。只要梅老师来上海，学校就会推荐安排我参加相关活动，让我有幸多次与梅老师接触，并留下了许多与梅老师的珍贵合影。

2012年6月7日，梅老师来上海戏剧学院戏曲学院参加梅兰芳艺术研

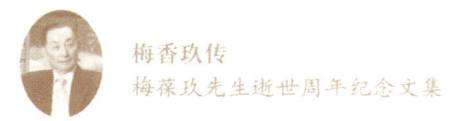

究室的成立仪式，校领导安排我代表学生发言。通过这次活动，梅老师或许对我有了更深的印象。同年9月6日，梅老师参加杭州梅派艺术论坛时，学校安排我参加了演唱会，清唱《凤还巢》选段。晚上梅老师、梅兰芳艺术研究会副会长吴迎老师和我一起吃晚饭，吴老师送给我一本他写作的《从梅兰芳到梅葆玖》一书，让我好好学习。在这次演唱会上，我还结识了几位梅派戏迷，她们对我的鼓励，让我至今难忘。

2013年10月28日，学校领导通知我，梅老师来上海在教育会堂要见我，让我马上过去。我听到这个消息非常高兴，当时我并不知道梅老师见我是为了收徒之事。晚上，梅老师邀请校领导与我们共进晚餐。在回学校的路上，郭宇院长告诉我，梅老师准备收你为徒，定在12月8日举行拜师仪式。听到这个喜讯时，我怎么也不敢相信这是真的，多年的梦想终于实现了。当时激动的心情真是难以言表，同时我暗下决心，一定要努力学习梅派艺术，绝不辜负梅老师和学校领导的期望。

拜师的深刻记忆

2013年12月8日上午，我先去拜见了师娘。师娘是一位慈祥的老人，和我讲了师门的规矩，并激励我博学苦练。当晚，上海戏曲学校在天蟾逸夫舞台举办了纪念梅兰芳先生首次莅沪演出一百周年活动，同时举行梅葆玖先生收徒仪式。拜师仪式由上海七彩频道著名主持人钱云主持，特别邀请了梅派名票、95岁高龄的陆凯章老先生，著名京剧表演艺术家李玉芙、谭孝曾、萧润年、张达发，还有梅老师的弟子魏海敏、胡文阁、严庆苹、李健、田慧等到场祝贺见证。舞台布置得很庄严，中央悬挂着梅兰芳先生首次莅沪演出的剧照和梅老师父子的照片。两侧对联写着"红梅老去神犹在，兰苑含芬百事芳"，横幅上写着"梅葆玖先生收徒仪式"。

拜师仪式开始，首先我作了拜师感言，而后沈绮琅老师上台讲话，最

炼雯晴拜师照

炼雯晴和梅葆玖先生合影

后请师父上台讲话。师父非常幽默，他说："今天上海戏校举办我先父梅兰芳先生一百年前首次来上海演出的纪念活动，我非常高兴。今天来这个舞台为大家演唱，而且还接受了上海戏校炼雯晴同学，收她为学生。上海是我父亲梅兰芳先生人生中十分重要的一个地方，也是我的出生地，用上海话说阿拉也是上海人，非常亲切。这个舞台是我们父子多次为上海广大人民演出的地方。天蟾舞台是老舞台，非常亲切的舞台。在这个舞台上举行收徒典礼，使我倍感亲切。因为当年我父亲就在这个舞台上，演过无数次梅派经典的好戏。今天又能在这接替我父亲收学生，有说不出的一种感情。首先要感谢上海戏校领导对炼雯晴的培养和教育，感谢炼雯晴同学的开蒙老师，给她打下了良好的基础，没有开蒙老师她就没有今天的演出效果。所以我应该诚挚地向她的开蒙老师行一个礼。希望炼雯晴同学在漫长的人生道路上，时刻记住梅派'移步不换形'的基本原理，把'移步不换形'上升到理性自觉的地步，一生为之奋斗，身体力行，坚持不懈。希望与炼雯晴同学为师生，一起共勉。"师父讲话后，赠送给我四本书。并告诫我："这是我父亲一生的艺术创作。"老师擎起梅兰芳大师的《舞台生活四十年》："你通过看这些书，能对梅派艺术了解更多，希望你努力学习这些著作。"

师父的嘱托，我深深铭记。这些经典著作，都是梅派艺术的精华，也非常珍贵，更是我一生的学习目标。行拜师大礼后，开始了我与师父的师生情缘。

拜师后的艺术经历

我深知拜了师，不是荣耀，不是光环，是一份责任，更是一种挑战。是我人生一个重要的转折，也是我京剧艺术上一个新的起点。拜师后，我先后跟随沈绮琅老师、师父、李炳淑老师、王继珠老师学习了《龙凤呈祥》《生死恨》《宇宙锋》《玉堂春》《打渔杀家》《桑园寄子》《大·探·二》《御碑亭》

炼雯晴剧照

《西施》《三娘教子》和《杨门女将》中"斩汤"、"探谷"等。

2014年8月,我参加了全国第二届戏曲院校京剧学生电视大赛,我以梅派的代表剧目《龙凤呈祥》《捧印》《生死恨》获得了金奖,为师父、学校和老师争了光。同年我又以专业第一名的成绩考入了上海戏剧学院戏曲学院京剧表演专业,成为一名本科生,并获得了新生入学奖学金。2015年获得了第七届中国京剧艺术基金奖、上海市戏曲学院优秀学生奖、专业优秀学生奖和京昆专项奖学金等,在上海市"我是非遗小传人"比赛中获得了金奖,

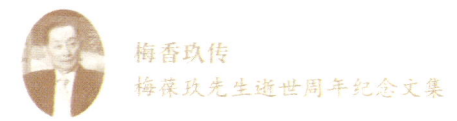

免试进入了上海市京昆剧团。

2015年3月16日,北京京剧院发来了《京剧梅派艺术人才培训班》邀请函,周铁林老院长还特别打来电话告诉我:"这次参加培训学习,是梅老师特意提到的你,让上海的小炼来参加这个班。"我听了以后非常感动,师父每天事务那么繁忙,还能想到我,深感师父对我的厚爱与提携。

2015年5月,我作为梅派最小的弟子,荣幸地参加了中国京剧艺术基金会举办北京京剧院承办的梅派艺术人才培训班。开始我跟随梅老师、胡文阁师哥学《西施》,后又跟随李炳淑老师学《三娘教子》。2016年5月21日,师父离开我们的第26天,在北京长安大剧院"梅派艺术人才培训班教学成果展演"上,我作为培训班的学员,汇报演出了李炳淑老师教授的《三娘教子》。有一位戏迷在微博中这样写道:"我后边的观众直呼这就是'小李炳淑',我回家又听了一遍录音,炼雯晴赢得了29个肥彩,嗓音之甜美、之清澈,真有李炳淑的范儿。炼雯晴虽然年轻,但是台步规范得体,念白带味,内心教子、爱子的情感很激荡,唱得有情感有人物。炼雯晴同学一定下了苦功……"能够赢得观众的如此好评,没有给师父丢脸,深感欣慰。但遗憾的是,师父再也不能亲临现场观看我的演出了。

梅老师的言传身教

通过去北京参加梅派艺术人才培训班,使我有机会更近距离地接触师父。师父是那么的和蔼可亲、平易近人,完全没有大师的架子。最让我难忘的是有一天我在上李老师的课,听说师父到胡文阁师哥的课堂,就跑过去看师父,看到师哥师姐们一边吃糖,一边打趣地说:"小炼妹妹你来晚了,师父刚才发糖了,你没吃着。"师父抿嘴笑着说:"我特意给小炼留着了。"师父就是那么的慈祥、幽默风趣,可亲可敬。

在北京培训期间,周末没课我通常会去师父家。师父特别有爱心,家

里养了许多的流浪猫。闲暇时的师父竟然还会和我一起逗猫玩。那时的师父完全没有高高在上的大师风范,有的只是孩童般的天真和童趣。当时我还调皮地把和师父一起逗猫玩时的情景录了音频。这也是我人生中与师父相处的最珍贵纪念。师父不但在艺术上精心指教,在生活上也给我很多启示和教导。倾听他老人家的谈话,总是能让你学到东西。师父教导我:"想学好梅派,必当从人品修炼入门,修身立德,才是我们梅门家风。所谓的德艺双馨,德先行,艺在后,要内修美,外修能,内外皆修,才能走远。"他总是叮嘱我说:"你年龄小一定要多学习我们的传统文化,比如书法、绘画,无论书法、绘画还是梅派艺术,它的创作过程就是要告诉你艺术来源于生活又高于生活的道理。没有平时对生活的细致观察和人生阅历的积累,以及对自身品德修养的不断提高,就很难有质的突破和飞跃。功力足够,气韵自临。你一定要努力做一个艺术修养好、文化水平高、综合素质全面的好演员。"

短短的二十几天的培训班结束了,但我的收获却特别大。回想拜师这几年,师父的言传身教,谆谆教诲,一直在潜移默化的影响教育着我。师父的艺德和人品,一直点滴地融入我的艺术生命中。

难忘的香江之旅

2015年9月,年近八旬的师父以艺术指导的身份,带领上海京昆剧团赴香港演出,我在全本的《红鬃烈马》剧中主演《彩楼配》《大登殿》两折。开演之前师父为我说戏,他不时站起身,稳健地做几个身段。他说:"我如今能保持良好的身体状态,得益与多年来的练功,那个时候我们练功,天天就是戏,不是西皮就是二黄,嗓子都磨圆了……当时科班出身的孩子,不到10岁就开始逐一练各种基本功,现在学生是根据学校体制程序培养,一般是具备了基本文化程度,再进行系统基本功教学和训练,相比自己10岁左右登台表演,现在20岁不到登台的演员,已属非常难得了。"师父还一直赞

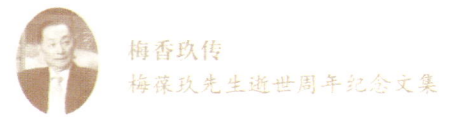

扬我这个最小弟子,天生的好条件:个头好、扮相好、脸型好、嗓子好,比较适合演绎梅派。

开戏后,师父站在上场门为我把场助阵,并向广大的戏迷朋友们介绍说:"炼雯晴是我学生中年龄最小的一位,也是比较用功的一位,这次来港奉献给大家的是《彩楼配》《大登殿》,都是她开蒙老师沈绮琅老师传授的。沈老师在长期的教学实践中,钻研梅派艺术,取得了良好的成绩,教学中下了很大的功夫,受到了一致好评,这和炼雯晴的成功有很大关系。梅派艺术博大精深,追求的是一种中和之美,提倡的是范本美,讲究规范,不走偏锋。范本美就是规范美,而不是一种艺术所具有的特征美,讲究的是规范,是范本,他无论是一招一式、一字一腔,发声运气都非常规范,那当然没有特点了。因为欲要突出某一方面,往往是以达到掩饰另一方面的不足或缺陷为目的,不要突出某一方面,并不是演员的能耐不够,相反是体现了演员的能耐。我父亲梅兰芳曾说过:'我对于舞台的艺术,一向是采取平衡发展的方式,不主张强调突出某一方面。'这是我几十年一贯在规范里找到表演手段的感觉,并全面地传授给下一代。希望炼雯晴同学,今后继续努力下苦功,继承、继承、再继承,在继承中求升华,求发展,循序渐进,精益求精,超越前人。"

《大公报》也刊登了上海青年京昆剧团来港献艺的报道,并采访了上海戏剧学院副院长、戏曲学校校长郭宇。他说:"此次演出挑大梁的梅派新秀炼雯晴就是在不断磨炼中成长,并获得梅葆玖先生的赏识,成为大师门下年纪最小的弟子。而此次梅葆玖先生亲自领衔赴港,也是对上海青年京昆剧团学子的肯定与支持。"

师恩永铭心间

近几年来,师父的工作日程都排得满满的,为了京剧艺术,为了中国文化,他几乎用尽了自己的所有心力。每年他在政协上的提案,也都与传统

文化的传承、普及相关。师父也时常叮嘱我们这些学生，要注重京剧的普及与观众的培养。师父生前为传统文化的传承普及不遗余力，全身心地投入直至最后……

上海市霍山学校是市教委办的一所特色学校，师父是该校的名誉校长，来上海时有时间定会去学校看望京剧班的孩子们，并为他们示范指导。2015年初，在师父的安排下，我受聘为上海市霍山学校京剧普及课的指导老师，以《中国京剧与梅兰芳》为题，引导孩子们走进博大精深的京剧世界。"京剧进校园"一直是师父努力推行的一件大事，我深知师父交给我这个任务的重要意义。

2015年11月11日，梅老师来上海为师姐田慧汇报演出《西施》把场。13日上午我去教育会堂看望师父，师父看到我很高兴，一再叮嘱我说："你的自身条件非常好，一定要多学戏，学传统戏，学不同戏码的戏，有机会安排老师教授你《木兰从军》这出戏，你要加强基本功的练习，打好基础。"师父让我学习的这出戏，学院领导也曾跟我讲过，这也是我的心愿。不知不觉就聊到了中午，我知道师父最喜欢吃牛排，就安排师父午饭去吃牛排，结果师父就是不要我结账。现在回想起来，这是我最后一次与师父在一起的时光。眼前总是浮现出师父当时笑盈盈地催着我说："小炼快吃，牛排一会凉了就不好吃了……"

2016年4月1日，我听到师父病重的消息，晴天霹雳，心急如焚。我向学院领导请假去北京看望师父。学院领导很是支持我，于4月8日安排我和陈为瑀老师到北京协和医院看望师父。师娘安排我进了重病监护室看望师父，见到师父昏睡的样子，心被撕扯着非常难受，我声声呼唤着师父，盼望师父能早点醒过来。我们需要您！梅派艺术需要您！我真不敢也不愿相信，老天怎么能这么冷酷，这么无情。我在心里默默祈祷着，祈祷上天保佑，让师父快些好起来吧。

2016年4月25日11点0分44秒，师父辞世的噩耗传来时，我怎么也

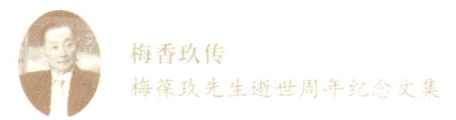

控制不住自己的悲痛心情，匆忙处理好学校的事情，于5月1日凌晨登上高铁赶往北京，下车直奔北京京剧院师父的灵堂前，看到师父的遗像，顿时泪如泉涌，再也无法控制自己的情绪。灵堂里播放着师父演唱的《梨花颂》，昔日的优美唱腔，此时却流淌着不尽的哀伤。在为师父守灵的日子里，回忆起与师父的往事，恍如昨天……

2016年5月1日18点30分，上海市七彩戏剧频道《绝版赏析》播出特别节目《梅葆玖和他的〈祭塔〉》，由我配像，并由王瑶卿弟子、91岁高龄的于玉蘅老师，讲解师父20岁时录制的《祭塔》唱片。配像过程中，我一遍又一遍地学习，揣摩师父的舞台呈现手法，以自己的肢体语言和师父沟通，通过一个个具体的身段和手法，感悟师父的艺术心得。师父的艺德人品就像中正平和、内敛含蓄、意境典雅的梅派艺术一样，表面看起来平淡无奇，可当你用心灵去体悟时，却会感到是那么的悠远绵长，回味无穷。

师父走了，缅怀师父的德艺，可中华词汇虽然浩瀚如海，却又何词可形容？当我心里忆及师父的谆谆教诲、慈祥面容时，当我眼前浮现师父和弟子们在一起言笑无间、师父仙逝弟子们悲痛欲绝的场景时，诸多往事，历历在目……

悲恸之余，自叹福浅，与师父的师缘不是很长。但是，今生有幸，有缘遇到师父，能做师父的嫡传弟子，我倍感骄傲和自豪。师父的教诲和关怀将长印我的心间。

上海戏曲学院　炼雯晴
2016年6月20日于上海

八年拜师路：纪念恩师梅葆玖先生

3月30日，得知老师因支气管痉挛送医，我整晚忧虑，难以入睡，一心只想赶紧飞到北京探望老师。然而当时我正紧锣密鼓地排练国光剧团的《梁祝》，实难抽身。只得先行致电叶金援叶叔，透过电话询问老师当下病况。叶叔要我先专心眼前的演出，不急着到北京，因为老师仍然昏迷中，来了也无济于事。虽然我人在台湾排戏，无法立即去到老师身边，但我非常挂念老师的病情，于是在剧团里供奉的戏曲祖师爷香案前，为老师求了一张祈福卡，每日放在神案前请求祖师爷保佑老师平安康复。同时，我也将留了将近十年的长发剪掉，一方面是希望借此决心立目标，期待自己在京剧的道路上能有所突破，另一方面也是透过这一决断的仪式为老师祈福。4月23日《梁祝》上演，然而，过了两天老师就过世了。

回想起拜师前后与老师相处的点点滴滴，至今仍犹如置身梦中。能成为梅老师的入室弟子，是我从前难以预料、也不敢想象的福分。从2006年，梅兰芳的嫡传弟子陈正薇老师建议我归派学梅，并鼓励我向梅葆玖老师学习的那一刻起，这条拜师之路，我整整走了八年才圆梦。一开始，我虽然有心学习梅派，但拜师一事于我而言，如同滴星一样难以企及。试想老师是正宗梅派传人，而我只是远方一个小小演员，别说得到老师青睐，连跟老师面对

刘珈后与梅葆玖先生合影

面打一声招呼都求之不得。这时候的我,只是每天待在剧团里独自努力,并在练功之余不断翻读梅兰芳先生的《舞台生活四十年》,期望自己能贯彻陈正薇老师教导的:"要学梅家的艺术,更要学梅家的为人。"

这样的日子,持续到有一天我因身体不适去医院。原本以为只是小病症,没想到医生宣布我必须马上住院。这时候我才发现,有什么心愿就要积极实行。也因为受到《舞台生活四十年》的影响,我开始花大量时间练习从前较少接触的刀马戏,并从《穆柯寨》这类文武兼备的戏开始练起,因为梅派艺术是全方位的。

差不多是这段时间,吴文疆老师来台湾,我们因吊嗓而结识。承蒙吴老师欣赏,认为我的各方面条件都很不错,若有机会应该到北京学一学、闯一闯。于是他主动提出要引荐我到北京演出,要我好好准备。过了一段日子,

我便在2009年的"纪念梅兰芳先生诞辰115周年"的专场演出中,得到一个难得的《生死恨》片段演出机会。这是我第一次到北京演出,我很珍惜也很努力。排戏跟演出时,梅老师都在场,我唱完后赶紧把握机会请老师给我一些指点,并趁机委婉吐露拜师念头。等老师回复的一瞬间,我只觉得比方才在台上演出更让人紧张,但只见他老人家一笑,和蔼地说:"嗓子很好,唱得规矩大方,再来,再多唱唱,找个时间有机会就把事儿办一办。"一番话让我吃了定心丸。

然而之后我回台湾,跟梅老师又相隔千里远了,只有偶尔通通电话,节日寄个贺卡给老师聊表心意。没想到来年吴文疆老师再次来台湾,竟带了一盒梅老师特地为我准备的录音带,里头是老师悉心挑选的录音资料,上头注明每一卷的剧名和演出年份。同时吴老师还告诉我拜师一事成了。知道心愿即将成真,我非常高兴,但这件事后来却几经波折,未能立即实现。我曾一度以为我与梅老师就此缘悭,但在许多与梅老师相熟的师长们的鼓励与帮助下,我终于在2014年的6月正式拜师,成为梅派入室弟子。

我因拜师晚,与老师相处的时间也较短。然而,在这短短的时间里,我却充分感受到老师对我的照顾与慈爱。当我有任何疑惑,只要请教老师,老师便立即替我解答,提供我各式参考数据,并帮我联络各方面的行家,请他们多多帮助我。当我提到想试着恢复全本《红线盗盒》,并循老路子拿单剑加拂尘,老师不但一口同意,还勉励我'戏是可以动的,只要不失精神即可"。考虑我去一趟北京不容易,老师不忘提醒我"多看演出"。同时也告诉我,除了跟他学习以外,也可以多多请教其他梅派的师兄姐们,彼此互相扶持、帮忙,一同发扬梅派艺术。老师不但毫无门户之见,而且心胸宽厚,当他知道我曾向沈世华老师学习昆曲,他非常赞赏,说学昆曲对身段帮助大,他父亲便从昆曲中借鉴了许多身段。老师还说他与沈老师是同门,同样受教于朱传茗老师,要我往后找机会再多向沈老师学习。老师不要求学生百分之百地模仿他,而是让我们根据个人特质发挥,他再从中提点。跟随在老师身

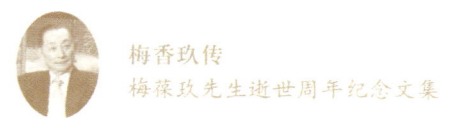

边，我看到的，不只是他作为正宗梅派传人的精湛技艺，还有他温文蕴藉的性格、恢宏大度的胸襟。

跟老师相处的过程中，我除了看到老师儒雅、从容的一面，也看到他私底下很亲切的一面。老师极其喜爱宠物，家里养了一只狗、十多只猫。当我到老师家拜访时，正值家里的小狗刚动完手术。只见老师不舍地抱着它，不断安慰。我跟老师谈话谈到一半，一只猫突然跑来蹭我的腿，老师笑笑低下身去，挥挥手对猫说："怎么又来捣乱啦。"这样亲切、柔软的一面，让我实难忘怀。老师出身名门，但为人谦和，不摆架子是众所皆知的，但事实上他不只对人如此，对世间万物皆是如此。梅派的中正平和不仅呈现在老师的艺术上，也体现在老师的生活中。

目前我在梅派艺术上仍以继承为主，希望在个人能力所及范围内，尽可能复排一些逐渐失传、业已失传的梅派剧目，并做到老师所说的"不失梅派精神"。也期待将来能为梅派艺术传承尽一份心力，承继老师生前念兹在兹的传承心愿，持续将梅派香火传递得更远、更久。感谢命运的牵引，让我能在老师晚年与他老人家正式成为师徒。我会珍惜这份因缘，今后继续认真、踏实地精进自己。祝福老师一路好走。

台湾刘珈后口述，杨筠圃整理

一日为师，终身为父

今天，2016年6月12日，师父离开我们已经整整七七四十九天了。上午，由北京京剧院主办，在前门饭店的梨园剧场里，为师父举办了面向社会的追思会。我们在师父的追思会上含泪演唱，那一刻，我才意识到师父真的离我们而去了！一直以来不愿相信、不敢面对。对您的不舍与怀念无法用语言来表达，只有放在心底深处，哭了四十九天的我，晚上回到家中，静静地追忆着您老人家的点点滴滴……

我自幼出身梨园世家，外祖父是京剧打击乐演奏家、教育家阎宝泉先生，外祖母是著名评剧表演艺术家筱灵霞女士，父亲是京剧打击乐演奏家、教育家刘茂发先生。在这样的环境里长大，虽然小时候也接受过舞蹈、音乐、表演等各种艺术的熏陶，最后还是对戏曲情有独钟，8岁的时候正式回归到了戏曲，在苏稚教授的教导下开始练功学戏，如《扈家庄》《小放牛》等武旦戏和花旦戏。后凭借跟张逸娟教授学习的《卖水》一剧，以前三名的优异成绩考入了中国戏曲学院附中。在附中学习期间，受于玉蘅教授（王瑶卿先生最后一个男徒弟）传授青衣剧目，如《贺后骂殿》《大保国》《二进宫》《坐宫》《女起解》等，中年级时又开始刀马旦、武旦的学习，同谯翠蓉教授学习长靠戏和出手戏，如《女杀四门》《穆桂英大破天门阵》《虹桥赠珠》等。在校

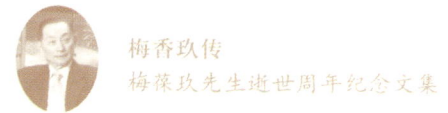
梅香玖传
梅葆玖先生逝世周年纪念文集

刘阳与梅葆玖先生合影

刘阳剧照

学习期间,学校大力培养,我参加了诸多演出实践并得到业内外人士的肯定与鼓励。1999年以专业第一名的成绩考入中国戏曲学院艺术教育系,由此奠定了我日后从教的基础。

从上大学起,就莫名地酷爱上梅派艺术!冥冥之中我开始同梅派艺术有了渊源与缘分。大学期间一直从李金鸿先生学习《虹霓关》《思凡》《金山寺》等剧目。李金鸿先生是梅兰芳先生最后一位男徒弟。与此同时,大学四年还一直同艾美君教授学习梅派青衣剧目《穆桂英挂帅》《贵妃醉酒》《霸王别姬》《断桥》《游龙戏凤》等。2003年毕业留在了我院附中任教,作为一名人民教师承担起戏曲传承和弘扬的责任。

2008年考取中国戏曲学院艺术硕士,不仅继续跟随李金鸿先生学戏,还在王诗英老师的培养下学习旦角戏曲身段,兼演京剧、昆曲,京剧工青衣、花衫、刀马旦,昆曲工闺门旦。同期在教学一线教授以梅派为主的京剧、昆曲剧目,培养戏曲新苗。通过学、演、教、研究梅派剧目的这个过程,对梅派艺术的酷爱与日俱增,对梅兰芳大师及梅葆玖老师也是无比地尊敬与崇拜!

2013年,我参加创作并出演了中国戏曲学院周龙教授导演的《梅兰霓裳》,这部戏是根据梅派代表作《太真外传》整理改编的。我与恩师梅葆玖先生首次近距离接触便是通过《梅兰霓裳》这出戏。在《梅兰霓裳》这出戏中,我担任舞蹈编导,创作了杨玉环的"霓裳羽衣舞"并饰演了《骊山羽舞》一折中的杨玉环。为了饰演好这个角色,我请王志怡老师给我加工唱腔,吴迎老师也为我提供了许多宝贵的文字及音频的资料,来丰富我的创作灵感。梅老师作为艺术顾问,多次来校亲临指导,给我们讲戏,给我们说戏,和我们分享了许多宝贵的艺术经验。通过与梅老师的接触,不仅深刻领悟到了梅派艺术的中正平和、雍容华贵,更深深感受到了您老人家为人的谦和与包容!也正是这出戏让我更加坚定了拜师的信念!

谈到与梅老师的缘分,自然也离不开我的昆曲师父的书面引荐。2012

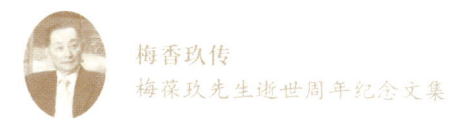

年5月3日，我拜昆曲名家、国家级非物质文化遗产传承人沈世华先生为师。沈老师与梅老师有着几十年的交情。我与梅老师的相遇相识不仅是通过《梅兰霓裳》这出戏，沈老师还为我写了推荐信，向梅老师推荐了我。2014年6月26日，在梅兰芳大剧院举行了拜师仪式，我有幸拜在了崇拜了多年的偶像——著名京剧表演艺术家梅葆玖先生门下。拜师当天，令我记忆犹新的一幕是，师父带着我走到多位记者面前，对着大家语重心长地说："我这位徒弟是人民教师，以后请各位多多关照！"多么用心良苦的一句话，我能够从中领悟到许多深刻的意义！

自拜师后，我更加潜心钻研梅派艺术，在日常教学中，做到严谨、规范，遇到问题就及时向梅老师请教，您老人家平时档期排得很满，来不及去老师家里我就打电话请教，师父都是耐心讲解、不厌其烦。而且每次向老师索取一些宝贵资料时，师父都是毫无保留地馈赠。记得有一次在师父家提到了几出戏的资料，师父说需要找一下，当天无法给我，我赶忙说："不着急师父，过些天我再来。"谁料想没过一周，我在学校给学生上课时收到了一份快递，打开一看竟然是师父给我寄来的宝贵资料，甚是感动，手捧着资料我的眼眶湿润了。您老人家的工作日程那么的繁忙，却还记得我的这点小事，可见您心里有多重视我们这些徒弟，有多重视传承工作！虽然师父一年到头都很忙，档期满满，但是像我一个校内的演出您都会赶过来。2015年6月我在附中汇报演出"梅派学习班"学习的剧目《宇宙锋》，师父早早地入席准备看戏，散戏后上台来给我指导，并亲自手把手地教我系凤冠的绳子，最让我感动的一幕是当天演出结束已经很晚，在师父给我说戏后，又同领导、演员们合影留念，我清楚地看到您老人家脸上露出的疲倦，甚是心疼，便催促师父早早回家休息，但您却耐心地和我的学生们逐一合影，没有冷落一个孩子，没有让一个孩子失望！无论是师父高贵的出身还是您的社会地位都是众所周知的，但和任何人在一起时都从未有过一点名人的高高在上的优越感，总是那样的和蔼可亲、平易近人！这是什么？这就是大师风范！

拜师仪式

  师父的心里一直装着每一位弟子，不仅是在专业方面，还像一位慈祥的老父亲一样关心着我们生活的方方面面。在师父住院前十天左右的时候，正是我的昆曲师父沈世华先生的新书发布会。梅老师不仅亲临现场，还很认真地准备了发言稿。记得那天天气微凉，我穿了件风衣，外边还搭了一件披肩，而师父就穿了一件衬衫，外套西服。当时见到师父我便问为何不多穿一些，师父抓着我的手开玩笑说："你看我手比你手还热乎着呢，因为我总吃牛排，哈哈哈。"我当时还笑着回应："我知道，您一顿能吃两块牛排呢！"后来，发布会结束的时候，一行人送师父出来，门口有许多老师及同仁们向师父道别，突然间，师父转过身来拉着我的手就对我说："你呀平时得多吃点！好好吃饭！"我含笑频频点头……一个八旬的老人，平日里工作如此繁

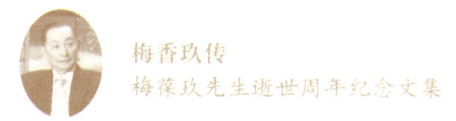

忙，然而您的心里却无时无刻不挂念着许多人。

这也令我想起了今年大年初二我去师父家拜年，师娘提前为来拜年的徒弟们备好了元宝（茶叶蛋）。我平日里连一个煮鸡蛋都吃不了，每年去师父家拜年都能吃掉两个。当时我吃了一个以后，感觉有点撑，我就边挽袖子边对着碗里的另一个茶叶蛋给自己鼓劲，这时师父正巧走进来，笑着说："嗬，吃个鸡蛋都得起这么大的范儿！"师父的幽默让我大笑起来。过了一会儿，师父坐了下来很严肃地和我说："你吃饭这个事儿还真不是开玩笑的。"因为师父了解我的课程安排和教学的工作量，便叮嘱我再忙也要好好吃饭，您说："你不好好吃饭，哪儿有劲儿唱戏？哪儿有劲教戏？"我又一次地感受到了每一个学生都印在了您的心里，大师的心里装着每一个弟子，甚至是一些微不足道的小事。

一日为师，终身为父！师父对我在艺术上的指导与影响使我受益匪浅，终生难忘！您老人家的为人更是我们晚辈应该学习与继承的！师父就这样突然地离开了我们，悲痛与失落无法言表，可我深深地意识到了，我们对您老人家最好的缅怀与追思，便是化悲痛为力量，以实际行动来纪念您老人家。做好梅派艺术的传承与传播工作，做好我们每一个人的本职工作，不论是剧团的师姐妹们，或者是从事戏曲教育的教师们，我们不能忘了身上的重担。作为教师，要有认真教学的态度，要有责任心、爱心。在教学工作中，这么多年我也一直遵守着我父亲在世时对我的叮嘱：认真，严肃，一丝不苟。今天，我受到了师父以及其他众多教导过我的老师的影响，他们在教我的时候也怀揣一颗认认真真的心，口传心授，逐字逐句地指点。对于我们青年教师来说，我们也应该继承并发扬老师严谨的教学态度。作为弟子，一方面我们要做好传承与传播的工作，另一方面，作为教师我们也要与时俱进，教学方法须结合现代的教学环境及教学对象进行相应的调整与创新，但始终要记住京剧姓"京"！梅派艺术的魂不能丢！要本着梅大师当初提出的"移步不换形"规律发展。师父的心里装着我们每一位弟子，作为人民教师的我，也会在心里装着我的每个学生,关心她们的学习,关爱她们的生活。梅派艺术的传承任重道远,我辈应竭尽全力,用毕生的精力为梅派艺术的传承与传播尽我们的绵薄之力!

最后我想对天堂里的师父说一句:"师父,弟子想念您!"

中国戏曲学院附中　刘译阳(曾用名刘阳)

2016年6月12日晚泪笔

常忆梅师教诲，音容笑貌宛在

2016年4月25日，我的长辈、恩师，我们敬仰的著名京剧表演艺术家梅葆玖先生与世长辞了，他的仙逝给当代民族文化和京剧艺术带来不可估量的巨大损失，所有爱戴他的广大观众、同行和社会各界，无不为失去这位德高望重的艺术家而深感悲痛！梅先生不愧为当代中华民族艺术的一面旗帜，不愧为时代的丰碑与楷模！

回首往事，弹指一挥间。还是在我年少的时候，坐落在永光寺中街的徐兰沅先生的宅院总是宾客满堂。我的大奶奶徐咏芬是徐先生的长女，常年在家中侍奉左右，那时我爷爷、奶奶常带我去看望。到那里做客的有许多是京剧界前辈，其中梅葆玖先生和梅葆玥先生由于亲戚关系更是常来常往，那时我太小还不懂，只知道他们都是长辈。记得梅葆玖先生进门后都是先到正屋向徐兰沅先生问安、聊天，而后常常去侧院找徐元珊先生说身段。因梅先生对电器十分痴迷，所以有时则去找徐振林先生一起研究、摆弄电器。

20世纪80年代成立了梅兰芳艺术研习组，每次活动梅葆玖先生、姜凤山先生基本上必至。我的主教老师常带我们去学习，梅先生得知我在学习《三击掌》《宇宙锋》等戏，还和蔼地嘱咐我要好好跟老师学，不要荒废时光……

1995年5月梅兰芳剧团重建，梅葆玖先生担任团长。记得在梅剧团重建的动员会前，您微笑着对我说："你要趁热打铁，多向各流派老师学习，文的、舞的，包括昆的都要学。"我表示希望今后得到您的指导，梅先生痛快地答应了。先生如慈父般的谆谆教导开阔了我的艺术视野，遵照先生的嘱咐，在之后的日子里我向李金鸿、姜凤山、李玉芙、刘秀荣、吴素秋、谢锐青、杨秋玲等诸多名家求教，学演了许多梅派、王派的代表剧目，并演绎了其他风格不同的人物形象，为我的艺术之路打下了坚实的基础。那些年梅先生经常有演出，而我更是每每能够在现场观摩学习，得益匪浅。

1997年梅先生本着梅兰芳大师"移步不换形"的创作原则，将梅大师早年创作的五出代表剧目《天女散花》《廉锦枫》《黛玉葬花》《霸王别姬》《贵妃醉酒》重新加工整理，采用现代声光、舞美手段，在不失梅派韵味的基础上，丰富了舞台的表现形式。《黛玉葬花》是梅大师创作的三出红楼戏之一，它完美地体现了梅派唱、念、做、舞的程式运用和黛玉个性化塑造的统一。这出戏距今已有80年历史了，今天重新搬上舞台要符合当代人的审美需求，艺术上要做些处理，所以首先把原有的六场戏压缩成了20多分钟的"独角戏"，集中刻画了林黛玉同那个没落的封建大家庭格格不入之孤傲倔强的性格、向往自由的强烈愿望和出淤泥而不染的圣洁心灵，通过黛玉爱花、惜花、葬花的具体行动来向观众展示她的内心世界，使之感受到她孤苦无依的命运和渺茫难卜的前途，以及无力挣脱枷锁的哀叹。剧中原有唱词、板式做了调整和浓缩后，与音乐完美地结合从而达到浑然一体，带给观众别具新意的视听感受。梅先生还向我描述了梅兰芳大师早年的创作情景，并告诉我："你新的要学，老的也应该知道。"梅先生字字语重心长，激励我一定学演好此戏。我请梅先生的琴师姜凤山先生一字一句地给我说腔儿调嗓子……不久，我演出的《黛玉葬花》获得了老师们由衷的肯定与勉励。此后，北京京剧院的《梅华香韵》在长安大戏院持续上演达半年之久，

在梅先生的推荐下我担任《霸王别姬》的演出任务，并曾经一度和《刺蚌》一折前后饰演。

2007年我邀请梅先生到长安大戏院看我主演的《四郎探母》，一整出戏您都站在侧幕，给我把场，拿着照相机给我拍照。后来我去家里请教，您拿出照片给我指出身段方面尚待提高的几个要点，还有那天演出时的不妥之处，如《坐宫》起誓时"我若是走漏信"，梅先生说这里还是唱"走漏了……"，末场《回令》恳请太后息怒时那体现母女情的三番念白不同的语气把握等，如此这般小地方您都看得仔细，记得清楚，令我感动，敬佩！

悠悠岁月，回味深长。2014年是京剧大师梅兰芳先生诞辰120周年，为纪念这位把毕生精力奉献给京剧事业、成功地向世界推广中国国粹艺术的文化先驱和一代宗师，北京京剧院举办"双甲之约"——沿着梅兰芳大师足迹，重走当年巡演之路。10月，继梅兰芳大师出访80年后的今天，在俄罗斯莫斯科艺术剧院和圣彼得堡马林斯基剧院分别演出了《穆桂英挂帅》和《白蛇传》，这是一场具有深远影响意义的文化盛事，我有幸主演了《白蛇传》，深感荣耀与自豪！在演出过程中，观众被这个古老而美好的爱情故事感动，被京剧艺术震撼，演出结束后全体起立，掌声雷动，经久不息，我真正感受到了"京剧"这个中华民族文化的瑰宝那无穷的艺术魅力，以及梅派为代表的舞台艺术在世界艺术之林的巨大感染力与影响力！

更加难忘的一刻是在我举行拜师典礼那天，由叶金援老师主持，许多领导、老师、长辈及好友们纷纷前来祝贺。那时已是岁暮天寒，但梅先生神清气爽，笑容可掬，谈吐亲切却不失幽默："在北京话来说亲戚里道的，没说的，有什么就直学、直问，今天我正式收了你，更会尽我所能，把我老父亲的资料还有我演出的一些资料和录音都提供给你，希望你多学多看，对今后的演出提高会有一定作用的……"师父语重心长的一番话，给予我莫大的鼓励！我由衷地感谢多年来师父对我的关怀与教导，表示会持之以恒，脚踏实地，在新的征途上继续学习、探索，不负师父厚望！

　　天不遂人愿，今师父驾鹤西去，但您的精神永存，吾辈终生取之不尽，用之不竭，我会在梅派艺术这棵参天大树下继续前行，以告慰梅葆玖恩师的在天之灵！

北京京剧院　王怡

怀念我的师父

2016年4月25日是我最心痛的日子。那一天，巨星陨落，敬爱的师父永远地离开了我们，我用无比沉痛的心情怀念师父！

我是师父最小的弟子，能拜在师父门下是因为有这样一段渊源。我9岁考入天津艺校学习了京剧，有一天外婆突然告诉我，原来我和师父的夫人林丽源师娘是有着血缘关系的亲戚。外婆一直没有告诉我，是本着让我自食其力，练就扎实基本功的目的，想等我的学习有一定成绩时再告诉我，同时在师娘那边也没有透露家里有小辈在学习京剧的情况。在我16岁的时候，有一天，一直在电影制片厂工作的我的大姨婆，和师父在开政协会偶遇时，说起了我学京剧的情况，师父听完很高兴，说："家里有干这行的当然好啊！哪天到家里来我看看是不是干这行的料。"于是在一个炎热的夏天，我和家人第一次来到师父家。刚走到屋门口，师父珍爱的小猫和小狗就出来迎接我们了。进屋拜见了师娘，这时师父走了进来，由于平时都是从电视、电脑或书籍上看到师父，这次见到真人感觉非常难以置信，就像做梦一样，我紧张得说不出话来。师父亲切地请我们坐下，和我们聊起天来，这时我发现他并不像我想象中那么严肃，而是一个非常和蔼可亲的老爷爷，我渐渐地放松下来。这时师父说："艺臻，唱一段我听听。"之后我就为师父唱了一段我将要

收徒仪式

王艺臻跟梅葆玖先生学戏

参加"学京赛"、由张艳玲老师教授的《太真外传》选段。师父让我足足唱了三段唱腔,他和师娘静静地坐在那里聆听,没有打断我,师父还为我打着板(至今这个珍贵场面的录像我还保留着)。等我唱完他们则是惊讶地望着我,表示没有想到是这样的水平,还以为是亲戚的小孩唱着玩的,并夸奖我音色好听,表演开窍,是一个梅派的好苗子。我很开心!没想到第一次见面师父就给了我那么高的评价。之后师父给了我很多他的资料,让我回去多听多看,继续努力,刻苦练功。从那天起我就经常去师父家,他不厌其烦地为我说唱,为我指点了很多梅派唱腔的韵味和演唱的技巧,还很细腻地为我讲解人物的内心活动,以及如何把动作、表演和唱词有机结合。师父讲得淋漓尽致,每次上课都让我受益匪浅。最终,在中央电视台举办的"学京赛"中,我获得了银奖。

2015年师父选中我来到北京,参加由国家艺术基金会资助的京剧梅派艺术人才培训班。在学习班里,由师父和胡文阁老师亲授了京剧梅派经典剧目《西施》。

在学习班里学习的大多数是优秀的梅派名家,我作为一个学生,不甘落后,每天下课后我一个人练到很晚,值班叔叔多次催促,我才无奈地离开排练场。师父的行动每时每刻鼓励着我,我印象最深的一次是师父给我们做示范动作,蹉步的时候,师父不小心绊倒,大家十分惊恐,急忙去搀扶师父,但他连忙说:"我没事,我没事,大家别担心!你们继续练吧。"让人又感动又心疼。我暗下决心,绝不辜负他老人家的厚望!老师把艺术无私传授给我们,我自己也非常认真努力地学习,我个月的学习让我取得了优异的成绩,学习班一结束,师父就决定收下我做他最小的徒弟,为我举办了隆重的拜师仪式。师父一再嘱咐我:"拜师不是为了带上光环,而是一定要继续努力,传承梅派艺术,继承继承再继承!"师父提笔为我留下了真诚的寄语:"演员应该有的是:职业的道德,艺术的美德,社会的公德。"

还有一些让我终生难忘的事。学习班的演出须要回校汇报,由于这出戏只有北京京剧院梅团常演，我们在天津，而且是在学校，就更难借到这出戏的服装。师父知道以后，亲自协商将《西施》这出戏所有演员的服装和道具都免费借给了我们，让我和学校的领导、老师、同学们都非常感动！2015年10月31日，师父这么大岁数不辞辛苦，跑到天津来验收我演出的《西施》，并且为我把关，当我演到舞翎那场【四击头】亮相时，师父竟站起来带领观众为我鼓掌叫好。散戏后师父上台向大家道辛苦，并给我指出演出不足的地方，并且还和随行的领导说："这孩子在台上哪来的这么好的气质，这个徒弟我没有收错，她真是梅派非常好的接班人！"

　　这一幕幕就好像发生在昨天一样，在敬爱的师父离开我们第二十二天时，我来到北京长安大戏院，像全国人民汇报了师父和胡老师亲授的《西施》一剧。走台时看到台上师父的巨幅大照片，我仿佛看到他老人家朝我微笑，也仿佛听到了他的声音，他又来为我把场了！舞翎那场戏【四击头】亮相的时候，迎来了观众热烈的掌声，我仿佛看到他远远地又为我站起来鼓掌。师父，您放心，我一定会为京剧梅派事业贡献毕生！艺臻想念您！

天津京剧院　王艺臻
2016年5月25日于天津

高山安可仰，徒此揖清芬
——追忆恩师梅葆玖先生

中国戏曲长河中璀璨光华的那颗星，在梨花落雨的时节，在泪水滂沱中，默默地陨灭了。恩师离我们远去了。在漫长的悲哀和怅惘中，我将对恩师的无限追忆和思念寄予字里行间，溶入我对梅葆玖大师的顶礼膜拜！

初与恩师相识是在梅派艺术研修班的学习中。怀着对梅派艺术的无限敬仰，我选修了《西施》这部颇具代表性的梅派剧目，这对我来说无疑是一次重大的挑战。时逢6月，北京京剧院排练厅中异常闷热，心中无限敬仰的艺术大师真切地站在面前，兴奋与忐忑交织在一起，没想到平常只能在屏幕上见到的艺术大师竟具有如此的亲和力，我紧张的心逐渐平复下来。随着时间的推移，我与恩师从慢慢相识到相知，时至今日我都很享受那段过程。

老人家教戏非常认真，精益求精，在课堂上给予我精心的指导。别看平时和蔼随和，说起戏来可"叫真章儿"。他对我们每一名学生的要求特别严格，刻画的每一个人物形象均要从内心出发，由内而外，化于程式动作呈现在舞台上。《西施》的学习便是一次春秋战国历史的重温，一次对人物灵魂的彻底剖析解读。为让我尽快根植到西施这一形象中，恩师将《春秋》《左传》《东周列国志》这样的历史典籍与古典名著赠予我翻阅，让我加速揣摩人物内心。随后反复强调，西施的出场不是谢瑶环，也不是白素贞，千万不

拜师仪式

要为了追求醒目而显出一丝的假定与张扬。西施登场的身份只是一名再普通不过的越国民间女子,她的行为动作是浣纱。而恰恰是这浣纱,不要把它当作是特定的程式动作,而应该是作为一名越国女子最习以为常的动作,这就像我们日常生活中随手开门、关门那样"随意"。但这"随意"可不是随便,要在看似平淡无奇中透出"筋骨"来,这样的尺度不好拿捏。经过恩师的悉心指导,加之反复练习,我对这一人物形象的塑造有了逐步的体会。而到了末场,"这才是天从人愿配才郎",恩师却要求随着人物的心路发展历程和剧情的推进来表现,这里是要凸显"内容"的,就不能等同于西施出场时的处理方式了。西施为国献身于夫差,后许范蠡,虽舍小身而成大义,在名节为重的中国古代却是很难取得世人认同的。这一句唱词看似有情人终成眷属的大团圆结局，行腔却要体现出一种欣喜、羞涩、尴尬、无奈等多重情绪，所以这里的西施应是百感交集的，全剧主题藉此亦得到了升华。

　　恩师常对我说，既然选择了京剧艺术，那就要做当一辈子苦行僧的准备。对于众多弟子和学生，他既严格要求，又很怜爱我们。师父的家里常备下许多点心、小吃、咖啡、茶饮等。2015年8月，我在沈阳梨园剧场做《西施》的首场汇报，师父特意起大早赶到沈阳为我把场。怕晚点延误时间，他坚持不坐飞机，而是选择在火车上颠簸了好几个小时。抵达沈阳后又直接来到剧场，连饭都顾不得吃一口，指导我化妆扮戏。整场演出，他一直在侧幕把场，目不斜视，专注地观察我的每一个眼神和动作。听同事告诉我，最后一场戏，师父竟是站着观看到结束的，生怕疏漏了一丝一毫……

　　演出结束后，师父激动地拉起我的手陪我一起上台谢幕。就在演出现场，举行了正式的拜师仪式，成为梅门的入室弟子。我在这片浩瀚的海洋中

刘畅演出剧照

《西施》演出结束后合影

如饥似渴吮吸着艺术养分，恩师更是倾囊相授，言传身教，还把师爷梅兰芳大师的珍贵资料转赠给我。可以说，近年来，我在艺术上取得的点滴进步，都离不开恩师的悉心教诲与恩泽……思及此，泪千行。恩师音容笑貌犹在身边，但我知道，他老人家真的离我们而去了……

梅派艺术博大精深，恩师终其一生为梅派艺术的传承和发展做出了不可磨灭的贡献。雍容华贵、精湛绝伦的梅派艺术永远矗立于中华民族艺术之林，恩师根脉相承，再续一方不朽的丰碑。您泉下有知，梅门众弟子定乘时代的春风与号角，携手并进，将梅派艺术发扬光大！高山安可仰，徒此揖清芬。师父，徒儿祝您在另一方世界里安好！

沈阳京剧院　刘畅

梅韵永流长
——回忆恩师梅葆玖先生

我的恩师梅葆玖先生,是当今最优秀的梅派传人,不仅继承了梅兰芳大师的艺术,更继承了梅大师的品德。先生艺术精湛,为人谦和,一派君子之风,真正做到了"德艺双馨"。能够在恩师身边受到教诲,是我们青年演员最大的幸福!

我是青岛京剧院一名梅派青衣演员,自幼受外公外婆熏陶,在很小的时候就喜欢上了京剧艺术。6岁的时候就上了天津艺术学校的京剧培训班,1999年考上了天津艺术学校京剧班,2006年毕业后考上了戏曲界最高学府——中国戏曲学院表演系京剧表演专业,2010年毕业后到青岛京剧院工作至今。先后师从梅葆玖、王志怡、张东霞、张晶、马小曼、李维康、王蓉蓉、李近秋等老师。

初次登门拜访恩师是在2015年8月8日。那次见面让我此生难忘,那是我第一次在生活中近距离接触恩师,内心万分激动,也很紧张,生怕恩师不喜欢自己。我也为自己做了充足的准备,带了自己的剧照和演出资料,谈了自己对梅派艺术的理解和拜师的愿望。恩师在对我有所了解后很开心,也很细心地为我指导了在学习、演出中应该注意的问题。恩师说:"我很开心现在还有这么多年轻人喜欢京剧,喜欢梅派艺术,愿意在梅派艺术的道路上坚守。我同意收你为徒,成为第三代梅派传人,也希望你能为梅派艺术出一

王馨仪拜师照

王馨仪剧照

份力，好好继承梅派艺术。"2015年10月11日在北京政协礼堂举行了拜师仪式。这一天是我在学习梅派艺术道路上最重要的一天，也是我正式成为梅门弟子的第一天。恩师在仪式上表达了对我们年轻一代的京剧人的期望，希望我们认真钻研业务，能扎实练好功，踏实唱好戏，老实做好人，传承梅派艺术，更要戒骄戒躁，时刻保持一颗平常心，这样演戏才能正。仪式过后恩师还特意为我题了"梅兰嫡传葆家人，芳韵流长继馨仪"，字里行间我都能感受到恩师对我的期望，对梅派艺术的期望。2016年1月10日，恩师亲赴青岛来观看我的汇报演出（《穆桂英挂帅》捧印一折），随行陪同恩师观看演出的还有中国戏曲学院教授王志怡老师、赵荣琛老师、叶金援老师。王志怡老师也是教授我十年的老师。这是我在拜师后第一次在恩师面前演出，紧张程度好像儿时第一次上台。演出结束后恩师是第一个为我鼓掌的人，随后亲自上台来给我讲解示范演出过程中的问题。恩师的一句"演得不错，继续努力"是给我最大的肯定和鼓励。演出过后向恩师请教不足时，恩师特意送了我一套教学光盘，还说今年下半年希望我能去观摩学习《大唐贵妃》的复排。虽然我跟随恩师的时间不久，但是恩师的教诲时刻不忘，恩师常说的一句话就是"戏比天大"，在恩师来青岛时，他就说："你们都不用特意照顾我，也不用早中晚地陪我，不要因为我来看演出就耽误排戏，所有的事都要演出完了再说，唱戏的就是要抛开一切琐事来保证演出，要心无杂念。"

梅派艺术不仅仅是中国传统文化的领军者，更在世界享誉盛名，举足轻重。梅兰芳大师把京剧推向了世界，梅葆玖恩师为京剧与世界架起了一座完美的桥梁。梅兰芳大师创立的梅派艺术，始终是我学习京剧的最高追求，他的艺术成就不仅是中国戏曲表演艺术的典范，而且在全世界也享有极高的声誉，是世界三大表演体系之一。在戏曲理念方面，梅先生不仅提出了"移步不换形"的核心思想，还向戏曲演员提出了要善于辨别精粗美恶的观点，为我们后辈构建了博大精深的"梅氏戏剧体系"。恩师作为梅兰芳大师之子，不仅传承了梅派艺术，同时也推动了梅派艺术的发展。他坚持推陈出新，多

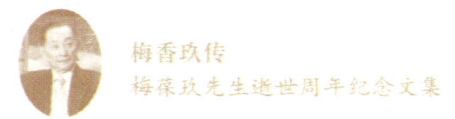

次尝试京剧与西方交响乐的结合，排演了大型交响乐京剧《大唐贵妃》，其中的《梨花颂》一曲，更是恩师的挚爱，每每聊天恩师都会聊到他的心血之作《大唐贵妃》。

恩师在我心里不仅仅是梅派艺术导师，也是我做人的榜样。恩师在舞台上的一举一动，一颦一笑，都是那么唯美，动人，一招一式、举手投足间，一丝不苟，注重每一个细节。而恩师在传承梅派艺术道路上的贡献也是我们这些后辈无法超越的。生活中没有一点架子，就像是自己家的爷爷，那么有趣，那么和蔼可亲，他经常说："咱们是同龄人，要互相学习，我也要向你们年轻人学习，要与时俱进。"每次和恩师聊天都能让人感觉到静心，言语间的深入浅出总是能让我琢磨出无尽的道理。每一次和恩师见面聊天，恩师都会强调我们这一批年轻的梅派人，应该多练基本功，趁年轻多唱一些文、舞、并重的戏，还提到说要复排《木兰从军》。如今这些都成了恩师的遗愿。曾有一次在访谈过程中，主持人问道：拜师以后都从恩师那里学到了什么？对于我而言，无论是舞台成就还是生活中的为人处世，恩师都是我的学习榜样，但是我觉得恩师给予我最多的东西就是力量，是推动力，这种力量是无形的，是无时无刻不跟随着自己的。也让我这位80后京剧人身上多了一份责任，现在的每一场演出，一举一动，都不再是我的个人行为，而是作为梅派人在演出，无论是在舞台上还是在生活中，都时刻提醒着我，督促着我，因为我是梅派人。

恩师走得太快，没有给我们留下一句嘱托，也没有给我们报答恩师的机会。虽然恩师已经离开了我们，但是梅派艺术在，恩师的精神永在。作为一个青年梅派接班人，首要任务就是要继承老艺术家们留下来的优秀剧目，复排传统剧目，只有更好地继承，才能与时俱进求发展。恩师生前广收弟子，也是为了传承发展。作为弟子更要团结，不辜负恩师对我们的期望，对梅派艺术发展的期望。梅韵流长。

青岛京剧院　王馨仪

忆师父

记得初次见到师父是在 2015 年 4 月 28 日，在北京京剧院的梅剧团，那时正是全国青年梅派人才培训班开班学习阶段，知道师父要见我，我便早早就去课堂等师父。在等待梅老师期间我无数次幻想着梅老师这样的一个大艺术家会是什么样子，会有多么高冷，可是万万没想到的是真正见到师父竟然是如此谦逊随和，永远都是笑容挂在脸上。在梨园界也经常会听到的词就是"角脾气"，可是我并不这样认为。师父是角，是"大艺术家"，往往只有大艺术家才是最最谦和的，包括郭兰英郭奶奶也是如此。

见到梅老师我又激动又紧张，不知道该怎么办，就那样傻傻地站着。或许是师父知道我有点紧张，便主动与我握手，我赶忙与师父握手，向师父鞠躬，更没想到的是这么有名气的大家，年龄这么大的长者竟然向我回敬鞠躬，我又连忙再鞠躬并向老师道谢。老师告诉我："在这好好学习。"我连忙作答："好的，老师，"我以为我最多就是个旁听生，而且只是学个两三天就回家了，没想到的是师父让周铁林院长帮我变成正式的学习班学员，就这样我成了全国青年梅派人才学习班的正式学员，很荣幸地跟随梅老师课堂学习梅派剧目《西施》（由胡文阁老师担任助教）。

我去的那天恰好赶上师父给师姐师妹们在说"佾舞"那个舞蹈要怎么舞，

王梓依拜师照

王梓依和梅葆玖先生合影

当年老梅先生是如何做的，如何创编出的这个舞蹈，并且还亲自做示范。那天师父穿的是皮鞋，地毯又发涩，师父差点绊倒，在场所有人都吓了一跳，赶忙询问并且让师父看看学员们走就好，不要亲自示范了。师父连忙安慰我们说："没事，没事，别担心。"直到现在我回想起来还依旧会有点紧张和后怕。

大概是因为我是后去的，本该结束的课程又延迟了一个月，在此期间师父也不断地去课堂，为我们说戏。我记得最清楚的就是师父为我们说"泛舟五湖"这场戏时，说这一出场西施要与范蠡和船女的角度一定保持一条线，无论是竖排还是横排或是斜着的时候，千万不可像橡皮船一样，鼓出来一块。表现在船上时候身体晃动不宜过大，有点就好，因为不是在海面而是在湖面上。师父在教授我们时一招一式都非常耐心，从人物到此时此刻的内心活动和状态。

学习班结束了，我怀着忐忑的心向梅老师请求要拜他老人家为师，师父竟然很爽快地同意了，让我真的是受宠若惊。就这样，在北京京剧院和青岛京剧院还有梅兰芳艺术基金会的见证下，我和我的同事又是师姐王馨仪拜师了。2015年10月11日那天在北京政协礼堂举办拜师仪式，那天的天气格外晴朗，仪式上有两位京剧院的领导和厂家媒体，还有老师的亲朋好友以及我和师姐的家人们。虽然仪式场面不大，但却让我觉得格外神圣，觉得那天后我便是有身份有责任的人了，我不再是一个学习梅派艺术的学员，而是梅家弟子的一分子，有弘扬梅派艺术的责任和义务了。在弟子讲话环节中我向师父表示我一定好好学习梅派，发扬梅派艺术。

1月份青岛的天气很冷，由于是海洋性气候，所以格外阴冷，听范梅强大哥说那时候家里人都担心师父身体，劝师父不要去青岛了，我也在劝师父不要来，况且师父又有哮喘。可是师父对范梅强大哥说，手心手背都是肉，坚持要来。我真的很担心师父的身体，果然，师父因为不适应这里的气候，一下车就喘得厉害，要时不时地往嘴里喷药。就这样，他依旧坚持看了我汇报学习班学的《西施》，看了王馨仪师姐演的《捧印》。师父知道团里没

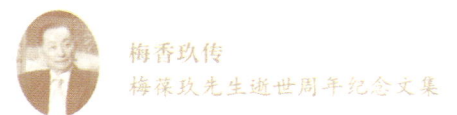

有服装，还特地从梅剧团为我带来了梅大师和师父的服装，并请来了服装和容妆老师来帮助我，让我可以更好地演出。那天的汇报师父还算满意，当然我也有很多的不足需要改进。汇报结束后，师父还拿出了演讲稿很认真地为大家讲话，为我点评不足之处，让我再勤加练习，要在下半年让我面向观众演出并且要再次来青岛看我演出。春节时我去北京给师父师娘拜年，师娘告诉我师父从青岛回到北京就发烧感冒了，输了几天液。我紧张地问师父怎么样了，现在好点没有？师父还安慰我，好了，没什么大碍了。让我至今想起都惭愧无比，真的好后悔师父去青岛。在两会期间给师父打电话，向师父请教梅派艺术的时候，师父还一再嘱咐我好好学习梅派艺术，梅派艺术简洁大方，动作宜少不宜多，唱腔宜简不宜繁。让我多听他的唱片。虽然我学的还不够精到，但是我会向师父说的方向去努力的。

3月份时候师父过生日，因远在青岛不能及时去给师父过生日，便打电话祝寿，在电话里听家里有好多人，好热闹，师父好开心，还说也祝我开开心心，好好学习梅派艺术，说过段时间大家一起聚聚唱唱戏。师父要给我许多学习资料，要复排《大唐贵妃》，恢复传统梅派戏《木兰从军》，要我们师姐妹们一起学习，可是这一切的一切都还没有来得及做师父就离开我们了……

我学戏时间已十年有余，在此期间也跟随过很多德艺双馨的好老师学戏，如向尚庆云、王玉明、孟宪荣、陆义萍、舒昌玉等老师们学习。从各位老师身上我学习到了很多做人方面的道理，尤其是在梅老师身上学习到的更多，如做人要谦和，不要急躁等等。虽然我从戏校毕业没有多久时间，对于梅派艺术还没有做多大的贡献，不过我会努力的，尽我自己绵薄之力，传承和发扬梅派艺术！

青岛京剧院　王梓依
2016年6月19日

怀念我的恩师梅葆玖先生

我的恩师——著名京剧表演艺术家梅葆玖先生于2016年4月25日上午11时病逝。师父竟走得这么匆忙，无情的病魔竟这么快地夺走了这位伟大艺术家的生命。我3月份演出梅派经典剧目《西施》，师父还来亲自为我把场。我还没来得及把洗好的相片送师父乐赏，我还没来得及把制成的演出视频送师父审看，我还没来得及就戏里的几个地方求师父解惑，我还没来得及把演出的热烈反响与师父分享。透过莹莹的泪花，师父教授我爱护我的情景一幕幕浮现在眼前。

2015年5月至9月间，我参加了由国家艺术基金会和梅兰芳艺术基金会支持、北京京剧院主办的"梅派艺术研习班"，荣幸地向师父学习了梅派经典剧目《西施》。师父的教戏反映了您舞台实践的深厚和艺术见解的精深。您给我们深刻讲解《西施》一戏的历史背景、人物特点，给我们详细讲解示范西施这个角色的唱腔、念白和做表。强调要注重对人物的准确把握。第一场上场不要面带笑容，遇范蠡时要举止含蓄，见到吴王要紧张害怕。反复叮嘱，细致入微。师父教戏反映了您传艺授徒的一丝不苟，精益求精。第一次院内彩排，您全程观看了三个小时，用纸笔记下我在演出方面的问题，随后一一给我讲解指正。师父的严格把关使我对《西施》这出戏有了全面正确的

梅葆玖先生为白金说戏

掌握，使我对演出实践充满信心。师父的教戏也反映了您作为大艺术家是那么的平易近人，爱护后生。课间休息，您会拿出从家带来的巧克力、饼干、咖啡让我们品尝。师生欢笑，其乐融融，我感觉真是如沐春风。

师父不仅悉心教给了我《西施》这出戏，而且对我的演出给予了很多的关照。2015年10月，我和胡文阁老师共同演出了《西施》一剧。我演出了前半部分，得到师父的充分肯定。2016年3月13日，我参加北京京剧院举办的"魅力春天"青年京剧演员擂台赛，在李宏图、朱强、陈俊杰、黄柏雪、韩胜存、倪胜春等各位老师的配合下，于长安大戏院演出了《西施》。演出前，师父又一次叮嘱提醒。演出当晚，师父正在全国政协会议上，您请假来到我的演出现场，始终站在上场门为我把场。演出获得圆满成功，观众反响十分热烈。师父高兴地拉着我向帮助我的各位老师致谢，向热情的观众致谢，把鲜花抛向观众。众家媒体在演出后即刻采访了师父。师父给予了

我很多赞许和鼓励："白金有条件，唱、念、做都非常好。嗓音宽亮有力度，声音有一些男旦的感觉，能把梅派的宽度和亮度体现出来，所以我很高兴。这样的人才要多演，多培养，多和观众见面，通过演出不断提高水平。"师父真诚地对我说："我看到什么不足一定给你指正提高。"师父对我这个晚辈如此关爱有加，让我多次感动得落泪，也让我坚定了学习梅派艺术的决心和信心。演出后不久，3月23日，我参加了师父82岁生日聚会。您又送给我他的签名照片和2016年历等，亲切地和我合影留念。

今年的大年初三我和父母随周铁林院长去梅家拜年。我向师父提出了拜您为师的请求。师父欣然答应，并当场送给我您演唱的六出梅派经典剧目的音像资料和珍贵剧照，并嘱咐我："好好学习、继承，多演出，多和观众见面，让观众认可。"

真是世事难料。3月30日晚得知师父突然生病住进医院。我几乎天天为师父祈祷，几乎天天跑去医院探望。有时还会从梦中惊醒。在医院师娘对我说："先生那么喜欢你，总念叨你怎么好，怎么忽然就睡过去了呢？"我和师娘都止不住落泪。有人提议让梅先生听听戏，看看能不能有些反应。紧急情况下唯有舒健老师的手机里有一段我演唱的《坐宫》，拿给梅先生听了后，您的血压竟从80升到110，我们获得了短暂的安慰。当然无情的病魔还是夺走了师父的生命。

我在北京京剧院"魅力春天"中上演《西施》是3月13日。短短四十多天后，师父就和我们永别了。我想对师父说："若说您和我这个稚嫩后学无缘，为什么您在生命的最后时间教授的一出戏让我幸获？为什么您以如此的高龄为我亲临把场？为什么向来轻易不赞许人的您给予我那么多的赞许？为什么您在那么短的时间里给了我那么多的慈爱？若说您和我这个小孩子有缘，为什么您走得那么匆忙？为什么不再多教我几出戏？为什么不给我侍奉您的机会？哪怕是喂一勺汤，端一杯茶？为什么您不再等着看我的进步和发展？"

白金《西施》剧照

我遗憾我有很多来不及做的事，我也懂得我还有很多来得及做的事。我要一生铭记梅葆玖恩师给我的这份深重的师恩，我要用毕生的力量继承和弘扬美好的梅派艺术，我要为伟大的京剧艺术贡献我的全部力量。我相信恩师在天上看到会微笑的。

北京京剧院　白金
2016 年 4 月 25 日泣书

葆玖老师，我想您

葆玖老师走了，走得那么突然。我很长时间都无法相信这个事实。多少次我梦见葆玖老师笑盈盈地站在我的面前，对我说："燕萍啊！你要把梅派艺术在上海传承下去呀！"我刚想回答，一眨眼葆玖老师就已飘然而去，梦中我拼命叫唤，却又发不出声音。醒来冷汗淋漓。

回忆和葆玖老师相逢的点点滴滴，禁不住在心里声声呼唤：葆玖老师，我好想您！

拜师的念头由来已久

我和梅派艺术的结缘源于20世纪90年代末。渊源由来已久。1998年，原本唱小花旦的我开始跟着许美玲老师学唱梅派。在许美玲老师的亲授下，梅派艺术的清纯、华贵、甜美在我心里深深扎下了根。我从心底里崇敬梅大师。许美玲老师曾对我说，梅派是所有京剧流派的基础。这话当时我还不能完全理解，到今天当我在京剧艺术上逐渐成熟时，才深深领悟到许美玲老师这句话的深刻含义。梅派艺术是那么干净，几乎没有任何杂质，表演上看似平淡，却寓意深厚，非常耐看。许美玲老师和我说过，她这辈子最大的遗憾

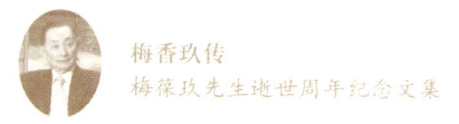

是没有拜梅兰芳先生为师。听了老师的话，我心里萌生了一个大胆的想法。我想：梅兰芳先生我是拜不着了，但是，可不可以拜梅葆玖先生为师呢？

2003年，梅葆玖先生带着胡文阁到上海来，在逸夫舞台演出，我也应邀参加。当时，胡文阁演了《坐宫》和《霸王别姬》片段，我演了《沙家浜》"智斗"一折。2004年，我在岳阳路上海京剧院排练翁思再先生为我团新编的京剧《道观琴缘》时，住在京剧院附近上海教育会堂的梅葆玖先生还特意来看我们排练，对我们的创新非常赞赏。

虽然心里存着拜梅葆玖先生为师的念头，可是，见了老师，却始终没敢开口提拜师之事。

偶然的机缘让梦想成真

2015年12月4日，我到北京参加文化部举办的"国家艺术基金申报培训班"，当时，央视11频道《戏曲采风》栏目的策划兼导演刘连伦老师希望我能顺便在北京补拍一些镜头。去北京之前，刘导在电话里对我说："周团长，你这次来北京一定要到梅兰芳纪念馆拜访秦华生馆长，他是位学者，始终在为弘扬梅派艺术而不懈努力。你是唱梅派的，见了他对你在上海进一步弘扬梅派艺术一定会有帮助的。"于是，我到达北京的第二天就去拜访了秦馆长。交谈中，秦馆长语重心长地对我说："你是学梅派的，现在梅葆玖先生名下有48位学生，你赶紧拜梅葆玖先生为师吧，这样以后就可以名正言顺地在上海传承梅派艺术了。"这让我很是感动，当即表示非常愿意拜梅葆玖先生为师。我想，现在既然北京的专家也希望我拜梅葆玖先生为师，是有道理的。我拜梅葆玖先生，不仅仅是为了我自己，也是为了能在上海把梅派艺术进一步传承下去，把梅派以家国为重的精神在更深层次上发扬光大。回到上海后，我把在北京的情况向许美玲老师做了汇报，许美玲老师听后当即说："这是好事呀，你赶紧拜呀！"从老师的目光里我看出了她的殷殷期望。

周燕萍和梅葆玖先生合影

2015年12月30日，我再次来到北京。在上海京剧院著名老生演员、我团的艺术顾问李军先生的帮助下，我在元月2日走进了梅葆玖先生的家。梅先生已在那里等我，在座的还有北京京剧院著名武生叶金援先生。梅葆玖先生说他自己出生在上海，对上海怀有深厚的感情。当我向葆玖先生汇报了我在上海徐汇区区政府、徐汇区区委宣传部、徐汇区文化局的支持下到徐汇区高安路小学、徐汇区日晖小学等学校教小学生唱京剧的事，葆玖先生非常高兴。他说传承京剧必须从娃娃做起，并鼓励我继续做好这个工作。梅兰芳先生创新改革了传统的京剧，并让它走向了世界。我想我拜梅葆玖先生为师，不是单纯的拜师，而是要把梅派艺术在上海发扬光大，要把梅兰芳先生的精神传承下去，在弘扬梅派艺术的同时，让孩子们学习梅兰芳先生的爱国主义精神。于是，在梅先生家我们一起商量了在上海拜师并成立梅派传习所的事情。

回到上海后，我第一时间给有关部门打了报告，报告中详细汇报了在北京拜访梅葆玖先生以及想拜梅葆玖先生为师并成立梅派传习所的事。报告送达后很快得到上海市市委宣传部、上海市文联、上海市文广局等部门领导的肯定和赞同。

创建梅派传习所和梅派大舞台告慰恩师

梅葆玖老师得悉这一消息后非常高兴，他本来4月中旬是要到上海来的，没想到梅3月31日因突发支气管痉挛，导致脑缺氧送医院抢救。4月4日凌晨，我接到叶金援先生从北京发来的短信，他希望我能到北京去一次。当天我就买了飞机票赶往北京协和医院三楼，见到了梅夫人，她对我说："燕萍，葆玖先生已经答应收你为徒了。我们原定4月9日我先到上海来，葆玖先生15号来上海，把收你为徒的仪式办了。现在葆玖老师累了，在睡觉，让他休息，我们还照常唱我们的京剧。"她又拉着我的手对叶金援老师说：

"上海的燕萍、北京京剧院的青年演员白金等,共4位,葆玖先生答应收为徒弟的。她们已经是梅葆玖的正式徒弟了。至于仪式什么时候办并不重要。"当时,我感动得眼泪都快流下来了。

可是,葆玖老师没有能醒来。4月25日,传来梅葆玖先生逝世的噩耗,他老人家就此永远离开了我们,离开了热爱梅派艺术的弟子们。我感觉天旋地转,实在无法接受这一残酷的事实。

梅葆玖老师走了,但是国粹京剧以及梅派艺术是永恒的、不朽的。这些年,梅葆玖老师在全国人代会上一直呼吁"传统文化从娃娃抓起","京剧走进校园"。可以告慰九泉之下的葆玖老师的是,早在三年前,我就有幸来到"高安路小学"和"日晖小学"教孩子们唱京剧,现在我们京剧兴趣班已名声在外,我们京剧班的孩子们,经常出现在上海电视台"七彩戏曲"频道"百姓戏台"栏目上,出现在上海的各大文艺舞台上。今年9月又逢由上海文广局、上海教育委员会主办的两年一度的儿童剧展演,上海演出行业协会让我团演出两台儿童剧,一台是传统的,一台是现代的。今年梅先生在两会上的提案,再次呼吁加强青少年的传统文化教育。他强调要"让孩子们多学一点传统,多知道一点传统"。葆玖老师还说,看到京剧在北京等一些地方走进中小学课堂,他很支持。我在高安路小学、日晖小学教孩子们唱京剧已经好几年了,我会把这个工作坚持下去,这也是我想在上海成立梅派传习所的宗旨之一。

原本准备在今年4月中旬成立梅派传习所,由于梅葆玖老师的突然逝世,梅派传习所的成立仪式决定改在今年的9月21日。京剧是国粹,在世界人民的心中梅兰芳就代表京剧,所以成立梅派传习所,是一件具有世界意义的大事。作为梅派弟子我有责任把恩师的遗愿、把梅派艺术传承下去。但是作为民营京剧团,由于受到多方面的限制,有许多地方确实是心有余而力不足,比如资金和接待、排练、演出场地等。

葆玖老师,我想您!假如您健在的话,一定会全力支持并指导我。因

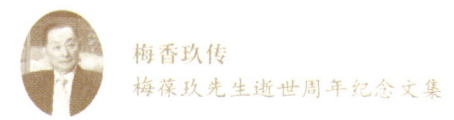

为在您的出生地上海建立一个梅派传习所并有一个专演梅派戏的大舞台不正是您所希冀的吗？现在梅派传习所于今年9月21日成立，梅派大舞台也已经在上海国顺东路800号艺术园区诞生，并于今年9月22日揭幕，我想葆玖老师的在天之灵看到这一切一定会感到欣慰的。

上海京剧院　周燕萍

拜师梅门偿夙愿,传承梅派志向前

去年年底,著名京剧表演艺术家梅葆玖先生收我为徒,实现了我痴情梅派拜师梅门的夙愿。

先生遽然辞世,永离我们而去!我被这个残酷的消息击蒙了,这让我完全无法接受!这怎么可能?这怎么可能呢?!面对先生的遗容,我心痛不已,呜咽落泪。忆起师傅的教诲,我心潮澎湃跌宕起伏。

从我幼年懵懂之时,妙不可言、美不胜收的梅派艺术就在心中留下一颗种子。考入天津戏曲学校后,这颗种子开始萌芽,我坚定地选择学习梅派艺术,师从多位梅派老师,对梅派艺术进行了系统的学习。那时,先生就是一座能远眺却不能亲近的高峰。先生的演出录像,不知看过多少次,每一个身段、每一个唱腔,我都用心体悟。先生的演出我都力争观摩,看戏时全神贯注,散戏时怅然若失。先生的采访报道,我都会找到,细细阅读,再剪贴留存。

随着对梅派艺术的深入学习和演出实践,我真切感到自身的不足,对拜师有着迫切的愿望。恰逢参加台湾新剧团的演出,李宝春老师得知我的想法,欣然同意把我引荐给先生。第一次近距离面对先生,他的身上好像罩有光环似的,很神圣。先生自身良好的艺术修养和高贵的精神气质,以及

李珊珊与梅葆玖先生合影

李珊珊演出剧照

李珊珊演出剧照

内在的豪爽与淡泊、稳健与儒雅，通过音容笑貌不经意地表露出来，他温和亲切的谈吐让我感到面前这位长者的慈祥、温润与谦和。先生的思维清晰、动作利落，他轻声问起我的学艺经历，我从最初的紧张中渐渐平静下来，一一作答。先生颔首微笑，听完我的讲述，先生说很好。宝春老师说了我想拜师的意愿。先生点点头说："你给我鞠个躬吧！"我迂忙深鞠一躬。先生认真地说："从现在开始，你就是我的徒弟了，拜师仪式就免了吧。"先生尽管轻声细语，对我确如天大的喜讯，泪水难抑。先生笑着说："拜师是形式，是新一轮劳动的开始，传承好梅派艺术才是根本。你们青年演员责任很重，你不仅要学习梅派艺术，还要学习梅兰芳的人品、修养、文化素质。对传统

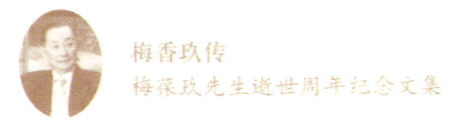

要敬畏。继承和发展是辩证的统一,首先是继承,扎扎实实、一招一式、一字一腔地继承,学梅派尤其如此。希望你在今后的学习过程中要自强不息、虚心谨慎,以梅兰芳大师的艺术品格作为终身追求,在忠实继承传统的基础上求发展,在发展的道路上进一步传承。"听着先生的话,我陡然感到强烈的责任感和使命感。

有学者指出,梅派艺术不仅具有"凝重、细腻、雍容、典雅"的艺术风格,更以其"匀称、圆熟、蕴藉、流畅"等独有的美学特征,实现了中国戏曲美学理念的完善与完成。梅派艺术不仅有其丰富的代表性剧目,更是在坚持"移步而不换形"的前提下锐意改革、勇于创新的典范。我觉得这些在先生的表演艺术中都体现得淋漓尽致,也是我们这些徒弟要继承发扬的。

拜师梅门是我的幸运,未能跟先生更多学习他的表演技艺、艺术思想、艺德艺品是我最大的遗憾。好在先生生前呕心沥血课徒传艺,我的师哥师姐成名成家者众多,我将虚心请教,刻苦实践,并一定恪守先生的谆谆教导,为继承发扬梅派艺术、推动京剧传承而不懈努力。

天津京剧院　李珊珊

梅骨兰心，永葆芳华

我与师父结缘是在 1992 年由范石人老师介绍的，当时师父收到我《坐宫》的照片后给我回信的称呼还是"李健小姐"，把我当女生了，后来他来上海演出见面后才解释清楚这个误会。从那以后他一直寄各种资料给我，并亲自写信鼓励我学习梅派艺术。我也不断把学习结果向他汇报。1994 年纪念梅兰芳先生百年诞辰，师父来沪演出《大登殿》，范石人先生和我们提出拜师的事，我一点儿没有思想准备，觉得一名在读、学医的学生拜梅先生有点不现实，师父说那就拍张照片吧，于是我和师父合了一张影。1996 年我在北京参加央视国际京剧大赛，以《天女散花》取得金龙奖第一名。师父看了颁奖晚会，非常满意我的表现，认为"唱和表演都非常好"，表示"拜师只是个形式，重要的是学到玩意"。我真正意义上的拜师是在 2000 年 11 月 26 日，我已经取得了一些舞台经验和成绩，同时在我本职的医疗岗位上也兢兢业业。在范老师、吴迎老师的介绍下，在师父住的金门酒店，我真诚地向师父行磕头礼，师父算是收下我了。师父对我提出了两个要求：一是艺术要规范，不然磕六个头都没用。二是医务工作是我的本职工作，一定要对病人负责，履行救死扶伤的天使职责。师父的教诲我铭记至今。自我拜师至今已有十五六年了，作为当时上海唯一的入室弟子，师父在上海所有的演出活

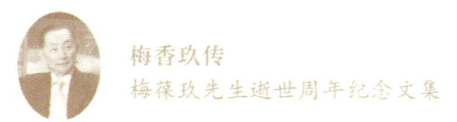

动都由我作为跟班徒弟随侍左右。以下将看到的、学到的，跟大家分享一下。

师父对艺术的要求绝对是规范、严谨，对观众是尊重、负责的。每次化妆后他都会自己用插针把片子中间空隙一点点填满。师父上台前要吃苹果，就由我负责给他拿着，或者切成小块给他。他饮着果汁不断地喊嗓子，声音甜得就像笛子里吹出来的一样。他精通调音，每次的排练他都会要求调音师把声音调到最完美。他对音响的研究颇有造诣，他告诫我：高质量的音响对演唱者很重要；作为声乐工作者，哪怕是爱好者，要懂得调音，要以最完美的音质回报观众。2004年，纪念梅兰芳先生诞辰110周年，师父带梅团来沪演出《梅韵》。他让我在第一排看戏，老人家主演《贵妃醉酒》。在开唱的刹那，师父把扇子换了一面，把大朵牡丹花亮给观众，这表明一位真正的艺术家是要把艺术最美的那面展现给观众。

师父和我开玩笑，说咱们是"唱戏的"，不是"念戏的"，更不是"打戏的"。"唱功"是"唱、念、做、打"四功中的首位，除了好的声音之外，"昆曲要唱出曲情，皮黄要唱出味儿"，至于如何才能有"味儿"？首先，字音要正。师父由王幼卿先生开蒙，后又随师爷爷舞台实践多年，对京剧四声非常讲究，"阴平高唱、阳平低唱、上声下滑、去声上挑"只是基本原理，更要紧的是"四声活用，但不离规范"。例如《坐宫》中"听他言"唱"3 1 1"，"听"字"阴平声低唱"必须唱得轻盈，字音才不会倒；"秦楼楚馆"的"楼"字，"阳平声高唱"，些许的重浊处理，既醒脾又正字音；《武家坡》里"军爷休要发狂言"的"发狂言"唱成"3 $\widehat{35}$ 6"而"发"字不倒，是因为"发"是入声字，入声是不会有倒字的。拜师宴那天，师父和范石人老师聊"余叔岩先生十八张半"里《断臂说书》中的白口，聊得那么起劲，三个上声字连起来怎么念，甚至"反将李广斩首法场"七个上声字连起来怎么念，道其然还要知其所以然，当时我在一旁听得一头雾水，只是死死记住。现在想想，师父他老人家的音韵学功底实实在在地磁实！

其次，演唱的技巧，师父总是告诫我不要死学，纵然是"原板翻着唱"、

2009年演出《贵妃醉酒》后李健与梅葆玖先生合影

梅葆玖先生为李健整理头饰

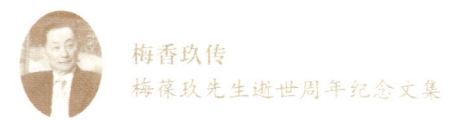

"快板耍着唱",但是在吃力的时候,身体不舒服的时候,都要有灵活的应对措施,巧用"气口"。师父说"咱们梅派是站着唱的",开始我不明白,"谁也没趴着唱啊?"后来渐渐地体会到,老人家指的就是"劲头"(时髦的说法就是力度)。师父常常提醒我"多听、多看我父亲的资料"。师娘则在一旁打趣道"你就别谦虚啦",真正的艺术大家是何等的虚怀若谷。

最重要的,是梅派的落音。起初,我错误地认为梅派的落音向下耷拉,就像梅派了,师父则笑我,唱出来像他的小录音机没电时的效果。诚然,梅派偶用耷拉音,会增加人物音乐形象的丰富性,比如《太真外传》"反四平调"中"温泉水清如镜活泼精神"的"神"字,两个"2"都用耷拉音,但是,梅派的落音要么不用,要用也要像"扯绸子一样向上抛出"(姜凤山先生语),就这一点,就够我终生琢磨了。

师父的教学同样是严谨的,他给其他学生上课,无论是大课,还是个别讲课,都让我旁听。除了一招一式,重要的是让我领会梅派艺术的中正平和和横平竖直。用他的话说,怎么教专业学生,怎么教我,甚至还要严格一些,因为我的基础比师姐、师兄,甚至师妹们要差。在师父的严格要求下,我也养成了规范严谨的学习习惯。

2011年"纪念京剧艺术大师梅兰芳赴美八十周年",我受美国博兰艺术中心邀请,只身赴美,演出梅派名剧《贵妃醉酒》。8月中旬,趁师父来上海休养,我和老人家提出想请师父再把第二场《贵妃醉酒》给我好好说说,师父欣然应允。说戏的日子定在8月18号,地点就在上海京剧院中间的小排练厅。那天上海京剧院二团在隔壁响排《杨门女将》,可师父很静,很细致。我的学习过程仍然照旧,由我先连念锣鼓带做身段,给师父演一遍。再由师父连示范带讲解给我说二遍,遇到我不太明白的地方,他在掰开了揉碎了给我细讲。老人家很会说戏,我早已习惯了他的启发式的教学方法。二场醉酒所有的身段都有准谱和明确的潜台词。然后我勒上凤冠再给他演一遍,遇到不对的地方,师父随时叫停,再做示范。第三遍,他再把我重点要注意

的地方给我示范一遍。老人家毕竟七十八岁高龄，又是大伏天，可他说起戏来仍旧一丝不苟，卧鱼的角度，脚抬的高低，眼睛看几盆花，手伸出去的角度，收回来离鼻子的距离，起范时哪个脚在前，用腰的节奏，下腰的高低和角度，直到下场的醉步、推磨时的位置……都有讲究。更别提哪个音符走哪步，翻哪个袖子怎么翻，全是有规矩的。路子对了还得有范儿，每个动作的潜台词都是固定的……我事先已做足功课，仍有茅塞顿开的感觉。我贪婪地学着，就像块海绵，拼命地吸取梅派艺术的精华……最后师父再三嘱咐我"贵、美、醉"是把握杨玉环这个人物的要领，"横平竖直"是所有身段的总纲，"中正平和"是梅派艺术的文化内核，"没有特点"是梅派艺术最大的特点。而"舞台安全"是体现上述一切思想的底线。

作为梅派艺术的掌门人，师父在继承家学的同时，还在为国粹的发扬发展鞠躬尽瘁。既要"移步不换形"，更要"走向青年、走向世界"，真正地"与时俱进"，这需要何其深厚的艺术功力和海纳百川的博大胸怀啊！在网络上偶尔读到一段文字，我复制粘贴了一下："我在上海两次遇见过梅葆玖先生，都是在古典乐的音乐会上，一次是朗朗的钢琴独奏音乐会，一次是慕尼黑乐团交响音乐会。老梅派创立了中国自己的，也是唯一的艺术体系，其实在某些方面，梅派艺术和众多西洋艺术是相通的。比如几乎所有的艺术体系都很强调程式化和规范化……"这是上海的一位青年作家眼中的梅先生，很高兴他对京剧能有这样高度的认识。的确，在闲暇的时候，我曾陪师父去看俄罗斯皇家芭蕾舞团的《天鹅湖》，去听发烧音响，起初，我觉得老人家是在休闲，但当他主创的《大唐贵妃》的视听效果引起了当代青年观众强烈共鸣，《梨花颂》在全国广为传唱的时候，我明白了他不仅是在休闲。他的业余爱好，也是对京剧观众的高度负责。

我跟师父学习，是件快乐的事。因为他因材施教，我们师徒的教学过程是一个快乐的互动过程，终生难忘。作为梅派艺术爱好者，我获益最大的，除了学习梅派艺术本身外，更重要的是学习他那种乐观向上豁达的生活态度。他说他不爱着急，即使是遇到了困难，他也教育我们不要着急，再急再上火困难还是解决不了，只有乐观地直面困难，才可能更好的解决困难。这种人生态度，让我受益终生，这与梅派艺术中正平和的艺术精髓是吻合的。

师父从1991年收下台湾国光京剧团团长魏海敏师姐至今，培养了50余位弟子及学生，其中大部分都是全国各院团的艺术骨干，可谓桃李满园。他在努力地传承梅派艺术，培养第三代、第四代梅派继承者，把中华文化、京剧艺术、梅派精髓，传承、发扬下去。

他同时很重视对青年京剧观众的培养，我本人就是个例子。从2007年起，他就非常关注我们同济大学上海市大学生戏曲实践基地的发展，抽时间看我们的演出，给我把场。2016年3月，直到他生病的前一天，还在北京第二外国语学院给大学生们讲学。"京剧走向青年"是上海京剧院的一个品牌活动，去年是这个活动20周年。2015年底，师父从北京赶来参加这个纪念活动，给我复排演出的头、二本《虹霓关》把场。整场演出，老人家一直坐在上场门的椅子上，聚精会神地观看我的演出，看到精彩处，甚至站起来鼓掌。这个浓缩版本，中间有两次赶场，师父亲自动手，监督我的容妆，演出后还即兴做了现场点评。他深知培养青年观众对艺术的重要性。

今年初一，我给他拜年，和他聊天，他跟我说了他的希望，他希望把近于失传的京剧传统剧目一个个恢复起来，就像恢复《虹霓关》那样，他希望我把《木兰从军》《天女散花》恢复演出，我将尽力完成师父布置的任务。

师父的更大的愿望就是重排《大唐贵妃》，拍成电影。师父生病时，梅门弟子纷纷去协和医院看他。我在病床边告诉师父，请他放心，相信我的师姐师兄们一定会完成老人的愿望，让《梨花颂》处处开花，让梅派艺术发扬光大。

同济大学　李健

2016年7月6日于上海

愧蒙青眼得亲炙,依稀梦中拜天颜
——忆与梅师二三事

投身京剧事业至今,最让我庆幸和感激的事,莫过于能受教于多位在业内颇有建树的老师。正是因为有了这些老师们无私的教导,才能让我的艺术逐渐走向成熟。2016年4月25日,著名京剧表演艺术家梅葆玖老师的逝世,是京剧界乃至中华文化的巨大损失。悲痛之余,我回忆起向梅老师求教的点点滴滴,心情久久无法平静。

与梅老师的缘分开始于2006年,因名票钱江先生引荐,我才有幸认识了梅葆玖老师与姜凤山先生,并向两位老师学习了梅派名剧《洛神》。但是由于梅老师社会活动很多,多亏了梅葆玥先生之子范梅强大哥的帮忙,替我提前预约梅老师的时间,并带我到梅老师家里去向他学习。初到梅家,感动于老师能抽出休息时间来给我指点的同时,更多的是紧张和激动。在上课的时候梅老师非常认真地从每个字每个唱腔上逐字逐句的为我纠正,还给我讲了梅兰芳大师、齐如山先生等创作《洛神》的过程,以及他学习这出戏时发生的一些趣事。通过这些,让我觉得老师不仅仅是在给我讲一个个的故事,而是通过这些故事在教给我做人和学戏的道理,引导我如何去理解梅派,如何去感悟梅派。也让我感受到老师舞台上下做人的风范。

直到2007年,我终于在天津中国大戏院演出了全部的《洛神》,钱江

演出结束后王艳与梅葆玖先生合影

王艳跟梅葆玖先生学习《西施》

先生亲自操办演出并且饰演曹植，乐队全部采用梅老师的原班乐队，并且由姜凤山先生亲自操琴，甚至连道具、服装，都是当年梅大师用过的，这让我无比兴奋的同时也格外紧张，甚至可以说诚惶诚恐。因为是首演，梅老师亲在侧幕把场。每场间歇老师都会提醒我注意他强调过的动作要领，甚至细致到拂尘拿到什么高度才能躲避头面并保持动作的合理和优美。整场演出近一个半小时，然而已古稀之年的梅老师一直坚持站在侧幕看完，让我也仿佛吃了颗定心丸，那种在舞台上有老师保护的安全感和幸福感是无法比拟的。以至于今日回想起当时的情景，依然历历在目。

通过《洛神》的学习和演出，让我对梅派有了更深刻的认识。梅派的表演风格中正平和，可能没有更多华丽的花腔，但却是要把最平凡的东西演绎得最不平凡，所以掌握好梅派艺术并不是一朝一夕的事。梅老师在细心给我传授的同时也教导我，学习梅派要慢慢来，要一出戏一出戏地学，通过不断的学习和实践才能更深刻地感悟梅派。

去年我再一次有幸加入梅派研习班学习《西施》一剧，这出戏无论是在气质上还是表演上都对演员有更高层面的要求，因此我更加珍惜这个机会。尽管已经八十一岁的高龄，梅老师依然亲自来排练场为我们示范。当时上课的时间正是盛夏，天气很热，梅老师却依旧一身西装，一如他一贯给人的印象——永远穿着得体，笑容满面，和蔼可亲。梅老师无论是会见朋友还是给学生说戏都要穿西装，永远以最好的形象示人，以认真的姿态对待艺术。梅老师对待艺术很严肃认真，但言谈举止却很是幽默诙谐，所以跟梅老师上课很轻松。老师也会为我们讲述一些当时他自己学戏的经历，讲一些小故事调节大家的情绪，也是为了通过这些故事，让大家对梅派艺术有更多的感悟。

去年我在天津首次演出了全部《西施》。时值隆冬，天气很冷，梅老师患了重感冒，但老师很惦记我的演出。演出之前跟老师通了电话，老师还说以后天气暖和了一定要看一次我演这出戏。甚至在电话里就非常详细地把每一场唱念以至乐队、灯光、舞美要注意的地方都叮嘱了一遍。老师还希望这

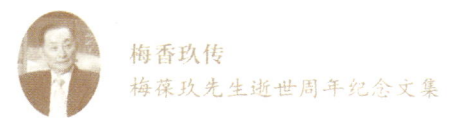

出戏能成为我的保留剧目,让我一定要反复地演出,这样才能真正地理解和感悟。

终于,今年5月16日梅派艺术研习班要在长安大戏院汇报演出《西施》;终于,天气转暖;但梅老师却不能来了。

虽然没能现场给梅老师汇报演出成了我永远的遗憾,但我会竭尽所能把老师教授给我的东西传承下去。我想,只要我坚持演出,无论在哪儿,老师都会看得到的。对于我来说,舞台侧幕边上永远有老师的身影,他永远一身西装,永远笑容满面。

天津京剧院　王艳

此生惟愿依梅边

忘不了1983年的金秋10月,在全国首届梅兰芳艺术训练班(简称"梅训班"),我们来自全国不同城市的16名旦角从此随葆玖老师皈依了梅门,十六姐妹亦幸运成为"梅训班"的符号。我们有如此幸运和造化,竟能与您朝夕相处。您一字一腔,一招一式,倾囊相授,细腻入微地给我们说戏,每每汗透衣衫。我们也百般珍惜那黄金时光,刻苦习练,晚来姐妹们一起默戏到更深,仔细揣摩反复练习,生怕漏掉一点细微的地方。忘不了1984年元旦上海星期戏曲广播会,您亲率梅训班16位同学分别演唱了梅派经典唱段。忘不了您演出《贵妃醉酒》我们16姐妹主动请缨为您扮宫女,演出那天您请我们吃饭并每人发一块巧克力作为犒劳奖赏。当16名宫女一字形伴杨玉环左右迈着醉态而又划一的台步,配合您那婉转华丽的声腔,台下不禁响起热烈的掌声,我们的幸福感沁入心田。毕业的汇报演出分四场进行,您每场不落,认真观看,对每位同学进行点评,给予鼓励,提出要求。上海戏剧报《梅花点点香不断——记梅派艺术训练班》评论称赞"梅训班十六官",美好的赞誉都是对您辛勤培育的回报。毕业典礼上您亲自为同学们颁发证书,您要求我们回去努力学习,继承发扬梅派艺术,让梅派艺术在各地生根开花。

梅训班之后的33年里,您对我们关爱如初。永远忘不了毕业的第一个

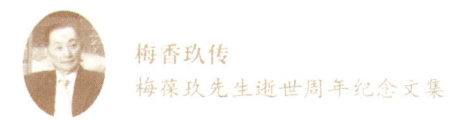

元旦前夕，收到您寄来的贺卡，让学生受宠若惊。学生本想在春节前给老师写信拜年，结果您却占了先。从此学生记住每逢元旦前给您拜年，您也年年见信必回，并赠予梅兰芳大师和您的录影资料。忘不了1988年受邀观摩海内外梅派会演，您与受邀的每位同学拍师生照。学生的照片出了问题，为此遗憾不已，没想到在当晚演出结束后，您主动拉我到舞台上，从乐队搬来椅子，补拍了珍贵的师生照。1994年学生以您亲授的《穆桂英挂帅》"捧印"片段参加山东省青年演员大奖赛，去信向您提出想再学习加工的愿望。您怕寄信太慢，直接给学生电报："你可来京学习，我电话……梅"。可学生却因演出得不到准假而未能如愿，您便以录音给学生细说加工。随着京剧市场不景气，很多地方院团或撤销解散或转型，梅训班同学们有的改行，您信中鼓励学生"不管客观如何，自己只要不断努力学习，掌握真实本领，最终还是会立于不败之地。需要什么学习资料会全力供应给你，永远支持你努力学习。"1999年学生与马少童、李麟童二位先生参加第二届京剧艺术节演出，我和爱人到家拜见您后，在湖广会馆参加"中国京剧网络开通典礼"演出，没想到您百忙之中会莅临，倍觉紧张而幸福。2000年您首次率北京京剧院到威海，对我们改为艺术团综合形式演出，您鼓励学生可利用新的伴奏形式演唱京剧唱段，便于观众接受。记得2002年学生要去韩国演出《贵妃醉酒》《天女散花》，没有服装，您亲自联系了为梅剧团做服装的师傅，并说梅剧团如不用也可借用。不仅如此，2007年在学生赴法国演出前夕，您在信中要学生注意身体，休息好，饮食好，保证演出胜利成功。正是有您几十年对学生的关心呵护，不断地创造提供学习机会，提供珍贵资料，勉励学生争取多演出多实践，坚定了学生力排干扰，坚守梅派艺术的信念。2013年在我的几位业余学员要求下，到梅兰芳大剧院观看您的演出。她们期待与您合影，等您接受完采访已近午夜，虽然已显疲惫，可您还是热情地与她们在梅兰芳大师像前合影，并分别签名留念。看着您消瘦的面容，学生内心很是痛楚。临别您还叮嘱有事就给您打电话。学生何尝不想与您通话，可想到老师您担

张传秀与梅葆玖先生合影（1988年5月14日摄于上海人民大舞台）

张传秀在上海梅派训练班毕业演出《凤还巢》

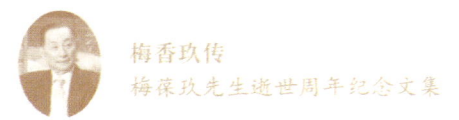

负着弘扬京剧、传承梅派艺术的重任，长年累月马不停蹄，耄耋之年还亲力亲为容妆登台演出，不遗余力地辗转奔波于国内外，那么忙碌，那么劳累，如何忍心再打扰您？

2015年12月初，当您得知学生在京剧电影《咱村的女消防官》担任京剧导演时，非常支持并寄予希望，您专门让吴迎老师转达："昨晚梅老师电话中谈到京剧现代戏，其中谈到他父亲梅兰芳先生当年三个现代戏《宦海潮》《一缕麻》《邓霞姑》……你可以和电影导演协商在这部戏的基础上，研究一下梅派现代戏的复活，希望你能走出一条路来。"为此我们在努力着，本想争取以佳片向您汇报，可您却因操劳过度而长眠不起，永远地离开了我们。

33年来期待着每一个新年的到来，就像是与葆玖老师的契约，可今年老师您开始爽约了……这些天脑海里浮现的全是当年梅训班我们与葆玖老师朝夕相处的情景……学生启封了珍藏的与葆玖老师的往来书简，面对老师先用纸认真仔细叠包后用胶水粘好，再套上信封的贺卡剧照，您一封封书信字里行间对学生的勉励、嘱托、厚望，连续33年不间断地无偿地毫无保留地为学生提供学习资料，满足学生关于艺术方面的各类要求……您以博爱的胸怀接纳了一个并不争气的愚生，每每想起这些，便愧疚、自责、遗憾，泪水不止……梅训班时我所在的威海市原属于县级市，一个地处边远小城、艺不惊人的学生，何德何能，值得老师您如此恩惠？！这些天看了很多纪念老师的音像和文章，心灵得到洗礼和启迪。作为您的学生，梅训班一员，我会在李国粹老师和王玲大师姐的带领下，虚心向前辈老师同学们请教，谨遵梅训，以梅之艺、兰之品为座右铭，为崇尚钟爱的梅派艺术竭尽绵薄之力，继续践行梅派艺术的传播和普及，愿梅门薪火代代相传。

山东威海市剧协　张传秀

2016年5月20日

附录：梅葆玖先生大事记

1934年3月29日，出生于上海马斯南路（今思南路）87号。

1940年，入法国人创始、天主教会办的上海潘石小学就读。

1944年3月29日，10岁生日初次登台演出《三娘教子》，饰薛倚哥。

1944年9月起，师从王幼卿习青衣，开蒙戏为《玉堂春》。同时从陶玉芝习武旦，从朱传茗习昆曲，从朱琴心习花旦，由徐元珊陪练、教授武功。

1947年，入天主教会办的上海震旦大学附中（后更名"向明中学"）就读。一边上学，一边学艺。

1947年，与梅葆玥、裘盛戎参加教会募捐演出《二进宫》，饰李艳妃，引起社会注目。

1950年6月3日，为工人募捐义演，与父合演全本《虹霓关》，头本梅葆玖饰东方氏，二本梅兰芳饰丫鬟，轰动上海。

1950年12月，为提高昆曲表演，与父合演《游园惊梦》八次，饰春香。

1950年12月31日，在中南海怀仁堂为毛主席等中央首长演出，与父合演《雷峰塔·水斗、断桥》，饰小青。

1951年1月1日，在中南海怀仁堂为毛主席等中央首长演出《玉堂春》，饰苏三。

1951年4月21日起，正式加入梅兰芳剧团。首演在武汉，与父同台演出，与王琴生合演《武家坡》，饰王宝钏。此后随团在大江南北演出，平均每年110至120场。

1951年8月初，为榛苓小学（为戏曲界同行子女而办）募资义演《玉堂春》，饰苏三，演《生死恨》，饰韩玉娘。

1953年10月4日，参加中国人民抗美援朝总会组织的赴朝慰问团，多次演出《天女散花》，饰天女；与马连良合演《三娘教子》，饰王春娥；并主动请求在程砚秋的《三击掌》中饰丫鬟。

1955年6月，参加《梅兰芳的舞台艺术》电影拍摄，与父合演《断桥》，饰小青。

1956年3月8日，随父母首次返故乡江苏泰州祭祖，代表父亲发言，向家乡父老乡亲致意并演出《玉堂春》，饰苏三。

1956年5月26日，参加中国京剧代表团访日演出，多次演出《天女散花》，饰天女。

1956年12月7日，随父访问毛主席故乡湖南，在湖南剧院演出《游园惊梦》，饰春香。

1959年5月26日，参加梅兰芳剧团《穆桂英挂帅》创排，与父合演，饰杨文广。

1961年8月8日，梅兰芳逝世，接过梅兰芳剧团大旗。

1962年8月9日，在梅兰芳逝世一周年纪念演出中，与谭富英合演《大登殿》，饰王宝钏，此为谭富英最后一次演出。

1962年，与林丽源登记结婚。

1962年11月2日，梅兰芳剧团和北京青年京剧团赴沪联合公演，与赵荣琛分别展示梅、程两派传承，上海中国大戏院连续满座一月。

1963年至1964年，每年平均240场以上，逢年过节甚至一天连演三场。期间创排《三女抢板》《倩女离魂》等三出新戏。曾在苏州演出改编为夫妻划清界限的新《四郎探母》。

1965年至1978年，失去演出机会，在剧团做了多年的舞台音响操作工作及舞美工作。

1978年9月，"文革"结束后重新演出传统戏，与赵荣琛、李翔、孙毓敏联袂演出梅程荀尚流派专场，与李万春合演《霸王别姬》，饰虞姬。

1981年8月24日，参加纪念梅兰芳逝世20周年演出。

1982年，率领北京京剧院，与上海京剧院联合组团赴香港演出，与童芷苓轮流唱大轴，在香港新光戏院连演半个月。此为"文革"结束后京剧首次赴香港演出。

1983年12月22日，应上海剧协邀请，策划、组织为期3个月的梅派艺术培训班及结业考试、汇报演出，并参与教学。

1984年3月30日—5月18日，受日中艺协林德一会长的邀请，与梅葆玥、李元春、李韵秋、赵慧英，在日本东京、名古屋、大阪、京都、奈良、神户、福冈、广岛、横滨、北九州市、静冈、丰田、松江、秋田、八户、盛冈、仙台、札幌、长野、高崎等35个城市巡演。此为"文革"后首次率团出访日本，全部行程共51天。

1984年10月27日，参加为期4天的梅兰芳诞辰90周年纪念演出，从此梅兰芳诞辰逢十必庆演成为定例。

1985年1月9日，参加喜（富）连成科班创立80周年纪念演出。

1987年4月11日，在天津中国大戏院参加为期11天的天津梅派艺术展览演出。

1987年9月，与梅葆玥赴日本东京，在新桥演舞场辅导歌舞伎演员坂东玉三郎和片冈孝夫排演歌舞伎《玄宗与杨贵妃》，并出席首演式。

1988年5月6日，在上海人民大舞台参加为期9天的上海首届海内外梅兰芳艺术大会演。

1989年，获美国纽约林肯美华艺术中心授予的"亚洲杰出艺人奖"。

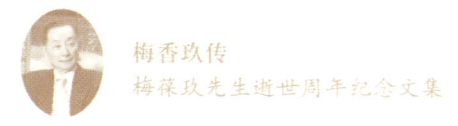

1990年10月，参加香港纪念徽班进京200周年演出。

1992年1月21日—2月1日，为纪念日中邦交正常化20周年，率梅剧团赴日本东京公演，演出《太真外传》等剧目。

1994年2月10日，参演的1994年文化部春节电视晚会播出。

1994年4月29日，参加上海天蟾京剧中心逸夫舞台开台祝贺演出。

1994年10月，纪念梅兰芳百年诞辰系列活动。

1994年，创意策划并领衔主演京剧《梅华香韵》。

1994年，与弟子魏海敏合演一天演完的全本《太真外传》。

1995年5月3日，恢复重建梅兰芳京剧团，任团长。

1996至2010年，在"中国京剧音配像精粹工程"中为梅兰芳配像14部，为本人配像两部，指导弟子为梅派剧目配像多部，留下珍贵历史资料。

1997年，交响京剧专辑《梅派藏珍》出版。

1999年9月6日—24日，为庆祝中华人民共和国成立50周年，纪念北京市与东京都缔结友好城市20周年，率团赴日本东京、横滨、仙台、秋田、郡山、盛冈、山形、长野等地公演。

2000年2月4日，参演的2000年春节戏曲晚会播出。

2000年10月29日，参加上海国际艺术节开幕式演出。

2001年8月8日，与近百弟子、传人、戏迷到梅兰芳墓前祭奠，纪念梅兰芳逝世40周年。

2001年9月11日，在日本东京国立剧场，会见日本前首相村山富士。

2001年9月11日—15日，应每日新闻社和日中艺协的邀请，率团赴日本，在东京国立剧场公演《贵妃醉酒》《拾玉镯》《白蛇传》等剧目。

2001年11月1日，在上海大剧院首演京剧《大唐贵妃》，饰杨玉环。

2001年，指导弟子创作演出大型新编历史剧《洛神赋》。

2002年2月16日—19日，为纪念日中邦交正常化30周年，赴日本在东京、奈良、福冈等地，以京剧与日本能乐、筝曲共同演出《杨贵妃》。

2002年12月31日—2003年1月3日，在北京长安大戏院，迎新年京剧梅派剧目展演《梅华香韵》，上演《贵妃醉酒》《天女散花》《抗金兵》《霸王别姬》《凤还巢》《穆桂英挂帅》《白蛇传》等经典梅派剧目。

2003年4月12日，参加庆祝中国戏剧梅花奖创办20周年文艺晚会《梅花赋》，与马金凤京剧、豫剧合演《穆桂英挂帅》，饰穆桂英。

2003年4月15日，在北京保利剧院演出京剧《大唐贵妃》，饰杨玉环。

2004年9月，在中国文化高峰论坛上，作学术报告《梅兰芳艺术在21世纪的实践和发展》。

2004年，在北京京剧院新创京剧交响剧诗《梅兰芳》演出。

2005年5月15日，参加首届京剧学国际学术研讨会开幕式并发言。

2005年10月，参加纪念梅兰芳先生诞辰110周年演出。

2005年，获第五届中国金唱片奖。

2005年，获美国政府2005年度大奖（文化类）。

2006年3月28日，参加纪念梅兰芳返乡50周年京剧票友演唱会、座谈会。

2006年4月8日，北京京剧院梅兰芳京剧团在华北电力大学演出《宇宙锋》，饰赵艳容。

2006年9月27日，参加长安大戏院重张10周年演出。

2006年10月，获美国加州州长施瓦辛格签发的"艺术终身成就奖"。

2006年12月27日，参加纪念马连良先生逝世40周年座谈会。

2007年3月23日，率北京京剧院梅兰芳京剧团赴加拿大演出。

2007年11月29日，参加言慧珠表演艺术教学成果研讨展演大型京昆演唱会暨开幕式。

2007年，由中国爱乐乐团伴奏、太合麦田公司出品的交响京剧发烧唱片《太真外传》《贵妃醉酒》出版。

2008年1月2日，国家大剧院开幕演出《大唐贵妃》，饰杨玉环。

2008年7月8日—23日，在北京长安大戏院，参加梅派经典剧《梅华香韵》展演周，演出《贵妃醉酒》《宇宙锋》《凤还巢》《黛玉葬花》《女起解》《玉堂春》《穆桂英挂帅》等梅派经典剧目。

2008年12月4日，任艺术总顾问的电影《梅兰芳》首映。

2009年4月2日，获北京京剧院建院30周年突出贡献奖。

2009年5月12日，领衔《盛世中华》，演出《贵妃醉酒》，饰杨玉环。

2009年9月24日，在日本东京，出席由日中友好会馆、中国对外友协、梅兰芳纪念馆举办的《京剧之花——梅兰芳》展览开幕式，该展览为2009年中国文化节的重要内容之一。

2009年9月25日，在日本东京，访问日本早稻田大学，参观演剧博物馆，拜会博物馆理事长，向博物馆赠送梅兰芳纪念馆出版画册及藏品复制品。

2009年9月27日，在日本东京，访问创价大学，出席颁奖仪式，获创价大学首次向中国艺术家颁发的最高荣誉奖。

2009年11月5日，在北京长安大戏院演出交响京剧《西施》，饰西施。

2010年5月25日，在国家大剧院，出席中美人文交流高层磋商机制成立仪式，会见美国国务卿希拉里·克林顿。

2010年5月27日，获国艺艺术赞助大奖。

2010年6月13日，在上海兰心大戏院，参加"庆世博中日戏剧大师会演"，与日本能乐大师关根祥六、歌舞伎大师坂东玉三郎合作演出《杨贵妃》，这是中日戏剧交流史上首次京剧、能乐、歌舞伎同台演出。

2010年6月19日，在厦门，参加中央电视台主办的《海峡两岸中国情》大型晚会，与李宝春（台湾）共演《太真外传》。

2010年8月1日，在北京华彬歌剧院记者招待会上，会见西班牙著名歌唱家普拉西多·多明戈。

2010年8月10日，获德国"万宝龙文化基金会"颁发的年度世界文化大奖。

2010年9月22日，参加日本樱美林大学和早稻田大学孔子学院联合举办，与市川团十郎第十三代的"关于中日传统戏剧的对谈"。

2010年10月12日，担任艺术总监的《梅兰芳华》在正乙祠戏楼首演。

2010年10月19日，担任中国戏曲学院荣誉教授。

2010年10月，参加纪念梅兰芳先生诞辰115周年演出。

2010年12月28日，在梅兰芳大剧院领衔《盛世中华》，演出《贵妃醉酒》，饰杨玉环。

2010年12月，获中国文联颁发的"造型艺术表演成就奖"。

2010年，获美国世界艺术家协会陈香梅女士颁发的"艺术大师奖"和"终身成就奖"。

2011年3月18日，在日本东京国立能乐堂，纪念日中邦交正常化40周年，出席观看日本能乐《来自大陆之花》的能乐公演。在招待会上，会见了日本前首相福田康夫、日本文化厅长官近藤诚一、能乐师坂井音重和中国驻日大使程永华。

2011年1月11日，获中国戏曲表演学会颁发的中国京剧终身成就大奖。

2011年5月6日，参加湖南卫视娱乐节目《天天向上》录制。

2012年3月15日，获日本樱美林大学名誉文学博士学位，并发表演说。

2012年3月31日，参加深圳卫视娱乐节目《年代秀》录制。

2012年4月20日，参加由联合国友好理事会等国际组织共同主办的"推动联合国千年发展目标——世界和平祈祷大会"，获"世界和平大使"奖章。

2012年12月30日，在国家大剧院参加2013年新年京剧晚会，为胡锦涛等中央首长演出，携弟子胡文阁、张晶、陈旭慧、田慧合演《穆桂英挂帅》选段。

2013年5月10日，担任艺术指导的《梅兰霓裳》在中国戏曲学院首演。

2013年6月30日至2014年10月23日，亲自挂帅"双甲之约"（纪念梅兰芳诞辰120周年——重走梅兰芳之路全球巡演活动），赴美国、日本、俄罗斯等国和香港、台湾地区，并在北京、上海、天津、泰州等地巡演。

2013年11月2日、3日，担任艺术指导的《梅兰霓裳》在国家大剧院参加"春华秋实"艺术院校舞台艺术精品展演。

2013年11月26日，在澳大利亚悉尼获世界"华人榜"奖。

2014年5月18日至21日，应日中传统戏剧交流促进会邀请，与北京京剧院院长李恩杰、北京戏曲评论学会会长靳飞一同访日，会见日本前首相福田康夫、前驻华大使宫本雄二、能乐师关根祥六、坂井音重，中国驻日大使程永华、文化参赞何静参加会见。

2014年8月21日，在联合国总部，主题演讲《梅兰芳京剧表演艺术对世界戏剧的影响》。

2014年10月11日，在日本东京一桥大学会堂，出席由樱美林大学、中国驻日本大使馆、北京京剧院联合主办的梅兰芳双甲子纪念活动，主题演讲《梅派艺术的特征》。

2014年10月12日，在日本东京，访问创价大学，参加创大祭，主题演讲《祈愿人类通过文化交流促进心灵沟通带来和平》。

2014年10月14日，在日本东京大学，出席由东京大学和北京京剧院联合主办的"梅兰芳论坛"，主题演讲《从〈贵妃醉酒〉到〈大唐贵妃〉》。

2014年11月11日、12日，担任艺术指导的《梅兰霓裳》在天津海河剧院参加第七届中国京剧艺术节展演，专题发言《现代舞台技术展示传统民族文化——〈梅兰霓裳〉的"移步不换形"》。

2014年12月，担任名誉主任的梅兰芳艺术研究中心在中国戏曲学院成立。

2015年1月19日，在澳门获第十五届"华鼎奖"终身成就奖。

2015年3月，在正乙祠戏楼录制《文化访谈录——梅葆玖浅谈京剧》专题片。

2015年4月25日，担任艺术总顾问的"京剧电影工程"《穆桂英挂帅》

开机仪式举行，到场揭幕并讲话。

2015年5月，参加中央电视台戏曲频道真人秀节目《叮咯咙咚呛》。

2015年9月，"中英文化交流年"之乐，赴英国伦敦和纽卡斯尔，主题演讲《梅兰芳表演艺术对世界戏剧的贡献》。

2015年10月26日，在中国艺术研究院参加梅兰芳梅派艺术传承发展学术研讨会开幕式并发言。

2015年，在国家艺术基金支持下，与杜近芳、李玉芙、李炳淑、王志怡等开办"梅派艺术学习班"，为青年演员传授梅派艺术。

2016年1月16日，在人民大会堂参与录制"百花迎春"2016年文学艺术界春节大联欢，携李胜素、胡文阁演唱《梨花颂》。此为他最后一次正式登台演出。

2016年3月21日，出席北京戏曲评论学会举办的日本前首相福田康夫80暖寿京昆祝贺晚会并致辞。

2016年3月26日，参加纪念赵荣琛诞辰100周年研讨会并发言。

2016年3月29日，在北京第二外国语学院，专题讲座《梅兰芳艺术对世界的贡献》。

2016年3月30日，旧病发作送医院抢救。

2016年4月25日，在北京逝世，享年82岁。

2016年5月3日，遗体告别仪式在北京八宝山殡仪馆大礼堂举行。

中国国家京剧院　池浚 整理

编后语

梅葆玖先生2016年4月25日在北京溘然辞世,至今恰满周年。梅兰芳纪念馆与泰州梅兰芳纪念馆,为纪念和缅怀梅葆玖先生,推出《梅香玖传——梅葆玖先生逝世周年纪念文集》。

本书收录了梅葆玖先生生前亲笔题写和口述的重要文章,梅氏家人、梅兰芳纪念馆领导以及梅葆玖先生的亲子学生所撰写的纪念文章,共计五十余篇,从不同的角度展现了梅葆玖先生为梅派京剧艺术的传承与发展方面所做出的贡献,体现了梅葆玖先生高尚的人格和品德,同时,也从另一个侧面反映出梅派京剧艺术的枝繁叶茂与蓬勃发展。

梅葆玖先生的家人对本书的出版给予了很大的帮助,梅兰芳纪念馆名誉馆长、梅葆玖先生的嫂子、梅绍武先生的夫人屠珍虽然已至耄耋之年,仍不惜笔墨,亲自撰写文章。梅葆玖先生的侄辈孙辈,也都用文章来寄托对梅葆玖先生的怀念之情。

本书收录的文章,大部分是由梅葆玖先生的弟子和学生撰写的。梅葆玖先生一生有弟子及学生50余位。这些弟子和学生有的是京剧演员,奋战在舞台一线;有的是京剧教师,为培养人才奉献着自己的光与热;有的从事着京剧文化交流的工作,为梅派艺术向海内外的传播贡献着自己的力量。一日为师，终身为父。他们在得知需要撰写纪念梅葆玖先生的文章时，从百忙之中抽出时间，将自己对于梅葆玖先生的怀念之情化成文字，情真意切，着实令人动容。

本书的整体策划是由梅兰芳纪念馆书记、副馆长（主持工作）刘祯负责，梅兰芳纪念馆文保部馆员梅玮整理编辑，梅玮是梅葆玖先生的侄孙，在梅葆玖先生辞世之后，梅玮便开始召集梅葆玖先生的弟子和学生，向他们征集纪念文章，并对文章进行了较为细致的归纳与整理，还与出版社编辑接洽调整照片、修改文字，做了大量具体的工作。

此外，跟随梅葆玖先生十六年、梅葆玖先生的忠实助手、北京京剧院著名武生演员、北京戏曲评论学会副会长叶金援先生也为本书的出版提供了重要的帮助，解决了很多实际问题。国家京剧院池浚先生，专门为本书提供了他所总结的梅葆玖大事年表，并且为文章的整理提供了大力的支持。在此要向他们表示感谢。

本书的出版工作得到了学苑出版社的全力支持。出版社的编辑们不辞辛劳，在时间紧任务重的情况下加班加点完成了本书的出版工作，在此对他们表示衷心的感谢。

诚然，梅葆玖先生作为中国京剧在当今社会的代表人物，仅仅用这样一册纪念文集来总结他的艺术成就、彰显他的高尚品格，无疑是远远不够的。梅兰芳纪念馆也将于本书付梓之际，举办"梅香玖传——著名京剧表演艺术家梅葆玖忌辰周年纪念展暨学术研讨会"，力求从多角度、多方位去纪念和缅怀梅葆玖先生。我们也会在不久的将来，更加全面地来纪念和展现梅兰芳先生和梅葆玖先生这两位伟大的父子艺术家对中国京剧，乃至中国传统文化的传承与发展所做出的贡献。

梅兰芳纪念馆
2017 年 4 月 23 日